幸福に向かう共生の道のり

生命(いのち)の「社会的経済」

金(キム)　起燮(キソブ)
Kiseob KIM

行岡良治・東原晃一郎　監修

地湧社(ちゆう)

＊本書には参考・引用文献として、ハングル語に翻訳された出版物が多く用いられております。日本国内で出版されている同一の文献とは翻訳による解釈や表現が異なる場合がありますが、著者の意図を尊重し、原則として原文のまま出版いたしました。なにとぞご了承ください。〈編集部〉

プロローグ

「オムソーリ」と「ラーゴム」

スウェーデン語に「オムソーリ（omsorg）」と「ラーゴム（lagom）」という、人々の日常に深く根をおろした言葉があります。「オムソーリ」は通常、「社会的サービス（social service）」と訳されますが、もともとは「悲しみを分かち合う」という意味です。「ラーゴム」は通常、「適切な」と訳されますが、もともとは「それほど多くはなく、ほどほどに十分な」という意味です。金持ちでなくても、ほどほどに食べられる経済的な願いが「ラーゴム」で、そういう人々が悲しみを分かち合いながら、共に生きようとする社会的な願いが「オムソーリ」と言えるでしょう。

第一次世界大戦が終わった後、あらゆる国々が自国の利益のために競い合い、そのために、世界各国が植民地の争奪と経済のブロック化に血眼になっていた頃、ただ二つの国、スイスとスウェーデンだけが、そうした流れから距離を置き、違う道を歩みました。政治と経済の癒着から抜け出し、他の国々とは一線を画した、下からの社会改革に取り組みました。

特にスウェーデンの場合、世界中が総力戦を彷彿させる専制主義的な国民の経済への動員に走るなか、むしろ市民の自発的な運動——自由教会運動・禁酒運動・労働組合運動のような三つの国民運動と協同組合運動――を展開していきました。そしてその結果、世界中が大恐慌の嵐に吹きさらされても、唯一スウェーデンだけが、「世界恐慌という絶望の海に浮かんだ希望の島（ポランニー）」になることができました。

大恐慌とそれに伴う第二次世界大戦が展開された当時のようすは、百年後の今とそれほど変わりません。今でも世界は分かち合うべき幸福を奪って富に変え、奪われないためには奪うしかないと教えています。隣人の貧しさが自分の幸せであるという「近隣窮乏化（beggar-my-neighbor）戦略」が、国と国の間だけではなく、人と人の間でも日常になっています。

日本の著名な財政学者神野直彦は、「オムソーリ」と「ラーゴム」は東洋の伝統的な言葉である「和」と「中庸」に似ていると言いました。しかし、その言葉の意味をどう比喩しようと、肝心なことは、人と人が和するには「人以外の何か」の助けが要り、人々があまり欲張らずにほどほどに生きるのは、それを真似るからである、ということです。

最近、「共有経済（sharing economy）」という言葉が流行っています。大量生産・大量消費に象徴される現代社会において、個人所有を必要としない「共同消費（collaborative consumption）」は大変重要な意味を持っています。だがしかし、「共有（sharing）」の本当の意味は、所有権に支配されない利用権の保障ではなく、幸福を分かち合うことです。「オムソーリ」が「社会的サービス」と訳されるのは、人以外の何かから与えられた幸福を人と分かち合うなかで、社会的弱者に向かう様々な介助が行われたからです。また、こうした行動に人々が動き出したのは、幸福を与えた何かに真似て、欲張らずに生きようとしたからです。

スウェーデンが、経済発展と社会保障を同時に成し遂げた「北欧モデル」として成功したのも、実はこの二つの考えが人々の日常に根付いていたからです。人以外の何かを媒介に、誰もが家族で兄弟であるかのようにもてなしたために社会が変わり、制度として定着したわけです。

「人間」から「生命」へ

本書のテーマである「社会的経済」のことを話す際に、あえてスウェーデンのことから始めたのは、その国の福祉制度がただうらやましいからではありません。それよりもむしろ、そんな福祉制度をつくってきた人々の考えと実践から学ぶべきことが多いからです。

まず私は、彼らから社会的経済の本質、つまり「人間の経済」から「生命の経済」への転換を学びます。私たちは通常、社会的経済のことを「資本の経済」に対する「人間の経済」と理解しています。ソウル市が中心になって、二〇一四年に社会的経済と地方自治体が参画する国境を越えた恒常的な連帯組織として誕生した「グローバル社会的経済協議会（GSEF）」では、社会的経済のことを「最大の利潤を最高の価値とする市場経済と違って、人間の価値を優位に置く経済活動、一言で言えば「人間中心の経済」」と言っています。実際に「社会的経済（social economy）」という言葉がはじめて登場した十九世紀のヨーロッパでは、主にそんな意味でよく使われていました。当時の社会的経済は、人間でありながらも人間としての待遇を受けられなかった人々の、人間になるための努力でした。要するに、当時の社会的経済には「資本の経済」に対する「人間の経済」という革命的な意味合いが含まれていました。

しかし、そんな社会的経済の中から、いつの間にか肝心な革命性が徐々に消えていきました。社会的経済が発展するにつれ、それに関わる人々が人間として待遇されるようになったのは確かです。しかし一方では、そこにも入れなかった人々は眼中になく、むしろ外の人々を犠牲にして中の人々が成長を遂げてきました。皆に対する皆の競争が全世界を覆うなか、社会的経済もその競争に勝ち抜くための利益集団に転落しました。社会的経済が人々の関心から遠ざかったのは、ある面では当然のことでした。

二十一世紀に社会的経済が再び登場したのは、こうした経過への反省からです。人々は、もはや誰かを犠牲にして自分たちの利益を追求すれば、結局は自分たちが脅かされる、ということに気付きました。自分たちが幸せになるためには、自分たち以外のもの、自分たちと違うものをも幸せにしなければならないということに気付きました。

二十一世紀に再登場した社会的経済は、十九世紀のそれと大きく異なります。十九世紀の社会的経済が人間同士の相互行為ならば、二十一世紀の社会的経済は人間を含む人間以外のすべてのもの——私はそれを「生命」と呼びたいのです——との相互行為です。十九世紀の社会的経済が「人間の経済」だったならば、二十一世紀の社会的経済は「生命の経済」です。いや、「生命の経済」をとおして真の「人間の経済」を追求しようとするのが、二十一世紀の社会的経済です。

私の言う「生命」とは、抽象的で生態的な概念ではありません。生きているすべての存在が

「生命」で、その生命による生きるためのすべての営みが「生命の経済」です。生命を抽象的に物化（物象化）したのが、「資本」と「国家」です。生命を生態的に物化したのが、「環境」です。二十一世紀の社会的経済は、こうした生命の物化したものによる生命の支配を乗り越え、自分が生き、すべての生命と共に生きようとする、生命の営みです。

スウェーデンの人々が、すべての人間を家族や兄弟と思いながら社会的サービスを行ったのも、そのためです。彼らの考えが人間でなく生命に基づき、彼らの実践が人間の経済でなく生命の経済に向かったからです。生命の経済をとおして真の人間の経済を追求してきた結果、今のような福祉大国をつくり上げることができたわけです。

「ハザマ」から「カナタ」へ

もう一つ、スウェーデンの人々から学ぶべきことは、既存の制度に取り込まれることなく、常に新たな実践を展開し繰り広げてきたことです。また、その実践の成果を、公の制度に持っていきながらも、制度では解決できない課題については、再び新たな実践を模索したことです。もちろん、それが可能だった理由は、彼らが常に「カナタ」を想像したからです。今の私たちが、社会的経済の領域は「国家と市場の境界にある」（韓国政府）と考え、社会的経済のことを「国家と市場の間に存在し、社会的価値と経済的価値を追求する組織」（経済協力開発機構）と考えるのに対して、彼らは、国家と市場の「ハザマ」に取り込まれることなく、常にその向こう側を想像し実践してきたからです。

韓国では最近、社会的経済が著しい発展を遂げています。二〇一六年を基準に、社会的企業（社会サービスの拡充と就労の創出により、社会統合と国民生活の質の向上に寄与することを目的にする、中央政府による認定支援制度）が約千七〇〇社、マウル企業（村・町・地域の再生と地域就労の創出のための自治体の支援策）が約千四〇〇社、自活企業（生活に苦しむ人々に社会的サービスを提供し、就労機会の提供などに役立てることを目的にする、中央政府による認定支援制度）が約千一〇〇社、新規の協同組合（既存の農協・信協・生協などと違って、協同組合基本法によってつくられた協同組合）も約一万を超えています。そして、これらをサポートするための官民連携機関（中間支援組織）も、全国に八十ヵ所以上設置されています。行政側からも、格差の解消と雇用の創出、地域社会の復元という「社会的」価値を目的に、「社会的経済基本法」「社会的価値実現基本法」「社会的経済企業製品販路支援法」などの法律の制定を急ぎ、様々な支援策も講じています。

こうした社会的経済ブームは、確かに嬉しく、ありがたいことです。しかし一方で、懸念の声も少なくありません。協同組合が一万ヵ所以上新設されましたが、その内実をみると、安定的に事業を営むところはそれほど多くありません。[1]社会的企業・マウル企業・自活企業も、行政から支援を受ける間はなんとか維持できても、その後に生き残ることはなかなか難しいようすにあります。

ある人は、こうした脆い状況の原因を政府の物量主義[2]のせいにします。数を増やすことだけに力を注いで、安定的な育成をなおざりにしたからだと言います。しかし、行政はもともと、国民の考えや実践を超えることはありません。肝心なことはむしろ、社会的経済陣営の考えと実践であって、政府の間違った支援策ではないのです。

今の文在寅（ムンジェイン）政府が社会的経済を積極的に支援していることについても、必ずしも望ましいことは言えません。社会的経済は、政権の向背（こうはい）のほどで生死が決まるものではなく、人間が社会をつくってから続いてきたものです。そして、社会的経済が社会の誕生とともに続けられたのは、国家と市場の「カナタ」を想像したからです。今の政府が言うように、「国家と市場の境界で」「雇用を創出し、福祉伝達の効率化を図りながら、温かい成長を達成する」という、政府から振り分けられた領域と役割に取り込まれることなく、常にその向こう側を想像し、実践してきたからです。

私が本書を執筆した動機は、次の二つです。一つは、社会的経済を「人間の経済」から「生命の経済」にとらえ直し、もう一つは、国家と市場の「ハザマ」から抜け出て、社会の「カナタ」を想像するためです。そして、この二つをとおして、社会的経済があらゆる生命の主体的で持続可能な幸福のためにそびえ立つことを念願するためです。

構成

本書は五つの章で構成されています。

まず第一章では、社会的経済に関する私たちの誤った理解を指摘し、「社会的」の本当の意味、そんな「社会的」を可能にする「（社会的）人間」について言及します。社会的経済の主体は制度でなく人間です。したがって、社会的経済を語るためには、まずその人間論から始めるべきであると思うからです。

第二章では、社会的経済の具体的な経済行為を「交易」とみて、三つの交易様式（互恵・再分配・商品交換）と、それの組み合わせによる市場の誕生や変化について、歴史的に探究します。交易と市場の歴史を探る理由は、社会的経済が互恵と商品交換のみならず、再分配の融合体であり、それをもって、新たな市場を創出すべきであると思うからです。第一章が社会的経済の人間論であれば、第二章はその人間による経済論です。

第三章では、社会的経済の経済行為に欠かせない「資本」について述べます。資本主義は、資本の持ち主が資本家から労働者に代わり、皆が資本家になることで超えられるものではありません。資本主義を真に超えるためには、資本に関するこれまでの考え方を改め、それに基づく新たな資本の使い方が必要です。そうした資本の媒介と協力によってのみ、生命としての人間の経済が誕生し維持できます。第一章が社会的経済の人間論、第二章がその人間による経済論であれば、第三章はその経済のための資本論です。

第四章では、社会的経済の「構造」について述べます。今の資本主義社会を生命社会に代えるためには、まず社会的経済が生命社会にならなければならず、生命社会としての構造を持たなければなりません。本章では、生命社会がどのような構造を持つべきかについて探り、その手掛かりとして、朝鮮半島ではじめて社会をつくった「馬韓（ばかん）」を取り上げます。第四章は、いわば社会的経済の社会構造論です。

最後に第五章では、社会的経済と「地域社会」の関係について述べます。社会的経済は、時間の繋がりから始まって、新たな空間の創出に向かいます。そうしないと、資本主義が覆っている今の空間に収斂されるだけです。資本主義のグローバル化がこれ以上に持続できなくなっているなか、生命の社会的経済による生命の地域社会の創出は、人類の運命にかかわる最優先の課題です。第四章が社会的経済の社会構造論であれば、第五章はこうした社会的経済同士の結合による、地域社会の創出論です。

真の社会的経済を想像し実践する皆様に、この本が少しでもお役に立てることを祈願いたします。

目次

第二章　交易の歴史

第三章

第四章　社会の構造と蘇塗

第一章 「社会的」とは何か

1 「社会的」の間違った理解

社会主義か公益か

社会的経済を語るとき、まず「社会的」をどう理解するかが大事です。「市場」経済や「国家」経済と違う社会的経済の最大の特徴が、「社会的（social）」という言葉の中に含まれているからです。しかし、この「社会的」について、私たちは今まで、二つほど間違った理解を持っていました。一つは「社会的」を「社会主義」と理解し、もう一つは「公益」と理解してきました。

二〇一五年に韓国の国会で「社会的経済基本法」が発議された時——残念ながらこの法案は未だに審議中です——、法案を代表発議したある議員に向かって、同じ党の議員たちや当時の大統領は、「自由民主主義を脅かす者」と非難しました。また、二〇一七年にソウル市と市教育庁が『社会的経済』という教科書を共同発刊したことに対して、保守系のある議員は、「自由市場経済を標榜する大韓民国の子どもたちを、社会主義の経済論に染めさせ、社会主義的な経済の信奉者に仕立てようとする」と非難しました。

社会的経済に関する財界の理解も、ほぼ同じです。財界では、社会的経済のことを、成長より分配に、自由より平等に重点を置く社会主義経済とみていますし[1]、それに対する政府の支援は、社会的経済の中から「経済」を消し、「政治」だけを残すだろう[2]、と批判しています。彼らにとって、「社会的」とは「社会主義」の別名で、「社会的経済とは結局、社会主義統制経済の変種」を意味しているわけです。

こうした非難よりは友好的ですが、相変わらず「社会的」を間違って理解するのが「公益」とみる考えです。二〇一五年に発議された「社会的経済基本法」案は、社会的経済のことを、「社会サービスの充実、福祉の増進、雇用の創出、地域社会の発展、その他の「公益」への貢献など」を通じて、「共同体のメンバーの共同の利益と、社会的価値の実現のために」活動するものと定義しました。二〇一七年に設けられた文在寅(ムンジェイン)政府の「雇用委員会」でも社会的経済の公益性が強調され、「良質の雇用を創出し、格差を緩和する重要な政策」として浮き彫りにしています。

政治が社会的経済に関心を持つことは、大変に嬉しいことです。しかし、政界で言われるように、社会的経済は本当に公益のためのものでしょうか？　あるいは、財界やそれを代弁する学者たちが言うように、社会主義経済の変種にすぎないのでしょうか？

結論から言えば、正反対にみえるこの二つの見解は、まるでコインの両面のようだ、というのが私の考えです。市場経済の失敗を認めるか否か、認めてもそれを国家経済が直接補うのか、社会的経済をもって補わせるのか、の違いがあるだけで、国家経済と社会的経済を混同すると いう点で、また社会的経済を国家経済の下請け機関とみる点で、二つはとても共通しています。

レーニンとクロポトキンの会談

それではまず、社会的経済が本当に社会主義経済の変種であるのかについて、ある対話を概略でご紹介したいと思います。ソ連という最初の社会主義国家をつくったレーニン（一八七〇―一九二四年）と、生涯を協同組合の発展のために努力したクロポトキン（一八四二―一九二一年）との間に交わされた会談です。二人の会談から私たちは、社会主義側から社会的経済がどう思われてきたのか、少し推察できます。

一九一七年に起きた二月革命（グレゴリオ暦では三月なので「三月革命」とも）ののちに、クロポトキンは四十年にわたる長い亡命生活から、家族と一緒に母国ロシアに帰還しました。日頃、クロポトキンを尊敬してきたレーニンは、クレムリンの自分の書斎に彼を招いて、長い会談を行いました。二人は、相手への共感と尊敬だけは失いませんでしたが、自分の立場は決して譲りませんでした。特に、協同組合と国家について語り合う場面では、会談そのものが打ち切られる寸前まで激突しました。

クロポトキンが言いました。

「われわれはあなたたちとは違った観点に立っています。目的は同じようでも、あなた方は協同組合を抑圧しているのに、私は協同組合を支持しています」

レーニンが大声で叫びました。

「われわれも支持しています！　ただ、富農や地主や商人たち、それに私的資本が身を隠しているような協同組合については反対します。われわれは、偽協同組合の仮面をはがし、広範な住民大衆が活動的な協同組合に参加できることにしたいのです」

クロポトキンが答えました。

「そんな協同組合とは、全力をあげて闘うべきです。しかし、私は、ドミトロフ市で、数々の協同組合が圧迫されているのをみています。それは、今あなたが言われたことと何の共通性もありません。それはたぶん、地方権力が、昨日は革命家であっても今日は官僚化し、すべての住民を服従させようと考えるからです」

レーニンが言いました。

「われわれは、官僚と官僚主義に反対です。しかし、あなたは人間をつくり直すことが大変困難だということをよくご存知ではないですか。われわれは、この闘いの成功のために、いつでもなんでも受け入れます。白い手袋をはめて革命はできないのです」

ウラジーミル・レーニン

クロポトキンが再び語りました。

「しかし、ほら、あなたは無権力の原理がいかに燃えあがっているかを見たでしょう。それはイギリスのことで、港町のドック労働者たちが見事な、完全に自由な協同組合を組織したのです。他のすべての生産部門の労働者たちも、その方向に進みに進んでいます」

レーニンは我慢できず、言葉をはさみました。

「それは、はなはだ有害です。生活の政治的側面に何ら注意を払わずに、労働者大衆を直接的闘いからそらせて、明らかに腐敗させるものです」

クロポトキンが興奮して答えました。

「しかし、それは何百万人を統合しています。それ自体が巨大な前進です」

レーニンが彼の話を折って言いました。

「それはそれで結構です。協同組合運動はもちろん重要です。それにしても、はたして協同組合運動だけで何らかの新しいものに到達できるのでしょうか。本当にあなたは、資本主義世界が協同組合運動に道を譲るとお考えですか。資本主義世界は、あらゆる方法と手段をもって協同組合運動を手中に収めようと努めるでしょう。イギリスの労働者たちの協同組合は、もっとも苛酷な形で抑圧されて、資本の召使いに変わってしまうでしょう。協同組合運動の中で新しく生まれつつある傾向、あなたがそれほどに共感されたものを、資本主義はクモの糸のように数千の糸を使って絡めとり、あげくの果ては自己に従属させてしまうでしょう。われわれに必要なのは、大衆の直接的行動です」

ピョートル・クロポトキン

クロポトキンは椅子の背にもたれながら注意深く、レーニンの熱烈な言葉を聴きました。そして、それからは協同組合について話すのをやめてしまいました。彼は言いました。

「もちろん、あなたは正しいです。一国内たりとも重要な事は闘いなしには済まないです。闘いがなければ、まったくどうにもならないのです」

レーニンが叫びました。

「それも大衆的な闘いだけが重要です。個々人の闘いや陰謀は、必要ありません。大衆の中でのみ、大衆を通じてのみ、大衆と共に、です。他のすべての方法は、古文書館に収められます」

レーニンが、突然しゃべるのをやめて、大層人のよい笑いを浮かべて言いました。

「ご免なさい。私があまりにも熱中して、あなたを疲れさせたようです。われわれボリシェヴィキ（ロシア社会民主労働党内に結成された、レーニンが率いた党派）たちときたらみんなこうなんです。でもこれは、われわれの問題です。われわれにとってこれは余りに大切なものなので、つい平静に話すことができなくなるのです」

クロポトキンが答えました。

「いや、いや。もしあなたやあなたの同志たちが、みんなそのように考えているとしても、もし彼らが権力に酔わず、自分が国家性の奴隷になる間違いはないと感じているならば、革命はその時に望ましいものになるでしょう」

「努力いたしましょう」

レーニンが心から答えました。（以上、今井義夫『協同組合と社会主義』新評論より抜粋）

社会的≠社会主義

レーニンとの対話の中で、クロポトキンは国家権力と官僚主義が肥大していくことを警告し、できるだけ暴力を使わないように忠告しました。もちろん、レーニンは、そんな彼のアドバイスを理解はしても、受け入れませんでした。レーニンの死後に権力を握ったスターリンは、理解さえもせず、すべての協同組合を集団農場（コルホーズ）（kolkhoz）（ソ連型協同組合形式の一つで、社会主義的な大農経営が行われた）に編入し、国家の支配下に置きました。

協同組合に対する社会主義政党と国家の弾圧は、旧ソ連だけでなく、北朝鮮や中国でも同じでした。北朝鮮では、日本の植民地から解放された初期段階では、協同組合の発展に力を注ぎました。しかし、社会主義国家体制が整った一九六〇年代に入りますと、すべての公式の席からその名が消されました。中国でも、一九五八年の「大躍進運動」を契機に、村を一つの公社（commune）にまとめようとする共産党の「一郷一社」政策により、農村のすべての小規模な生産協同組合（合作社）が「人民公社」（中国に一九五八〜一九八二年まで存在した、ソ連のコルホーズをモデルに農村に組織された行政機関。生産・流通・教育から軍事まで、あらゆる機能を行使した）に吸収されました。

社会的経済を社会主義経済の一変種ととらえるのは、歴史的事実からまったくかけ離れています。すべての社会主義国家では、国家設立の初期段階では社会的経済を利用したものの、結局は弾圧し、抹殺しました。革命の時には、大衆の直接的な政治闘争の重要性を知らない幼稚で自己満足的な行為だと非難し、革命の後、経済再建のために少しは利用したものの、結局は敵とみなして抹殺しました。

社会的経済の「社会的」は「社会主義」と同じではありません。その違いをはっきりと理解したために、レーニンは社会的経済を批判し、スターリン（一八七八－一九五三年）と金日成（一九一二－一九九四年）と毛沢東（一八九三－一九七六年）は抹殺しました。韓国の場合、社会的経済を弾圧しながらも最後まで利用したのは、むしろ反共産主義を国是に掲げた朴正熙軍事政権であり、新自由主義を旗印に掲げた李明博政府でした。韓国で農業協同組合や信用協同組合を制度化したのは朴正熙政権の時で、協同組合基本法を制定したのは李明博政府の時でした。

成長か分配か、自由か平等か

韓国の財界は、社会的経済が成長より分配に、自由より平等にその重点を置くものと批判しています。しかし、これもまた間違った見解です。彼らの批判とは正反対に、社会的経済はむしろ分配より成長に、平等より自由に重点を置くものであると、私は理解しています。[3] もちろん、だからといって、こうした私の見解を、財界やその代弁者たちと同じように理解されては困ります。分配より成長に、平等より自由に重点があるのは同じでも、彼らと私の見解の違いは、誰の成長と自由なのかです。財界の言う成長と自由は、「市場」をその対象にしています。市場が自由で成長すれば、人間も自ずと自由で成長するだろう、と欺いています。それに対して、私の言う成長と自由は、その対象が「市場」ではなく「人間」です。また、人間の成長と自由のためには、正義たる分配と人間同士の平等も欠かせない、ということです。

社会的経済にとって、分配と平等はそれ自体が目的ではありません。社会的経済の真の目的は、人間一人ひとりの成長と自由であって、富の分配と人間関係の平等ではありません。通常、社会的経済陣営の中でも、成長より分配に、自由より平等に重点を置く人が少なくありません。しかし、こうした考え方こそ、社会的経済を社会主義経済の一変種に歪曲する口実になり、社会的経済をもって行き過ぎた市場経済の弊害を補おうとする、国家の政策の道具に利用される根拠となります。

すでに述べたように、韓国の財界では、政府による社会的経済への支援が社会的経済から「経済」を消し、「政治」だけを残すことになるだろうと予測しています。しかし、そんな予測を現実のものにするのは、政府からの支援ではなく、社会的経済陣営の考えにほかなりません。人間の成長と自由より、分配と平等に重点を置く社会的経済陣営の考え方のうえに、それを利用して新自由主義と市場経済の弊害を補おうとする国家の政策が結託して、社会的経済から経済を消し去り、政治だけを残すことになるのです。

政府による社会的経済の育成については、すでに十九世紀に、カール・マルクス（Karl Marx 一八一八－一八八三年）も痛烈に批判しました。ドイツ社会主義労働者党が一八七五年の綱領の中に協同組合の育成を掲げたことについて、彼は「労働者がその協同組合的生産のいくつかの条件を社会的な規模で……つくり出すことは、現在の生産条件を変えようとする努力であって、国家の補助による協同組合の設立とは何の関係もない。今日の協同組合について言えば、それは政府からもブルジョアからも保護されず、労働者が自主的につくり上げるときにはじめて価値がある」（マルクス『ゴータ綱領批判』＝ドイツ労働者党綱領評注）と指摘しました。

マルクスは、国家が協同組合を育成するのではなく、協同組合が国家を変えるだろうと考えました。もちろん、そんな協同組合になるためには、ある程度の国家支援も必要です。したがって、マルクスは過渡的にプロレタリアが国家権力を握らなければならないと考えました。しかし、こうした彼の考えはまったく期待外れに終わりました。権力をなくすために、権力を握らなければならないという彼の考えは、権力をなくすどころか、むしろより強力な権力を生むだけで終わりました。そして、こうした強力な国家権力によって、すべての協同組合は国有企業に吸収されてしまいました。

韓国の財界では、社会的経済と政府の関係について、「社会的経済組織が社会的価値を追求するための経済活動を自由に行えるように、放っておけ（Let it be !)」、「政府はまるで全知全能な神のように何でもできるという錯覚から脱して、手を引け（No touch !)」、と主張しています。その意図は別として、こうした主張は彼らの大嫌いなマルクスの主張とよく似ています。社会的経済に限ってみれば、財界やその代弁者たちは、まるでマルクスの弟子のようです。

公益追求は誰の役割か

社会的経済に関するもう一つの間違った理解が、「社会的」を「公益」とみることです。特に、韓国の政界ではこうした傾向が強いと言えます。二〇〇七年に「社会的企業育成法」を制定した時、政府は社会的経済の目的を「十分に供給されていない社会サービスを充実し、新しい雇用を創出」するところにあると言いました。二〇一二年に「協同組合基本法」を制定した時にも、その目的を「社会統合と国民経済の均衡ある発展」に置きました。雇用の創出を国政の最優先課題とする今の政府も、「良質な雇用を創出し、格差を緩和する重要な政策」として、社会的経済の公益性を強調しています。

しかし、政府が社会的経済の公益性を強調すればするほど、むしろ市場原理主義者たちからの攻撃の口実になるのが、今の状況です。彼らは、公益追求は国家がすべきことで、一般企業も「企業の社会的責任（CSR）」などをとおして公益を追求しているのに、なぜ莫大な税金を使ってまで社会的経済を支援するのか、と批判します。そして、その意図が左派政権の勢力拡大のためではないのかと疑い、結局は「官治経済の復活」になるだろうと反対します。

私は、こうした市場原理主義者たちの見解に一部同意します。いや、同意するだけでなく、本当にそれが実現できる日を心待ちにしています。国家の本来の目的は公益追求にあり、私益を追求する一般企業も、（CSRなど名前はどうあれ）当然、公益を追求すべきです。公益追求を、広くはすべての経済主体の当然の義務と見て、狭くは国家の固有の役割と見る点で、彼らの見解は本当に素晴らしいものです。

最近よく話題になっている言葉に、「社会的価値（social value）」というものがあります。「経済的価値（economic value）」のみを追求してきた今までの社会がもはや持続不可能になっているなか、「経済的価値」と「社会的価値」を合わせた「共通価値（shared values）」の追求が求められています。一般企業は、営利の追求だけでなく、社会のニーズに応えなければなりません。国家もまた、社会のニーズに応えるだけでなく、事業の安定を図らなければなりません。そして、ここで言う「社会的価値」とは「公益」と同じ意味です。要するに、公益の追求は、広くはすべての経済主体の当然の義務であり、狭くは国家の固有の役割です。一般企業が公益を求めなければ、非難されて当然です。国家が公益追求という固有の役割を社会的経済に押しつけることは、まったくの責任逃れです。

もし、国家が公益を追求するにあたって、企業的手段を用いようとするのであれば、それは公企業でよいのです。公企業こそ、国家の公益追求という固有の役割を企業の形で進めるためのものです。国家が社会的価値と経済的価値を同時に追求するにあたって、公企業は大変有効なものです。ところが、今までの韓国政府は公企業のことを、そのようにみてはいませんでした。公益の面は眼中になく、どれだけの利益を出したのかをもって、公企業の経営を評価してきました。そして、利益を出せない部門については、安易に（社会的経済のような）民間に委託してきました。財界では、左派政権の勢力を拡大させるためではないかと疑っていますが、本当は国家も公企業もやりたくない仕事の下請けを、民間にさせたにすぎなかったのです。

そこで一つ疑問です。前記の「社会的価値と経済的価値の同時追求」と言った場合の「社会的」は、はたして社会的経済の「社会的」と同じ意味でしょうか？　もしそれが同じ意味であれば、あえて市場経済や国家経済と区別して社会的経済を設ける必要はありません。なぜなら、そのような趣旨の「社会的」であれば、一般企業も含めて、すべての経済主体が追求しなければならないものだからです。同じ意味の「社会的」をもって社会的経済を語るのは、政府や一般企業の当然の義務を免除させる結果に繋がるからです。

社会的経済の「社会的」は、「社会的価値と経済的価値の同時追求」と言った場合の「社会的」とはまったく違うものです。それをきちんと見分けないと、社会的経済の真相を探ることはできません。二つの「社会的」がどう違うか、社会的経済の「社会的」は何を意味するのか、詳しくは次節で検討します。

社会的経済の目的

よく知られているように、「社会的経済」という言葉は、ヨーロッパからもたらされたものです。もちろん、同じヨーロッパでも国ごとに歴史や状況が違うため、「社会的経済」に関する各国の原則や定義も、少しずつ違っています。[4] しかし、そうした違いにもかかわらず、共通するものが一つあります。それは、社会的経済の主体が人間である点です。そのために、社会的経済の運営は人間の自由な意思決定によらなければならず、利益分配においても人間の労働（利用も含めて）に応じなければならない、とされています。

もちろん、それをもって成し遂げようとする社会的経済の目的は、人間一人ひとりの自由と成長です。そして、そこでの人間は、すべての人間ではなく、社会的経済のメンバーである人間です。メンバー同士の協同によって、メンバー一人ひとりの自由と成長を図ろうとするものであって、皆のために社会的経済が存在するわけではありません。

その意味で社会的経済は、「公益（皆の利益）」のためにあるのでなくて、むしろ「私益（私の利益）」と「共益（私たちの利益）」のためにあるものと言えます。韓国の政界でよく言われるように、「地域社会のすべての人々の利益と社会的価値の実現」のためでなく、「メンバーの共益とメンバー一人ひとりの成長」のためにあるのです。社会的経済の目的を公益追求と見るのは、他所から強いられた希望であって、本質からは離れた見解です。

こうした私の考えについて、大勢の人々が戸惑いを感じるかもしれません。行政側から支援・育成する人々、それを現場で手際よく使いこなす人々は、特にそうでしょう。しかし、そうした人々に、私はむしろ、問い返したいのです。「私」がいなくて、どうして「私たち」が生まれ、どのように「皆」に向かうことができるのでしょうか？　「皆のために」というスローガンにだまされて、今まで私たちはどれくらい私益のために動員されてきたでしょうか。

韓国には、未だに奇妙な風潮が漂っています。本当は「私」のための「私たち」の集合的行為であるのに、それがただ集合的だという理由で、「皆」のためのものと勘違いしています。よりよい働きの場をつくり、貧困から抜け出そうという個々人の努力を、「社会統合と国民経済の均衡ある発展」とか、「格差の緩和」という言葉で、いきなり称えています。

しかし、こんな風潮が制度化されますと、社会的経済は動員型経済の一端にすぎなくなります。「私」が存在しないまま、「私たち」と「皆」だけが強くなります。そしてその結果、「私たち」の中には「誰でもない者による皆の支配（＝官僚制）」が生まれ、「私たち」の外からは「皆のため」を口実にする国家の支配（＝全体主義）」がやってきます。

もう一度強調しますが、社会的経済の目的は、皆のための「公益」ではなく、自分のための「私益」と自分たちのための「共益」にあります。それを明確にしないと、社会的経済の主体である「人間」は登場しませんし、「皆」に向かう「人間の連帯」も登場しません。「私」のため、という目的から「私たち」をつくった社会的経済が、その目的を達成するうえで、「私たち」の範囲を「より大勢の私」に広げるのが社会的経済であって、不特定多数の利益を意味する「公益」とは違うものです。こうした社会的経済の進化を、国家や一般企業の当然な社会的責務を免除させることに利用されては、本当に困ります。

社会的経済の固有の役割

社会的経済は、国家や一般企業と違って、固有の特徴と役割を持っています。

まず、その目的と主体からみれば、市場経済が「私」のための「私」の経済活動であり、国家経済が「皆」のための「皆」の経済活動であるとするならば、社会的経済は「私」のための「私たち」の経済活動です。韓国政府が「メンバーの参加に基づいて……行う経済活動」と社会的経済を定義するのも、この主体としての「私たち」を強調するためです。すなわち、他の経済に比べて社会的経済の持つ最大の特徴は、「私たち」つまり「結社（association）」にあります。

問題は、「私たちの結社」ではなく、それが「私たちに留まる結社」となることです。結社が「私」から始まり、「私たち」に広がるのは当然ですが、だからといって、それに留まってはいけない、ということです。「私たち」に留まった結社は、結局、「私」のためにならず、また「私たち」の維持もできなくなるからです。ある研究者が「個体の完成はひたすら歓待に基づく関係の中でしかできない」と述べたように、「私」のためにという目的性と、「私」から始まり、「私たち」に広げた結社を、「皆」に向かわせるという拡張性こそ、社会的経済の特徴です。そして、この場合の「皆」は、不特定多数の匿名者ではなく、一人ひとりの人間です。

こうした社会的経済の特徴が、国家の公益責任と繋がるのは確かです。そのために政府は、「社会サービスの充実と新しい雇用の創出」、「社会統合と国民経済の均衡ある発展」、「格差の緩和」などの目的で、社会的経済に大きな期待を寄せています。しかし、こうした目的のほとんどは、国家のものであって社会的経済のものではありません。社会の一人の構成員でありながら市場からのサービスが利用できず、市場の中で仕事が得られないといった問題のほとんどは、当然、国家が解決すべきものです。そのために国家があるのです。

もちろん、国家が自分の責任を果たすために、社会的経済からの協力を求めることも理解できないわけではありません。資本を頂点に市場・国家・社会が位階（階層）的に組み立てられている資本制市場社会[5]の中で、国家は今まで、市場の活性化や資本利益の収集のためにしか、自分の役割を果たせませんでした。国家が社会の公益を追求しようとすると、すぐに社会主義的政策だと非難されるのが、これまでの状況でした。そのために、国家は自己責任を果たすより、社会的経済に任せようとするのが、今日の状況です。

しかし、それは、長期的にみると、国家のためにも、社会的経済のためにも、望ましくありません。そうした蜜月関係は、政権と状況が変われば、いつでも捨て去られるものです。通常の国家であれば、市場経済の弊害をなくし、市場からの人間の疎外を救うところに、その存在理由があって当然です。

それに比べて、社会的経済の存在理由は違います。人間の疎外は、資本制市場社会においてだけではなく、人間が社会をつくってから一貫して続いてきたものです。社会というものは、一方では疎外の場（空間）でありながら、もう一方ではその疎外を意識的に乗り越える場（空間）でもあります。[6]もちろん、こうした私の歴史観は、人間の疎外を当然なものと等閑視するのではなく、むしろ疎外の克服を強調するためのものです。人間が成長・進化するなかで疎外が発生するのは当然ですが、それを克服していくことによってこそ、ようやく人間が人間に成り得ると思うからです。

繰り返しますが、社会的経済の真の存在理由は、市場による人間疎外を救済するだけでなく、社会からの排除[7]を包摂するところにあります。市場からの疎外を救済すべく国家の役割を下請けすることではなく、社会から排除された人々を、その社会の構成員が力を出し合って抱きしめるところにあります。要するに、社会的経済の主体は国家ではなく社会人で、その対象は市場からの疎外者ではなく社会からの排除者であり、その目的は市場への編入ではなく「社会的包摂(8)（social inclusion）」にあります。

このように、社会的経済と国家の役割を区分して考えますと、社会的経済の歴史は、資本主義の弊害があらわになった十九世紀に誕生したのではなく、（名前はどうであれ）人間が社会をつくった時から生まれたものと言えます。「社会的経済」という言葉が十九世紀に登場したことは確かですが、それに相当する活動は、人間が社会をつくってから一貫して受け継がれてきたものと言えます。

同じく、社会的経済は、資本を頂点に市場・国家・社会が位階（階層）的に組み立てられている今の資本制市場社会だけではなく、社会の土台の上に国家・市場・資本が組み立てられる正常な社会でも必要なものと言えます。人間が社会をつくって生きる限り、社会からの排除は常に存在し、それを人間同士が包摂していくことで、ようやく人間が人間になり、彼らの社会が人間社会になり得るからです。社会的経済のことを「ユートピアの連鎖」とか「無限の革命」というのも、たぶんこうした理由からでしょう。

そんな考えからみれば、社会的経済に寄せられる「社会サービスの充実と雇用の創出」という期待は、国家の固有の責任とは当然違ってくるべきです。市場からのサービスが利用できず、市場の中で仕事が得られない問題は、基本的に国家が解決すべき課題です。それに比べて社会的経済は、社会から排除され、社会からその労働が無視される、といった問題を解決するところに固有の役割があります。同じく、社会的経済が「国民経済の均衡ある発展」のために存在するという期待も国家から強いられたものであって、社会的経済の固有のものではありません。

すべての国民が均衡を保って発展できるようにするのは、国家の当然の責務です。それに比べて社会的経済は、国民の範囲を超えたすべての存在者[9]が均衡を保った成長ができるようにするところに、その役割があります。

結論的に言えば、社会的経済のことを市場の失敗を補うための国家の補完的な役割と理解することは、一時的には必要でも、持続性に欠けています。社会的経済の真の存在理由は、人間を含むすべての生命が主人公になる社会をつくるところにあり、社会的経済の真の特徴は、その過程に人間が主体的に参加するところにあります。社会的経済が「公益」に貢献するのは、むしろ「公益」を超える「弘益」の実践によるものであって、「公益」のために社会的経済が生まれ、実践されるわけではありません。「公益」は国家の役割です。それに対して社会的経済の固有の役割は、古朝鮮の檀君（だんくん）神話にある「弘益人間」（弘く人と人の間に益をもたらす）、大乗仏教の綱要書『大乗起信論』にある「弘益衆生」が言う「弘益」にあります。

2 「社会的」の二つの意味

語源

「社会的（socialis social）」という言葉がいつから使われ始めたのかは、はっきりしていません。[10] 確かなことは、その語源が同僚や友だちを意味するラテン語の「ソキウス（socius）」から由来したことくらいです。フランスの思想家ジャン・J・ルソー（一七一二－一七七八）が、その代表作である『社会契約論（Du contrat social）』を一七六二年に出版していることから考えますと、この言葉がその当時からある程度流行っていたと推定できます。

ルソーの言う「社会的契約」は、その主な対象を国家としています。人間は、自然な状態のままでは、一人では逆境を乗り越えることができないため、複数の力と能力を足し合わせなければなりません。すなわち、逆境を乗り越える過程で、それぞれの持つさまざまな力と能力を全体の共有物に譲渡しなければならないのです。そして、この場合の譲渡は、構成員全体への譲渡であって、誰か一人に向かうものではありません。すべての構成員は全体に向かって平等であり、国家とはそもそもそんな社会的契約の実体である、というのがルソーの基本的な考えでした。国家を結社の一つととらえた点で、彼の思想は当時、とても革命的でした。

「社会的」という言葉が、国家を説明する用語から一般にまで広がったのは、十九世紀に入ってからです。当時は、資本主義がその勢力を次第に拡大し、多くの人々が貧困に陥ったにもかかわらず、国家は何の解決策も講じませんでした。そのために、フランス革命をとおして平等を自覚した人々は、自ら貧困を克服するための自発的な人間連帯をつくり、それが一つ二つと形を整えるにしたがって、「社会的」と呼ばれるようになりました。すなわち、初期の「社会的」という言葉の中には、同僚や友だちの関係のように、自由で平等な人間の自発的連帯という意味合いが深く込められていました。

十七〜十八世紀のフランス文献を研究したゴードン（Daniel Gordon）によりますと、「社会（société）」や「社会的（socialis）」という言葉がこの時期によく使われたのは、神や君主からの救いではなく、人間の自発的な結束を強調するためであったようです。つまり、当時、すでに平等な人間同士がつくる関係を「社会」と呼び始め、その関係の性質を「社会的」と呼んでいたわけです。もちろん、こうした国家から結社一般への広がりには、経済的な目的も小さくありませんでした。つまり、平等な人間の連帯を媒介に、経済的な貧困を克服しようとする趣旨が、「社会」や「社会的」という言葉の広がりをもたらしました。

第一義：結社

社会哲学者今村仁司（いまむらひとし）によると、フランス語の代表的な辞典である『ロベール（Robert）』では、「社会的」について大きく二つに解説しています。一つは、一三五二年にはじめて登場した「つきあい、仲間になり、そして一つになる(=associé)」という解説で、もう一つは、その後に登場する「他人に親切な(=agréable aux autres)」という解説です。[11]

まず、「つきあい、仲間になり、そして一つになる」という解説についてですが、ここから私たちは、「社会的(associé)」の名詞形が「社会(société)」ではなく、「結社(association)」であることがわかります。つまり、普段、私たちは「社会」から「社会的」が派生したと考えがちですが、本当は「社会的」から「社会」が派生したか、あるいは「社会的」と「社会」がまったく違う意味の言葉だったということです。[12]

要するに、「社会的」という言葉が新しく登場した時、その意味は今のような「社会一般」を指すものではなく、「結社」を意味するものでした。「社会(société)」の語源であるラテン語の「ソキエタス(societas)」も、本来は「結社」や「団体(community)」を意味するものであって、「社会一般」を指すものではありませんでした。古代社会・中世社会・現代社会・韓国社会・日本社会といった社会一般の概念は、ラテン語にもフランス語にもありませんでした。

イギリスの場合も同じで、一八四四年に設立された最初の近代的な協同組合「ロッチデール公正先駆者組合(The Rochdale Society of Equitable Pioneers)」は、その名称を「社会(Society)」としました。当時はまだ「協同組合(co-operative)」という言葉がなく、結社や団体を意味する「社会(society)」が協同組合の自称でした。

漢字文化圏でも同じです。文献上に「社会」という言葉がはじめて登場するのは、十二世紀に中国で刊行された『近思録』からです。そこでの「社会」の意味は、社会一般ではなく、地域社会（郷里）に住む人々（郷民）が「土地の守護神（＝社）に祭祀を行うためにつくった集団（＝会）」でした。そして、長い間忘れ去られていたこの言葉が、明治時代に、欧米から入ってきた「ソシエテ（société）」とか「ソサエティー（society）」の訳語として、再び登場しました。[13]実際に、当時の日本のある宗教集団は、自分たちを「社会」と呼んでいたようです。

韓国で、結社としての「社会」に相当する言葉は、「契・徒・接・社」などです。「農契」は農作業を共にする人々の結社で、「郷徒」は同じ村に住む人々の結社でした。「南接」とか「北接」とかは東学教徒の結社で、「朝鮮農民社」や「協同組合運動社」などは日本植民地時代の自主的な協同組合でした。

第四章で詳しく述べますが、韓国の三韓時代に、「馬韓」という社会があって、その中に「蘇塗」という「特別な村（＝別邑）」がありました。『三国志』を書いた中国の儒学者が借字したこの「蘇塗」について、韓国の国学者鄭寅普（一八九三―一九五〇年）は、「スリトゥレ」と呼ばなければならないと言いました。[14]「スリ」とは、山岳を表す韓国の固有語で、「地域」を意味します。「トゥレ」とは、そこに住む人々の関係のことで、「結社」を意味します。「蘇塗」を祭祀の場ではなく、生活の空間と理解し、その空間の中での関係の大切さを強調したわけです。「空間」と「関係（時間）」の結合によって、はじめて「社会」というものが成り立つことを、鄭寅普は正確に知っていたのです。

すなわち、私たちが普段「社会」と呼ぶものは、正確には「社会的」の名詞形である「結社」の意味で、社会一般を指すものではありません。私たちは通常、「社会」という言葉が先にあって、そこから「社会的」という形容詞が派生したように思いますが、本当は「社会的」という関係が先にあって、その結果として「社会」という空間が生まれるのです。

社会主義（socialism）も、本来は「社会的」なこと、つまり人間の自由で平等な結社を重視する思潮です。それは、資本主義・共同体主義・自由主義・共和主義のように、資本・共同体・自由・共和制という名詞から派生したものではなく、「社会的（social）」という形容詞から派生したものです。つまり、社会主義とは本来、人間の平等な連帯のようす（＝「社会的」）を重視する思潮であって、その結果としてつくられた「社会」を重視する思潮ではないのです。

「社会的」の無性化と協同組合の対応

しかし、残念ながら十九世紀に入ってから、こうした「社会的」の意味は大きく変わりました。「社会的」の中から肝心な結社の意味合いが消え、ただただ利益を追求する人間集団にその意味が変わりました。二十世紀に入ってからは利益集団の意味も消え、古代社会・中世社会・韓国社会・日本社会のように、無味無臭のただの人間集団を指すものに変わりました。「社会」は、「社会的な関係」からただの「人間集団」という「無性（genderless）」の言葉となり、その対関係として、人間は、社会をつくる主体から社会に属する一員に、つまり、自己組織化する主体から社会化への対象に、転落していきました。

こうした変化は、「社会的」なものを求めてきた人々からみると、かなり寂しいものだったに違いありません。言葉の無性化は、言葉の持つ本来の意味を奪うだけでなく、無性化した言葉によって人間が支配されるように変わるからです。そうしたなかで、人々は、無性化する「社会的」に代わる新しい言語を探し求めました。そしてその結果、かつては欧州の自治都市や農村共同体の中での相互扶助関係を描いた「共同体（community）」という言葉が浮上してきました。

私たちは通常、社会主義（socialism）と共同体主義[15]（communism）を別物と理解します。しかし、これが別物となったのは、旧ソ連のような社会主義国家が生まれてからのことです。それ以前の社会主義と共同体主義は、たとえ強調するところに多少の違いがあったとしても[16]、「人間の平等な連帯」を求める点では同じでした。いや、むしろ共同体主義という新造語が登場したのは、「社会的」から結社の意味が消え、無性化していくことに対する、一種の対抗でした。

より具体的な事例として、「協同組合」という言葉の変遷をたどってみると、「社会的」の無性化と、それに対抗する人々の試みがよくわかります。私たちは通常、「協同組合」のことを「コープ（co-operative）」と呼びますが、その呼び方はそれほど昔のことではありません。一九九五年まではほとんどの協同組合が自らを「協同的社会（cooperative sciety）」と呼びましたし、それ以前はただ「社会（society）」と呼びました。

前述のように、「ロッチデール公正先駆者組合」は、自分たちを「社会（society）」と呼んでいました。「社会」という言葉がまだ利益集団と理解される前でしたので、それだけで「自由で平等な仲間との結社」を表すのに十分でした。そして、こうした自称は、初期のほとんどの協同組合に共通するものでした。一九三七年に協同組合原則が制定された時、消費組合は「消費者たちの社会（consumers' society）」、卸売組合は「協同的卸売社会（cooperative wholesale society）」、農業協同組合は「農業の生産的社会（agricultural productive society）」、労働者生産協同組合は「働く人々の生産的社会（workers' productive society）」、信用協同組合は「信用の社会（credit society）」と呼ばれていました。

しかし、二十世紀の半ばに入ってから、状況は一変しました。「社会」の意味が徐々に「利益集団」に変わり、協同組合は今までの「社会」の前に何らかの修飾語を付けないと、自分を十分に言い表すことができなくなりました。その結果選ばれたのが、（利益集団ではなく）人間の結社であることを強調するための「協同的（cooperative）」です。一九六六年に協同組合原則が改定された時、協同組合の自称はこれまでの「社会（society）」から「協同的社会（cooperative society）」にすべて変わりました。

厳密に言って、「協同的社会」という言葉は同語反復です。「社会」がすでに人間の結社を意味しているのに、その前に結社の性格を表す「協同的」という形容詞を加えたからです。「社会」から自由で平等な人間の結社の意味が消え、利益集団を指すものに変わっていくことに対して、同じ言葉を繰り返しながらも自己表現したい気持ちが、この新しい造語の中に込められているわけです。

しかしながら、そんな抵抗にもかかわらず、「社会」という言葉は一段と無味無臭な「社会一般」を指すものに変わっていきました。そのために、いかなる修飾語を付けたとしても、結社としての「社会」の意味を表すことができなくなりました。そのために協同組合陣営は、今までの自称から「社会」を切り捨て、本来は形容詞であった「協同的（cooperative）」を名詞として使い始めました。以前は「社会」の修飾語だった「協同的（cooperative）」を、一九九五年に協同組合原則が再改定された時から「協同組合（co-operative）」の自称に変え、世界的に使うようにしました。「社会的」の無性化に抵抗し、人間の結社を強調しようとする人々の努力が、数回にわたる協同組合の自称の変更をもたらしたわけです。

第二義：相互扶助と歓待

今村によると、フランス語の「社会的（social）」の中には、「つきあい、仲間になり、そして一つになる」という意味と共に、「他人に親切な」という意味が含まれています。もちろん、この二つの意味は、時差をもって広がったものです。「つきあい、仲間になり、そして一つになる」という意味での「社会的」が先に生まれ、後から「他人に親切な」という意味も加わったのです。結社の意味が先にあって、その後に結社の性格が加わったわけです。

こうした経過からみると、「社会的」の第二義である「他人に親切な」は、第一義である「結社」の延長線で把握するほうがより正確と言えます。すなわち、「他人に親切な」と言った場合の「他人」は、結社の内側では仲間とか同僚のことを指し、結社の外側では仲間の枠外にある異邦人とか訪問客のことを指すものと言えます。同じく、「他人に親切な」と言った場合の「親切」も、結社の内側では仲間へのやさしさを指し、結社の外側では異邦人へのやさしさを指すものと言えます。もちろん、同じやさしさでも、仲間と異邦人の間にはその表れ方が異なります。よく使われる言葉を借りますと、仲間に向かうやさしさは「相互扶助（mutual aid）」、異邦人に向かうやさしさは「歓待・もてなし[17]（hospitality）」と言えます。

仲間との間で親切な関係（＝相互扶助）を保つことは、相互扶助の真の中身です。非常に大事です。そして、この場合に注意しなければならないことは、「仲間（companion）」とは本来、（よりたくさんのパンを求めて）「パンを一緒につくる」関係ではなく、「パンを一緒に食べる」関係、「同じ釜の飯を食う」関係のことです。つまり、個々人の利益のために協力関係をつくるだけでなく、その成果を分かち合うことが、本来の相互扶助です。結社の内なる「相互扶助」が利益集団の「契約」と決定的に違う点は、ここにあります。

しかし、仲間と一緒にパンを分けて食べることと同じくらいに、いや、それよりもっと大事なことが、異邦人を宴会に招待して、食事をもてなすことです。そして、ここでの異邦人は、仲間の範囲を超える者です。一方では仲間と相互扶助をしながら、もう一方では仲間を超える異邦人をもてなそうとすること、それが「社会的」という言葉の第二義です。

相互扶助と歓待の関係

それでは、なぜ人間は異邦人をもてなすのでしょうか？　仲間との協働によって得られたせっかくの成果を、なぜ結社にも参加しない異邦人に向かって施すのでしょうか？

仲間との相互扶助は、ある面、人間にとって当然の行為です。今は仲間の範囲がだんだん縮まり、その維持も難しくなっていますが、人間は相変わらず、仲間と良い関係を結ばなければ生きられない生き物です。

しかし、ここで一つ問題が生じます。仲間との関係は、それがどんなに強く結ばれていても、常に外に開かれています。そして、開かれた外との関係によって、内なる関係が少なからぬ影響を受けます。異邦人をもてなさずに敵対しますと、敵対した異邦人によって仲間関係が脅かされ、結局は生きるうえで必要な仲間との相互扶助関係も維持できなくなります。

そんな異邦人からの脅威を事前に防ぐために、人類は、祭祀や祭りなど儀式の場を借りて、名前も知らない人々を招待して、食事でもてなしました。そして、食事が終わるのを待って、その人が誰で、何のために来たのかを聞きました。また、別れに際しては、返してもらえないことを承知のうえで、旅費や食べものまで与えました。もちろん、祭祀や祭りに招待する対象は、普段あまり対面しない異邦人でした。相互扶助する仲間は、祭祀や祭りの主宰者であって、招待の対象ではありませんでした。フランスの人類学者モース（Marcel Mauss　一八七二－一九五〇年）が言ったように、「構成員以外の人を招待して、はじめて祭りの意味がある」のです。

マルセル・モース

人類の歴史は、一方では仲間と相互扶助の関係をつくりながら、もう一方では異邦人をもてなしてきたものと言えます。いや、異邦人をもてなしたおかげで、仲間との相互扶助関係が維持でき、異邦人をもてなすために、仲間との相互扶助関係をつくってきたと言えます。人類のあらゆる偉大な精神は、異邦人をどのようにみて、どのように迎えるのかに関するものであったと言えます。

ところが、現代社会では、こうした異邦人へのもてなしがほとんどなくなっています。もてなすどころか敵対視し、異邦人との競争で勝ち抜くために、仲間との相互扶助関係をつくっています。しかし、それは大きな間違いです。そんな目的でつくられた相互扶助関係は、異邦人からの脅威以前に、内なる仲間関係によって滅びます。パンを分けることは考えずに、よりたくさんのパンを求めてつくられた相互扶助関係は、パンを挟む仲間との競争によって滅びるに決まっています。

最近、仲間との相互扶助関係が崩れることについて、たくさんの懸念の声があがっています。そして、社会的経済の使命が、まるで仲間の回復と相互扶助関係の再構築であるかのように、よく言われています。しかし、仲間がいなくなり、相互扶助関係が崩れた本当の原因は、異邦人を敵対視し、異邦人へのもてなしがなくなったからです。特に、皆が皆に向かって異邦人になっている今日の「個人化（personalization）」社会、相互扶助関係もまた宿命とか運命でなく、自由な選択になっている今日の「流動化（fluidization）」社会においては、仲間より異邦人が、仲間との相互扶助関係より異邦人へのもてなしが、はるかに大事なのです。

人間は、結局、一人でこの世に生まれてきて、一人でこの世を去る存在です。お釈迦様が、生まれてすぐに「天上天下（てんじょうてんげ）　唯我独尊（ゆいがどくそん）」と言ったのは、この一人歩みの生涯の尊さを述べたものです。そして、この言葉の現代的な解釈は、「たったひとりの我（＝唯我）」が「一人でも尊く（＝独尊）」生きられるようにすること、つまり、「どんな状況の中でも、ひとりの尊い人間が、尊く生きられるようにする」ということです。

その尊さを守るために、人間はこれまで、仲間との相互扶助関係をつくりながら、異邦人を歓待してきました。内なる仲間との相互扶助関係に基づいて、外なる異邦人への歓待を行ってきました。それに比べて現代の人間は、内なる仲間との関係が流動的であり、外を向いても皆が皆に対して異邦人になっています。そして、こうした変化は、相互扶助と歓待の優先順位を入れ替えています。すなわち、これまでが、仲間との相互扶助に基づいて、異邦人をもてなしてきたとすれば、これからは、異邦人をもてなすために、仲間との相互扶助関係をつくらなければならなくなっています。「社会的」の第二義である「相互扶助と歓待」の「関係」は、このように大きく変わっています。

協同組合の新しい潮流

先ほど私は、「社会的」が無性化していくなかで、協同組合がどのように自称を変えてきたのかについて言及しました。そして、こうした歴史を踏まえて、最近の協同組合の中では、もう一つの大きな変化が起こっています。今までが組合員の利益を中心に考えてきたとするならば、今は地域社会のことにもっと関心を注ぎながら、地域社会の中で様々な連帯を試みる動きが出始めているのです。

そして、こうした新たな協同組合のほとんどには、「社会的（social）」とか「連帯（solidarity）」、あるいは「地域社会（community）」といった修飾語が付いています。[18]どんな修飾語を付けようとも、組合員の利益のみならず、あらゆる人間の成長と地域社会への貢献、といった共通の目的が込められています。すなわち、同質な人々による結社をもって、結社による仲間との相互扶助に基づいて、異邦人との連帯成長を図ろうとするのが、新しく出始めた協同組合の共通点です。「社会的」の第一義（＝結社）と第二義（＝相互扶助と歓待）が、実態として統合しているわけです。

十九世紀に生まれた「社会的経済」という言葉が、百年間も人々から忘れ去られた後に、二十一世紀に入って再び注目を浴びるのも、その理由からです。仲間との結社をもって、内なる相互扶助と外なる歓待をつくり出そうとするのが、二十一世紀の社会的経済に与えられた役割です。もちろん、この二つは、切っても切れない関係で結ばれています。自由で平等な結社をもってのみ、真の内なる相互扶助と外なる歓待が可能です。世界各国が社会的経済に注目しながらも、その組織形態を結社に限るのはその理由からです。

それに比べて、韓国の社会的経済論では結社を軽んじています。組織形態はどうであれ、目的さえ社会的であれば、社会的経済の枠内に入れています。結社と内なる相互扶助より、外なる歓待を優先する面で、最近の韓国での社会的経済論は、英米の第三セクター論や社会的企業論に近いものです。

私は、こうした傾向をすべて否定するつもりはありません。しかし、結社に基づかない相互扶助が本当の相互扶助になり得るのか、結社と相互扶助に基づかない歓待が本当の歓待になり得るのか、なり得るとしてもどこまで続けられるのか、疑問です。人間の自由で平等な結社に基づかない相互扶助は、結局、社会的経済から「社会的」をなくし、「経済」だけを残します。相互扶助に基づかない歓待は、結局、社会的経済から「経済」をなくし、「政治」に隷属させます。その心配を払拭するためにも、人間の結社という「社会的」の第一義と、それに基づく内なる相互扶助と外なる歓待という「社会的」の第二義について、もう少し咀嚼(そしゃく)しなければならない時を迎えています。

3 「社会的」人間

なぜ歓待するのか

人間にとって他人とは、およそ次の二つの姿でやってきます。ある時は、喜びと悲しみを分かち合いながら生きる意味を与える姿で、また、ある時は、幸と不幸のどちらをもたらすのかわからない不安な姿でやってきます。西洋では、前者を「仲間（companion　パンを分かち合う人）」、後者を「異邦人（stranger　脅威を与える人）」と呼びます。韓国では、前者を「友」、後者を「客」と呼びます[19]。

そして、残念ながら人間には、喜びと悲しみを分かち合える人が少なく、幸か不幸のどちらをもたらすのかわからない人は多いのです。そのために人間は、できるだけ不安な異邦人との関係を少なくし、仲間との関係を増やそうとします。大事な仲間関係を維持するために、仕方なく異邦人との脅威的な関係を友好的な関係に持っていこうとします。異邦人や客をもてなすことによって、仲間との相互扶助関係を守ろうとします。

ところが、相互扶助と歓待は、このように緊密に繋がっているにもかかわらず、実はかなり違う性格の関係です。仲間との相互扶助は、パンを一緒に生産し、それに関わる仲間とパンを分かち合う関係です。それに比べて異邦人への歓待は、一緒にパンを生産していないにもかかわらず、仲間の生産したパンを分かち合う関係です。もっと言いますと、相互扶助は、分かち合ったパンが返ってくるから、返ってくることへの信頼があるから、維持できる関係です。それに比べて歓待は、異邦人に向かって与えたきりで終わり、返ってくることへの保証が一つもない関係です。というより、返ってくることを期待しないで、パンを分かち合うのが、異邦人への歓待です。

それでは、なぜ人間は見返りのない異邦人を歓待するのでしょうか？　人間のどんな意識が、異邦人への歓待を可能にするのでしょうか？

その答として、先に私は、異邦人を歓待しないと仲間関係が脅かされるから、異邦人からの脅威にそなえるために、と述べました。しかしそんな解釈は、非常に単純で表面的なものにすぎないのです。異邦人を歓待しなければ仲間関係が脅かされるということは、罰を恐れて罪を犯さない、ということと何の変わりもありません。そのような理由でしたら、法律的にも道義的にも何の罰も伴わない現代社会では、異邦人への歓待がなくなって当然です。

社会的経済が人間とその結社から始まることを想起しますと、（法律や道義に義務づけられない）人間の何が異邦人への歓待を呼び起こすのかは、非常に重要なテーマです。しかし残念ながら、社会的経済の中では、このテーマについてほとんど語られたことがありません。歓待はもちろん、それを可能にする人間についても、あまり語ったことがありません。語ったとしても、それは社会的経済の人間観に基づくものではなく、市場や国家の人間観にしたがうものばかりです。人間を利己的な大衆と、あるいは利害関係を共有する階級とみてきたのが、社会的経済における今までの一般的な人間理解です。

しかし、そんな人間理解では、社会的経済を利害関係の集団にすぎなくし、その中の人間を利己的大衆にすぎなくします。なぜ人間が異邦人を歓待するかについては、何一つ説明できなくなります。それを乗り越えて、社会的経済ならではの人間観を構築すること、その人間観から異邦人を歓待する理由について探ること、それが本節の目的です。

人間に関する二つの理解

市場経済に理論的根拠を与えたアダム・スミス（Adam Smith　一七二三－一七九〇年）は、人間のことをこう言っています。

人間は、自分の安全と利益を優先して考える利己的な大衆である。そのような利己心が、自分を取り巻く環境を改善しようとする欲求を生み、社会に利益をもたらす原動力になる。利己心は、良いものでも悪いものでもない。利己心は、ある制度的条件と結ばれて社会に害をもたらすことがあるだけである。したがって、利己心が害をもたらさないようにするためには、自分の利己心を他人が理解できる公平な観察者の視線にさらさなければならない。すべての人間は結局大衆の一員であり、大衆の一員としての特権に満足しなければならない。それ以上を望むのは、傲慢な利己心である。

（『国富論』）

アダム・スミス

スミスの言った「利己的」は、「自己中心主義（egoism）」ではなく、「自己の利益（selfish）」です。自分を世の中の中心に置くということと、自分のために生きるということとは、まったく違う話です。すべての人間は、自分のために生きます。人間のこうした利己的な行為は、良いか悪いか、正しいか間違いかの問題ではなく、当たり前の人間の本性によるものです。

問題は、こうした利己心が、ある制度的条件と結び付いて、社会に害をもたらす可能性があるということです。特に、各自の利己心が大衆の一員として非人格的に現れる市場社会では、その可能性が最大化します。そのためにスミスは、自分の利益を追求することは人間の本性と理解していたものの、常に「公平な観察者（impartial spectator）」の視線に自分をさらす必要がある、と主張しました。すなわち、「自分の欲しいことを他人がやってくれることが、他人にも利益になることを示す」必要があると言いました。

こうしたスミスの言説は、大乗仏教の「自利利他」、つまり「私利することは他利することであり、他利することは私利することになる」ということとも通じるものです。大乗仏教で、「自利」と「利他」を繋ぐものとして、「同体大悲」の心を強調したのと同様に、スミスもまた、利己心と観察者の視線を繋ぐものとして、人間の「共感（sympathy）」の本性を強調しています。

しかし、残念ながら「（利己心が）ある制度的条件と結ばれて社会に害をもたらすことがある」というスミスの懸念は、懸念に終わらず、現実のものになりました。すなわち、スミスが市場経済と市場人間に理論的根拠を与えたにもかかわらず、今の市場経済の人間には、利己心だけがあって観察者の視線がなく、したがって両者を繋ぐ共感もまったくありません。自分のためという人間の当たり前の行為が、市場経済という特殊な制度的条件と結合し、大衆的に表出されるために、「共感」の消えた利己心だけが残り、社会全体に様々な害をもたらしています。

興味深いことは、そうした社会的な害を補うために、国家の役割がより強化されるということです。そして、その場合の国家は、人間のことを同じ利害関係の当事者とみて、相反する人間集団の利害関係を調整するところに、自らの役割を探し求めています。資本制市場社会の国家は、封建社会の国家と違って、もはや身分ではなく利害関係をもって、人間を区分けしています。

しかし、このような人間理解は、資本や国家とは対蹠点に立つマルクスとそれほど変わらないものです。資本や国家を否定しながらも、人間を経済的範疇の人格化した存在とみたマルクスの考えと、マルクスを否定しながらも、人間を利害集団の一員とみる資本制国家の考えは、それほど差がありません。マルクスは、人間について次のように話したことがあります。

> 私は、資本家や土地所有者の姿を決してバラ色の光で描いていない。しかしながら、ここでは、個人は、経済的範疇の人格化であり、一定の階級関係と階級利害の担い手である限りにおいてのみ、問題となるのである。私の立場は、経済的な社会構造の発展を自然史的過程として理解しようとするものであって、決して個人を社会的諸関係に責任あるものにしようとするのではない。個人は、主観的にはどんなに諸関係を超越していると考えていても、社会的には畢竟（ひっきょう）その造出物にほかならないからである。
>
> （『資本論』）

カール・マルクス

スミスが人間を利己的大衆と理解したことに対して、マルクスは経済的範疇の人格化した存在と理解しています。そのために、スミスが人間関係の理由を自己利益の実現から見出したのに比べて、マルクスは階級的利害関係の実現から見出しています。スミスが人間の本性と社会の福利の間で延々と苦悩したのに比べて、マルクスはむしろ資本・自然・労働という経済的諸要素を資本家・地主・労働者に範疇化し、階級闘争を扇動しています。

しかし、相反するようにみえるこうした二人の考えの間に、実ははなはだしい類似性が潜んでいます。言い方は違っても、人間を大衆や階級などの群れと理解した点で、また大衆や階級の一員としての利己心や利害闘争を社会発展の原動力とみた点で、二人はまったく一致します。市場と国家は、表面的には相反するようにみえても、人間に関する理解においてはほぼ共通しています。そして、今の社会的経済もまた、大した差がなく、人間をそのように理解しています。

私は、こうした二つの人間理解に賛同できません。その理由は、人間が利己的存在ではないから、あるいは一定の利害関係から脱しているからではなく、それらが人間を大衆や階級の群れとしてのみ規定しているからです。それをもって、人間と社会の進化を説くからです。確かに人間の利己心と共通の利害関係は、人間を説明するうえで、大変重要な要素です。しかし、そのような人間理解は、人間に関する多様な説明の一つにすぎないのです。そんな断片的で暴力的な人間理解が、資本制市場社会という今の特殊な制度を人類の普遍史と規定し、さらに自然史にまで拡張されては、本当に困ります。社会的経済の企業化や官僚化を仕方ないものと考えるのも、こんな絶望的な人間理解に私たちが染められているからです。

社会的経済の人間理解

人間を群れの一員と理解する風潮が漂うなか、最近、ポランニー（Karl Polanyi　一八八六－一九六四年）の名が頻繁に取り上げられることは喜ばしいことです。市場と国家に縛られて絶望に陥った私たちに、「社会」を再発見させてくれた点で、彼の功績は決して小さくありません。そして、彼が社会を再発見できたのは、実は人間に関する深い理解が彼の底にあったからです。「社会」に比べて「人間」への言及が少なかったとしても、人間を除いた社会を論じることは、彼の趣旨に反するものです。

ポランニーにとって人間は、群れの一員ではありません。彼が、産業革命の起きた十九世紀の社会を「悪魔のひき臼（satanic mill）」と比喩したのは、「人間をまるごとすりつぶして、無差別の大群につくり直した」からです。「これまでの様々な社会組織が破壊され、人間と自然を新たに統合しようとする試みもことごとく失敗した」からです。

カール・ポランニー

ポランニーは、人間のことを三つの側面から理解しています。彼によると、人間は、有限な肉体的生命を持つ「個体的存在」でありながら、個人の内面生活の中では永遠に生きる「人格的存在」であり、また自分の行為が意図しない結果を生んだことについて責任を負う「社会的存在」でもあります。こうした個体的で人格的で社会的な存在としての人間理解が、彼の代表作とも言える『大転換』の最後に出てくる「西洋人の意識における三つの本質的事実」、つまり、「死の認識」と「自由の認識」と「社会の認識」に繋がったわけです。

ポランニーの最大の功績は、当然、社会の再発見です。しかし、彼にとって社会とは、有限な肉体的生命を持ち死する存在が、永遠に生きるために、自由に向かう中でつくられるものです。さらに、その社会は、どんなタイプであろうと、決して完全ではないものです。社会の不完全さが世界大戦のような惨事を生み、したがって、それがたとえ自分の意図とは無関係に起こったとしても、人間はその責任を免れることができません。

ポランニーの言う人間の自由は、社会的自由です。「社会的存在として、避けられない負債を快く受け入れること」であり、自分の意図と無関係に広がる社会的害悪——市場経済や政治権力の暴力的行為と、それによって生み出された結果——について、責任を負うことです。彼は、人間がこうした社会的自由を求めていくことをとおして、「社会の発見が、自由の破壊にも、あるいは自由の再誕生にもなり得るなか、自由の破壊を恐れなくなる」と考えました。

人間に関するポランニーの理解は、スミスやマルクスのそれと大きく異なります。スミスが個体的（＝利己的）で社会的な（＝観察者の視線のもとにある）存在としての人間を強調したことに比べて、ポランニーはそのうえに人格的な存在としての人間を加えています。人間が社会的存在になるのは、永遠に生きる人格的存在になるため、と考えています。

また、マルクスが社会的存在（＝階級関係と利害関係の担い手）としての人間だけを強調し、個々人は社会関係に責任がないと主張したことに比べて、ポランニーはすべての人間が社会的害悪の責任から免れることはできず、自由の再誕生のためには、むしろ社会を発見しなければならないと主張しています。実在する社会を否定せずとも、実在する社会を理由に自由を否定することがない「複合社会（complex society）」は、諦念から現れ出るこうした人間の行動によって生み出されるものである[20]、とポランニーは信じたわけです。

複合社会と複合人間

ポランニーが再発見した「社会」は、すでに無性になってしまった「社会一般」のことではなく、無性になる前の社会、無性になってしまった社会一般を超えようとする社会（＝結社）です。そして、そんな社会の主体を、彼は個体的で社会的で人格的な人間に求めました。自分が自由な存在であることを知り、自分に与えられた責任を自覚した個々人が平等に結社して、その自由を制度化することによって、はじめて「人生の意味と統一を回復する」人格的な存在という目標に到達できると考えました。構造的にみて、こうした彼の考えは、個体的存在としての人間が、人格的存在への回帰を求めて、他人との社会的関係を形成する、また、こうした社会的関係をとおして、再び個体的な人間が永遠に生きる人格的な存在になる、といった循環の構造を持っています。

ここで注意すべきことは、ポランニーの言う「人格（personality）」が、私たちが普段に考える人間だけの特性ではないということです。それがもし人間だけを対象にするものであれば、

「永遠に生きる」といった修飾語を付けることはできません。彼の言う人格とは、人間を含めて、すべての自然（生命）が持っているものです。人間を含めて、すべての生命の本来の姿です。[21] ポランニーが、すべての人間は社会的存在として避けられない負債を負っていると言ったのは、すべての人間は自然（生命）のおかげで生きている、という自覚によります。また、人生の意味と統一を回復し、永遠に生きる人格的存在になると言ったのは、こうした自然（生命）への回帰を意味します。

ポランニーの考えを理解するうえで、もう一つ注意しなければならないことは、彼の言う「社会」が、「空間」ではなく「時間」（関係）として、人間と「関係」しているということです。ポランニーがめざした「複合社会」は、市場・国家・社会という三つの空間的な領域の並び立ち（＝鼎立）ではなく、商品交換・再分配・互恵という三つの時間的な関係の組み合わせ（＝融合）です。すなわち、彼がいくら社会から「離床した（dis-embeddedness）」経済を社会に「再び埋め込む（re-embed）」ことを願ったとしても、それは結局、商品交換・再分配・互恵という三つの交易様式の再融合によってのみ、可能なことです。そして、こうした交易様式の再融合はまた、人間が個体的・社会的・人格的存在として回復し、それに向かう統一的人間がお互いに関係する中でのみ、用意されるものです。

もう一度強調しますが、あらゆる社会は商品交換・再分配・互恵という三つの交易様式の関係であり、あらゆる人間は個体的・社会的・人格的という三つの存在様式の関係です。そして、こうして生まれた社会は、他の社会とまた、商品交換・再分配・互恵という交易様式をもって関係しながらより大きな社会をつくり、こうして生まれた人間は、他の人間とまた、個体的・社会的・人格的な存在様式をもって関係しながら一つの社会をつくります。

こうした面からみると、社会的経済のことを（再分配の）国家や（商品交換の）市場と鼎立する（互恵の）領域に規定することは、間違いです。同じく、社会的経済の人間を、個体的・社会的・人格的の中のある一つに規定することも、間違いです。それはまるで、人間を利己的大衆（＝個体的存在）とか階級利害関係の担い手（＝社会的存在）としてのみみて、社会を大衆の利己心や階級利害関係の戦場と理解することと何も変わらないものです。

関係の双方向

人間と社会は関係によって生まれ、他の人間や社会と関係しながら、より大きな社会をつくっていきます。ドイツの哲学者ハイデガー（Martin Heidegger　一八八九－一九七六年）は、前者、つまりこうして生まれる人間と社会のことを、「存在者が、存在する間に集まること」と言い、後者、つまりその人間や社会が他の人間や社会と関係しながら（より大きな）社会をつくることを、「存在している間に、存在者が現れること」と言いました。そして、一つの存在者は、その生物的環境から自分を引き離し、存在に向かって投射する「超越」によって、はじめてすべての存在するものが存在者になれる、と言いました。

似たようなことを、五世紀はじめの中国の禅僧僧肇（そうじょう）（三八四－四一四年）は、「天地万物」と

「我」の関係に託して、説明しています。ここに紹介する僧肇は、あの有名な「天地は我と同根なり（天地与我同根）、万物は我と一体なり（万物与我一体）」という名句を残した人です。禅僧たちの公案（禅宗で雲水が修行するために、老師から与えられる課題。いわゆる禅問答）を集めた『碧巌録』（中国の仏教書。特に臨済宗において尊重される代表的な公案集）に、それに関連する面白い逸話が出ています。

唐の時代に僧肇の教えを熱心に勉強したある弟子が、師の南泉普願（七四八－八三五年）を訪ねて、言いました。「僧肇のこの教えはなんとも素晴らしいものですね」と。それに答えて師は、庭先に咲いた牡丹を指しながらこう言いました。「この頃の人々は、この花一株をみる際に、あたかも夢まぼろしをみるようにそうするんだ」と。「南泉の一株花」という有名な公案です。

僧肇は、仏教に帰依する前、老荘の思想に心酔した人です。そのため、彼の「天地は我と同根なり、万物は我と一体なり」という話は、実は『荘子』「斉物論」にある「天地は我と竝び生き（天地与我竝生）、万物は我と一つ為り（万物与我為一）」という話を、少し変えたものです。

僧肇

私たちは通常、この二つの話にあまり差がないと思いがちですが、実はそうではありません。似ているようで、まったく違う話です。

荘子（紀元前三六九－二八六年頃）が「斉物論」で話したかったのは、物事を差別・分別してとらえる人間の固定観念に対する批判です。[22] こうした固定観念から解放されると、人間は「天地が大きく、我も大きいので、その大きな中で一緒に生きられる」ということが荘子の趣旨です。それに対して、僧肇が強調したかったのは、人間の「本性（nature）」で、本性への「回帰」です。荘子の話が物事に対する人間の認識論だとすれば、僧肇の話は人間や生命そのものの存在論です。

僧肇は、「天地は我と同根なり、万物は我と一体なり」という法語を語る前に、「万物が会して自己を為し（会万物為自己）、その万物は我造らざることなし（万物無非我造）」という言葉を残しました。すなわち、万物の関係が自分を生み、こうして生まれた自分が万物をつくるということが、人間はもちろん、すべての生命の本来の姿だと言ったわけです。そして、その本来の姿に戻れば、天地万物と我が同根で、一体になれると言ったわけです。十世紀はじめ、中国のある禅僧はこうした僧肇の話を評して、「だから「天上天下　唯我独尊」なのだ」、つまり「だから、世の中で唯一、一人ひとりが尊いのだ」と言いました。

「天地万物」と「我」を一つにとらえる考え方を「全一的思惟」と言います。そして、こうした全一的思惟は、自然と人間、人間社会と一人ひとりの人間を分離して考え、その結果として、生態的には深刻な環境問題を、社会的には深刻な格差問題を引き起こしている今日、極めて大切な考え方です。しかし、考え方を変えたとしても、それが直ちに生き方を変えることにはなりません。「天地は我と竝び生きる」という全一的思考は、世を理解することには役に立っても、その世を生きるためにはあまり役に立ちません。ひとりの人間が生きられるのは、天地万物から与えられたためであり、ひとりの人間が生きがいを感じるのは、そうした天地万物を自分がつくっていることを実感するからです。

社会的経済で「社会」より「社会的」のほうが重要であるのも、同じ理由からです。一つの社会の中で人間が生きられるのは、その社会的関係によって自分が生かされ、またその関係を自分がつくっていくからです。あらゆる生命から与えられて自分が生き、あらゆる生命に向かって自分が働くからです。それが実態として感じられ現れるとき、人間はようやく社会（結社）の主体となり、仲間との相互扶助や異邦人への歓待ができます。

韓国に、広く愛唱される「菊の横で」という歌があります。

一輪の菊を咲かせんがために
春からコノハズクは
あんなにも鳴いたようだ。
一輪の菊を咲かせんがために
雷は黒雲のなか
またあんなにも鳴ったようだ。
恋しさ無念さに胸締めつけられた
遠い青春の裏小路から
いま戻って鏡の前に立つ
わが姉のような花よ。

真黄色いおまえの花びらを咲かせんがために
昨夜は初霜があんなに降り
私も眠りにつけなかったようだ。

（徐廷柱作、蓮池薫訳）

一輪の菊を咲かせんがために、どれほどのコノハズクが春からあんなにも鳴いたのか、また、こうして咲いた菊が、どれほどたくさんのコノハズクを鳴かせたのか、知っておくべきです。大事なのは、一輪の菊と数え切れないコノハズクの関係であって、彼らが一つになっている世界ではありません。一輪の菊花とコノハズクが一つになっている世界は、彼らの関係の可視的形態の一つにすぎないのです。僧肇の教えを熱心に勉強した弟子に向かって、師の南泉が花一株を指しながら、「この頃の人々は、この花一株をみる際に、あたかも夢まぼろしをみるようにそうするんだ」と言ったのも、たぶん同じ理由からでしょう。

関係の三つの理由

それでは、なぜ人間は、天地万物と関係するのでしょうか？　広くはあらゆる生命と、狭くは他の人間と関係することによって、人間はいったい何を求めようとするのでしょうか？　関係の理由や目的について、労働に関する今村の見解を借りて三つにまとめますと、次のとおりです。

まず人間は、生きるに必要な質料（物質）を得るために、他者と関係します。自分の必要なものを他者から得るために、自分の持っているものを他者に与えます。市場社会になってから、質料のほとんどが商品となり、商品交換が社会の支配的な関係様式となりましたが、依然として人間が他者と関係する第一の理由は、「身体的生存」のためです。

ポランニーの言った「個体的存在」は、この身体的生存のために関係する人間のことです。スミスやマルクスも、人間関係と交易の動機を、この身体的生存に見出しています。生きるということは、基本的に身体的生存を意味し、生きるために関係するということは、身体的生存のために交易することを意味します。

次に、人間が他者と関係する第二の理由は、認めてもらうためです。ドイツの哲学者ヘーゲル（Georg Wilhelm Friedrich Hegel　一七七〇－一八三一年）は、人間の歴史を、自分の尊厳と価値を認めてもらうための命がけの闘争であると断言しました。ポランニーの言った「社会的存在」は、こうした「社会的承認」に向かう人間のことで、スミスやマルクスもまた、そこから社会と歴史の発展の原動力を見出しています。

社会的承認は、時には暴力的に現れる場合もあります。主人に対する奴隷の抵抗、資本家に対するプロレタリアの革命などがそれに当たります。しかし通常は、抵抗・革命・戦争のような暴力的な方法であるより、互恵のような平和的な方法で現れるのが一般的です。モースの言葉を借りれば、「贈与（don）」をもって社会的承認を求めるのが一般的です。多様な社会の民俗学的な研究を通じて、モースは、一つの社会が道徳的規範より、その中に含まれるいくつかの構造によって維持されるもの、その構造の核心因子を「贈与に基づく交換」とみました。「贈与」は、自発的であると同時に義務的です。贈り物は、贈りたいから贈るだけでなく、贈らなければならないから贈るものです（＝提供）[23]。そして、贈られた側は、その贈り物を必ず受け取らなければならず（＝受領）、受け取ったら必ず返さなければなりません（＝返礼）。その義務を履行しなければ、個人は威信（＝社会的承認）を失い、集団は戦争や災害をこうむります。ネイティブ・アメリカンの「ポトラッチ（potlatch）」（太平洋岸北西部先住民族の固有文化。富裕層が住民たちを自宅に迎え入れ、歌舞音曲を伴う祝宴でもてなした。富を再分配するのが目的とされる）からもわかるように、受け取った分以上のものを返すこと（いわゆる「善意の競争構造」）によって、人間とその集団は、威信に象徴される社会的承認を得ることができるわけです。

最後に、人間が他者と関係する第三の理由は、「債務の返済」のためです。もちろん、ここで言う債務は、経済的とか社会的な債務ではありません。借金や買掛金などの経済的債務は、身体的生存のための質料の交換から生じたもので、必ず返済しなければならない義務です。経済的債務を返済せずに片側に蓄積すると、人間の関係は、危機（crisis）つまり恐慌に陥ります。また、他人から恩恵を受け、世話になった場合の社会的債務も、社会的承認のための善意の交換から生じたもので、少なくとも受け取った分だけは必ず返すのが道理です。社会的債務が返済されずに片側に蓄積すると、人間の関係は、危機つまり奴隷制に陥ります。

人間が人間であり得るのは、人間だけが唯一、債務の意識を持っているからです。（物とか貨幣のように）代価にかかわるものは代価をもって、（善意のように）人間にかかわるものは人間をもって、債務を返済するから人間なのです。人間が制度としての経済と社会を維持できるのも、こうした債務に対する記憶と返済があるからです。

しかし、必ず返さなければならない経済的・社会的な債務に比べて、先ほど申した債務は少し違うものです。ここで言う債務は、債務に対する意識はあっても完全な返済が不可能な、一種の「人格的債務」です。完全な返済が不可能な理由は、この場合の債務が代価や人間と違って、命にかかわるものだからです。ハイデガーの言う「存在」自体、あるいは荘子や僧肇の言う「天地万物」のように、自分自身の存在そのものを可能にしてくれたことに対する債務だからです。その債務によって自分自身が生きていられる、というような性格の債務だからです。

自分自身の存在を可能にしてくれた債務について、人間は、債務意識は持てても、その完全な返済はできません。その債務の完全な返済は、自分の存在を丸ごと捧げない限り不可能であり、それは死を意味します。さらに、こうした債務の完全な返済は、債務返済だけに留まらず、債権者そのものの否定にまで繋がります。ニーチェ（Friedrich Wilhelm Nietzsche 一八四四－一九〇〇年）が、人格的債務の完全な返済を「還元（返済）不可能なものに対する復讐」と呼んだのも、こうした理由からです。

すなわち、人格的債務の完全な返済は、聖人やニーチェのツァラトゥストラであれば可能でも、普通の人間にできることではありません。普通の人間ならば、それがたとえ受け取った分に及ばなくても、毎日少しずつ返済するしかないのです。人間が真に人間であり得るのは、経済的・社会的債務への記憶と返済だけでなく、完全に返済できない人格的債務があることを知っているからです。

第四の贈与

先ほど私は、人間が他者と関係する第二の理由として、「社会的承認」というものを取り上げました。そして、その社会的承認を得るための人間の行為が、時には暴力的に表れること、通常は非暴力的な「贈与」をもって現れること、また、その贈与の中には「提供・受領・返礼」の三つの義務が伴うことを申しました。

モースは、この三つの義務のうち、特に返礼を重視しています。返礼のない贈与は一回限りで終わり、制度として成り立たないからです。そこでモースは、「贈り物を受け取ったにもかかわらず返さないと、その人の人格や地位を貶め、返すことを考えずに受け取った場合は、もっとそうである」と言いました。

しかし、より厳密に考えてみますと、「返礼」より「提供」のほうがもっと重要であることがわかります。提供・受領・返礼の循環の中で、提供なしには何も始まらないからです。そのためにモースも、ポトラッチの本質を「与えなければならないこと」と断言しました。返礼だけでなく提供もまた、「かなり自発的な形式のもとで贈り物をするが、実際には厳しい義務であり、そうしないと、私的・公的に戦争が起こる」と言いました。

もう一つ面白いのは、こうした「提供」の時にみせる、人間の相反する態度です。ポトラッチを行う時の提供者のようすは、一方では大げさに振る舞いながら、他方では謙虚さを惜しまないのです。モースの表現を借りれば、「サザエ貝の音にしたがって、厳粛に贈り物を持ってきて、残ったものを与えるだけにすぎないと言い訳しながら――あるいは「今日、食べ残りの物を持ってきたので、受けてください」と言いながら――、相手の足元に投げつける」のです。

私たちは通常、こうした相反する態度を、「気前の良さ・自主・自律性・腹の太さを示すため」の誇示的な行為と思いがちです。しかし、いくら気前が良く太っ腹でも、ただの誇示のために自分――自分の富――を投げつける人はあまりいません。提供を義務と思いながらも謙虚さを惜しまないのは、何らかの別の理由があるからです。

モースは、「提供の義務」について次のように語ったことがあります。

> 与えなければならないのは、ポトラッチの本質である。首長は、自分自身のために、また自分の息子や義理の息子と娘のために、ポトラッチを与えなければならない。首長は、彼が精霊と財産に捕われて、それらの庇護を受けていること、財産を所有し、その財産が彼を所有していることを証明するときこそ……その地位を維持できる。また、彼は、(自分の)財産を消費し、分配することによって、他人の自尊心を抑え「彼の名声で覆いふさぐ」場合にのみ、その財産を証明することができる。
>
> (『贈与論』)

モースによれば、人間が贈り物を提供する理由は、「証明」のためです。「精霊――通常「祖先」と言われるもの——と財産に捕われて、それらの庇護を受けていること」、したがって「財産を所有し、その財産が自分を所有していること」を証明するために、財産（自分）の一部を提供します。もちろん、ここで言う財産は、私たちが通常に考える精霊抜きの物質の私的所有物ではありません。ここでの財産は、先祖（精霊）からの巨大なポトラッチがもたらしたものであり、したがって精霊とまったく同じものです。人間はただそれを一時的に占有し、利用するだけで、その庇護と所有の下に、人間がいるわけです。それを証明するために、つまり、精霊の庇護と所有の下に自分がいることを証明するために、精霊である自分の財産を提供するわけです。

財産を提供すること、財産を消費し分配すること、それは精霊とその庇護下にある自分を提供・消費・分配することと同じです。つまり、みえない「精霊＝財産＝自分」の関係を見せるために、みえる形で「精霊＝財産＝自分」を消費することが、「提供」という贈与循環の始まりです。人間がその地位と名声を維持できるのは、こうしたみえないものを見せる行為があるからです。

さらにもう一歩進んで、こうした「提供」に、自分の占有と利用を許可してくれた精霊に対する感謝の意を込めて、精霊が自分に行ったことを真似して自分も行う場合、つまり、精霊が自分に何の見返りもなく巨大なポトラッチをしたように、自分も受領者に何の見返りもなく提供する場合、人間は自分の財産、すなわち自分自身を破壊し（殺し）、破壊した自分自身に対しても、謙虚であろうとするものです。モースは、この行為を提供・受領・返礼という人間社会における贈与と区分して、「第四の贈与」「神々への贈与」と呼びました。もう一人の人類学者ゴドリエ（Maurice Godelier 一九三四年－）は、「神々と神々を代表する人間への贈与」と呼びました。

神々への贈与は、提供・受領・返礼という人間同士の贈与と違うものです。提供・受領・返礼が、（個人間であれ集団間であれ）人間と人間の間の「（社会の）内なる関係」であるならば、神々への贈与は、人間と人間以外の間の「（社会の）外なる関係」です。人間同士で贈与するものが、善意の競争をもたらす「贈り物（gift）」であるならば、神々に贈与するものは、返礼を望まない非競争的な「供物（sacrifice）」です。人間が、人間同士の内なる関係から、友愛とか敵対のような「対称的な情緒」を感じるのであるならば、神々との外なる関係からは、畏怖とか期待のような「位階的な情緒」を感じます。

神々への贈与が重要な理由は、それがあってはじめて、人間と人間の間の提供・受領・返礼が制度として成り立つからです。神・精霊・自然など、名前を何と呼ぼうとも、外なる世界に対する想像と贈与によって、人間と人間の間の互恵関係が始まり、維持できるからです。人格的債務に対する人間の負債意識が神々への贈与を生み、こうした神々への贈与があってはじめて、人間と人間の間の贈与という社会的承認と身体的生存が可能になるのです。

「神性」と「霊性」

もちろん、人類の歴史では、こうした神々への負債意識を利用して、むしろ人間を拘束し、支配する場合も少なくありませんでした。ヘブライ民族の神話だったユダヤ教を世界のキリスト教に広げるなか、ローマ市民でもあった使徒パウロは、イエスの十字架での死を引きずってきました。彼は、十字架でのイエスの死を、すべての人間が抱えている生まれながらの債務（＝原罪）の贖い（代贖）と解釈しました。すべての人間のすべての債務を、イエス一人に向けさせ、ついにすべての人間を、死以外にイエスへの債務返済ができない罪人に貶めました。

こうしたキリスト教に対して、ニーチェは、「神への債務感情は何千年もかけて成長し続け、……最大の神であるキリスト教の神の出現は、また最大の債務感情を地上にもたらした」と批判しました。しかし、こうした彼の批判は、本当は制度になった「キリスト教」に向かうものであって、イエスの福音そのものに向かうものではありませんでした。いや、むしろ彼は、罪意識に包まれた人間の救済の可能性を、イエスの福音に基盤を置いた「キリスト性」、つまりイエスの愛に求めようとしました。イエスの愛によって人間が救われることを人間の「個人化」と考え、群れとしての人間が原罪意識を持つのに比べて、個人化した人間はそれを持たなくなる、と考えました。

今村は、この「キリスト教」と「キリスト性」の違いを「神性（divinity）」と「霊性（spirituality）」の違いと言っています。「神性」は、物事や人間に内在する「聖なるもの（le sacré）」ではなく、本当は「聖ではないもの」、「俗なるもの」から出たものです。俗なる生活の中で感じる人間の罪意識が、俗ではないものの実体として、「神性」を生み落としたのです。それに比べて「霊性」は、聖と俗が分かれる前の状態です。より正確に言えば、聖の観念も俗の観念も出現していない状態です。俗なるものが出現していないため、聖なるものも出現しておらず、したがって「神性」が形づくられる前の人間の本性です。

今村によると、ニーチェの「等しきものの永遠回帰」の世界は、「生きている自然」であり、精霊（anima）[24]つまり生命を持つ自然です。もちろん、ここでの自然を「物質（material）」と呼んでもかまいません。物質とは本来、生きているものであり、死んだ物質とか生命のない物質という概念は、近代の生んだ産物だからです。自然・物質・肉体はすべて、生命の気（生気）を持つ、同じ意味の言葉です。

ニーチェのツァラトゥストラが、「私は肉体であり、それ以外の何ものでもない」と言ったときも、同じです。ここでの肉体は、生きている身体であり、したがって生きている自然と一つの生きた肉体です。ニーチェが言った「肉体を持つ大きな理性」も、同じです。ここでの理性は、キリスト教やその影響下にあった西洋哲学が言う「自我」の理性ではなく、「肉体を持つ自己」の大きな理性です。「意識を持つ自我」と区別される「肉体を持つ自己」であり、「自我」よりもはるかに原始的なものですが、こうした「自己」こそ「大きな理性」です。

「神」という概念は、この「自己」に擬人観（anthropomorphism）が介入して登場したものです。それに比べて、前述した「生きている自然」という概念は、擬人観の登場するはるか前のものです。今までのほとんどの西欧思想では、こうした「擬人化のイデオロギー」と「生きている自然」の違いを無視したために、「擬人化した神」と「生きている自然」を一つとみたり、「生きている自然」を否定したりしてきました。そしてその結果、「東学」を創始した崔済愚（チェジェウ）（一八二四－一八六四年）の言葉を借りれば、「（思想の）身には気化する神霊さが無く（身無気化之神）、学びには天（生命）の教えが無い（学無天主之教）」ことになりました。

「生きている自然」のことを、私たちは「生命」と呼びます。そして、生命が客観的に存在するか否かは、あまり重要ではありません。客観的に把握できるのは、生命の表象であり、生命活動の跡形です。崔済愚が言ったように、「（天道には）形が無く、跡形だけが有る（無形而有跡）」のです。その跡形を表す前の生命は、客観的な観察が不可能です。しかし、客観的で可視的な観察が不可能だからといって、生命を妄想とか迷信と否定することはできません。

重要なのは、生命の客観的で可視的な実体ではなく、むしろ生命と接する人間の体験です。「何かのために生きる」という道具的行為の前に、「自己」から「自我」が分かれる前に、したがって聖なることに対する人間の概念もつくられる前に、大地を踏んで、大地を獲物に、生きていくなかで感じた人間の原始的な存在体験がより重要です[25]。なぜならば、こうした存在体験が、自然を「生きている自然」にし、人間を「生きている人間」にしていくからです。

「大降」の自己

ニーチェは、頭痛とうつ病に苦しむなか、「永遠回帰」を存在体験しました。同じく崔済愚も、朝鮮が列強からの酷い侵略にさらされた時、慶尚道（キョンサンド）のある谷間で、「至気今至　願為大降」という、天からの降霊を受けました。

「至気」とは、極まる気、つまり「生きている自然（生命）」のことです。「今至」とは、その極まる気が今（の自己）に至ることです。すなわち、「至気今至」とは、自分が極まる気で、「生きている自然（生命）」であることについての自覚です。崔済愚にとって人間は、これ以上に分けられない（極小）、これ以上に尊いもののない（極大）、そんな存在だったわけです。

次に、「願為」とは、切実な願いです。そして「大降」とは、極まる生命が私に大きく降りることです。すなわち、「願為大降」とは、切実な願いをもって、「生きている自然」が自己に降りてくること、人間一人ひとりが極まる生命であるが、それは切実な願いによってこそ体験できる、ということです。崔済愚にとって人間の生は、極まる生命の自己化過程を意味していたのです。

崔済愚

こうした崔済愚の話は、よく宗教的な秘儀と受け取られています。しかし、言葉は多少違っても、経済学者玉野井芳郎（たまのいよしろう）の言った「一体化（identification）」と、ほぼ同じ意味です。彼は、金稼ぎ・効率中心・暴力革命という手段中心の男性原理から、目的と手段が一つになる生命の世界に変わらなければならず、未来世代までも含んだ生命の流れに、自分自身を一体化する必要がある、と主張しました。

それに比べますと、哲学者柄谷行人(からたにこうじん)には、こうした一体化・自己化があまり見当たりません。その結果、彼の思惟の中には人間がみえないままでいます。柄谷は、ポランニーの個体的・社会的・人格的という人間の三つの存在様式を引き継いで、感性と悟性に「想像力(imagination)」を加えました。人間の想像力が感性と悟性を繋がせ、想像の中での共同体を「可能なる共同体(communism)」にもっていく、と言いました。

しかし、本当に大事なのは、想像力ではなく、想像力を介して感性と悟性を繋がせる人間です。そうした人間と人間の関係があるからこそ、「可能なる共同体」もつくられるのです。また、その際に人間の想像力が投射する対象は、人間(の意識)と社会(の秩序)が生まれる前の、人間と社会を超える世界です。人間より生命、社会より自然がその射程です。生命と自然を想像し、想像した生命と自然を自己化・一体化するなかで、人間は本当の人間に、社会は本当の「可能なる共同体」になれるのです。

自己化・一体化を欠いた柄谷と違って、それだけを強調する場合もあります。オルタナティブな経済社会を模索する「プラウト(PROUT = Progressive Utilization Theory 進歩的活用理論)経済学」には、「タントラ(tantra)」という言葉があります。本来は、「闇の鎖から人間を解放する」という意味を持つヨガの修練法の一つですが、プラウト経済学では、「すべての心と物質を生み出す「根源の一(いち)(cosmic oneness)」を受け入れる」こと、「すべてを包摂し、主宰する

「究極の目」で自分を感じる」ことと説明されています。この世に生きるすべての存在、いや死んだようにみえるものまでもお互いが繋がっていて、こうした繋がりを悟らせるのが「霊性」、この霊性を高めさせるのが「タントラ」だと言っています。

プラウト経済学は、人間の繋がり（＝互恵）だけでは人間の生（＝経済）が成り立たない、ということを主張した点で、大変大きな意味を持ちます。しかし、人間が単に物質的な豊かさだけで生きられるわけではない、と言った彼らの主張は、人間が単に精神的な解放だけで生きられるわけではない、というところにも同じく当てはまります。この宇宙が「ブラフマン〈Brahman〈梵〉〉」の考えの投影だと言うなら、「ブラフマン」もまた「アートマン〈Ātman〈我〉〉」の考えの投影である、ということを認めるべきです。至高な純粋意識だけが意識でなく、普通の意識も純粋意識です。至高な「根源の一」だけが至高ではなく、すべての「一つ一つ（＝個体）」はそれ自体で至高です。さらに、彼らの主張が「新しいリーダー（Sadvipra）」を頂点にする階位的な社会分業論――インドのカースト制度（社会的身分制度のことで、インドでは一九五〇年に憲法で廃止されたが、ヒンズー社会では現在でも深く根付いている）のようなーーにまで繋がるものであるとすれば、それに対抗するのが霊性を持つ人間の義務です。

霊的で回想的な思惟が、大同の世界をつくる

生命や自然に投射して人間や社会をみることを、「霊的思惟」と言います。霊的思惟は、決して抽象的・超越的・秘儀的なものではありません。ハイデガーの言葉を借りれば、それは

「回想（Andenken）」[26]と等しいものです。存在するすべてのものに、すでにあるものを思い起こし、感じるということであって、決して外から何か新しいものを強いることではありません。崔済愚の言葉を借りれば、「その心を守り（守其心）、その気を正して（正其気）、その性に率い（率其性）、その教えを受ければ（受其教）、自然のなかに出てくる（化出於自然之中）」ものです。

霊的で回想的な思惟は、哲学や宗教の世界だけのものでもありません。「生協で買った食べものが、家族の健康にどんな影響をもたらすのか、生産者の生計にどんな影響を及ぼすのか」、「自分の使う電気の一部が原発によってつくられるようだが、自然と未来の子どもたちに害を与えることはないのだろうか」といった「推し測りの心」こそ、霊的で回想的な思惟です。儒学では、そうした思惟が「己を推す心（推己之心）」から生まれ、「己を利する心（利己之心）」と共に、人間誰もが持つ当たり前の本性、と言っています。私たちは、当たり前のこの本性をしばらく忘れていただけだと言っています。

孔子（紀元前五五二－四七九年）は、『礼記』「礼運篇（れいうんへん）」で、自分の夢見る理想社会を「大同」と言いながら、次のように描きました。

大道が行われると（大道之行也）、天下は公と為し（天下為公）、
賢と能のある者を選んで（選賢与能）、信を講じ睦を修む（講信修睦）。
故に人はその親だけを親とせず（故人不独親其親）、
その子だけを子としない（不独子其子）。

老年の者は安心してその生を終え（使老有所終）、
壮年の者はその才にしたがって尽力し（壮有所用）、
幼年の者は健やかにその成長を遂げ（幼有所長）、
やもお・やもめ・孤独者・廃疾者は（矜寡孤独廃疾者）
皆の養う所が有る（皆有所養）。
……

財貨を地に棄てることを悪くみながらも（貨悪其棄於地也）、
一身のために蔵することなく（不必蔵於己）、
力を自分から出さないことを悪くみながらも（力悪其不出於身也）、
一身のために出すことはない（不必為己）。
……

それを大同と謂う（是謂大同）。

孔子の言う「大同」は、一種の回想です。今はみることができないが、記憶の奥底に残っている三皇五帝の時代の懐かしき原風景です。そして、この孔子の回想を正しく理解するために、ひとまず次の二つに気付く必要があります。

孔子

まず、孔子の言う「大同」は、「大きな同じ」であって、ただの「同じ」ではありません。孔子は「同じ」になることをあまり好まず、「君子は和して同ぜず、小人は同して和せず」と言いました。もう一つは、孔子が「大道が行われると、天下は公と為し」と言ったときの「公」は、「自然（nature）」であって、「公共（public）」ではない、ということです。「礼運篇」に出てくる「公」は、「大順」、つまり「大きな順い（したがい）」のことで、自然な流れに沿い、自然のままに、自然のように生きることです。「公」が今のように「公共（public）」になったのは、「自然」の席に「国家」が座り、自然体である人間を支配するようになってからのことです。

孔子の「大同」世界は、誰がみても、うらやましい社会です。すべての高齢者が安らかに老後を迎え、すべての成人が仕事に就くことができ、すべての子どもが元気に育まれる幸福な社会です。しかし孔子は、こうした「大同」が信頼と和睦を築いてきた結果だと言っています。信頼と和睦を築いたために、自分の親だけを親と思わず、自分の子だけを子と思わないようになると言っています。

もちろん、ここでの信頼と和睦は、人と人の間だけでなく、人間と自然の信頼と和睦を意味します。古代社会でのすべての人間関係は、自然との関係を介して成り立っていました。自然と人間との間の契約、自然に向かう人間の謙虚さを介して、人間と人間の間の信頼と和睦が築かれてきました。当時の人々が「自分の親だけを親とせず、自分の子だけを子としなかった」のは、自然を介して人と人の関係が結ばれていたからです。自然と生命に投射して人間と社会をみると、その中のすべての人間は、人間でなくなったもの（＝老人）、人間になっていないもの（＝子ども）、人間になれないもの（＝やもお・やもめ・孤独者・廃疾者）のすべてが、同じ根から出てきたものだからです。

キリスト教でいう「兄弟愛(27)（brotherhood）」、大乗仏教でいう「同体大悲」などは、すべてこうした思惟の別表現です。「隣人を愛することが、神を愛することで、神を愛することが、隣人を愛すること」という兄弟愛は、神の目で、神を介して、隣人と関係するからできるものです。「私利することは他利することであり、他利することは私利にすることになる」という「自利利他」は、「同体」である他者への「嘆き悲しむ心」があるからできるものです。霊的で回想的な思惟を持つ人々の実践が、「大同」の世界をつくり出すわけです。

社会的経済でも同じです。二十一世紀の社会的経済は、私たちが通常に考える人間と社会の範囲を超える思惟と実践から始まります。人間が主人公になる社会は、人間でないものを主人公にすることから始まり、人間が幸せな社会は、人間でないものを幸せにすることから始まります。こうした思惟と実践に取り組む人間が真の「社会的人間」で、そうした人間が自己表出できるように支えるのが「社会的経済」です。

第二章　交易の歴史

1 交易の構造

なぜ交易か

ある時、生命運動に関する研究会に参加したことがあります。自然科学や哲学の専門家がほとんどだったその日のテーマは、「対話（dialogue）」でした。生命は、一つひとつの個体であると同時に、その関係でもあり、特に生命の関係が絶たれている今日、生命同士の対話が重要だというのが、研究会の主な目的でした。

ある人が私に聞きました。「経済の観点からみて、生命の対話に相当するものは何ですか」と。経済を研究する人が少なかったからでしょう。そして、その質問に私は、何の戸惑いもなく、「交易（trade）」だと答えました。「交易」と言うと、通常は、商品交換だけを思い浮かべるなか、私のこうした答えは、あまり理解されなかったかもしれません。しかし、私は、生命の「対話」に相当する経済の言葉は「交易」であり、生命の関係を回復するためには、交易を復元しなければならない、と信じています。

「社会的経済」の中での、「経済」の別表現が「交易」でもあります。「経済」と言うと、通常は、ミクロ経済とかマクロ経済、市場経済とか国家経済など、「制度（system）」のことをよく思い浮かべますが、こうした制度を生み出すのは結局、人間の交易です。まずは人と人の間にやりとりがあり、それが繰り返されて、一つの制度がつくられます。もちろん、逆にそんな制度から人間のやりとりが強い影響を受けたりもします。そのために通常の「経済」では、つくられた制度の中で、どうすればより効率的にやりとりができるのかが重要です。しかし、新しい社会と制度を切り開く社会的経済の場合は、どんな交易をもって、どんな制度をつくり出すかに、より重点を置くべきです。

交易の層位

交易のことを人間のやりとりと定義するとき、ポランニーはその種類を互恵(1)・再分配・商品交換の三つに分けました。そして、この三つの交易の相互関係によって、経済と社会という制度がつくられる、と考えました。

もちろん、彼の言った「経済」と「社会」は、同一線上のものではありません。ポランニーは、そもそも社会に埋め込まれていた経済が、市場社会になってから、社会から離床するようになった、と言っています。そして、この場合の「経済」と「社会」は、同一線上にある平面的なものではなく、層位を異にする立体的なものです。すなわち、彼の言う互恵・再分配・商品交換が、「交易の様式」であるとすれば、その相互関係によってつくられる経済と社会は、「交易の層位」に当たるものと言えます。

無人島に一人残されたロビンソン・クルーソーは別として、人間は誰でも、一人では生きられないものです。自分のつくったものを他人のものと交換しながら、また、そのなかで他人と交流しながら、すべての人間は生きています。すなわち、交易の層位には、「物と物の交換」と同時に「人と人の交流」があり、それが制度になって経済と社会がつくられます。

しかし、もう少し考えてみますと、経済と社会に加えて、もう一つの交易の層位があることに気付きます。「物と物の交換」、それに伴う「人と人の交流」だけでなく、「自然と人間の代謝」という層位があるのです。例えば、物と物を交換するためには、まず物をつくらなければなりません。そして、その場合の物のほとんどは、自然か自然から来たものです。自然に人間が手を加えて物がつくられます。物を消費した後も同じです。消費には必ず排泄が伴い、排泄物の還るところは、また自然です。だから、ある面では、自然との「(物質)代謝」があって、ようやくそれに参加する人と人の「交流」、彼らによってつくられた物と物の「交換」が成り立つと言えます。

要するに、交易の層位には、「経済」と「社会」のみならず、実は「自然」というものがあります。「物と物の交換」する空間が「経済」であり、「人と人の交流」する空間が「社会」であれば、「自然と人間の代謝」する空間が「自然」です。ポランニーは、「経済」[2]や「社会」に比べて、「自然」についてはあまり言及しませんでしたが、それは、社会から離床した経済に対する問題意識が強かったためであって、決して自然を無視したからではありませんでした。

「埋め込まれ」でもなく「離床」でもない

アメリカの未来学者ヘンダーソン（Hazel Henderson　一九三三年－）は、この「自然」「社会」「経済」という異なる層位の間の関係について、「自然の土台の上に社会があり、これらの自然と社会の土台の上に経済がある」と言いました（具体的には315ページの図を参照）。もちろん、ヘンダーソンの言う「土台（rest on）」は、ポランニーの「埋め込み（embeddedness）」と少々違う概念です。「土台」が本来の姿を言い表したものであるならば、「埋め込み」は過去のことを言い表したものです。ポランニーの「埋め込み」は、（経済が）「社会に埋め込まれていた」という過去の状態であって、社会から「離床した（dis-embeddedness）」経済を「（再び）社会に埋め込まなければならない」という主張ではありません。

今の市場社会では、確かに経済が社会から離床しています。しかし、だからといって、経済を再び社会に埋め込もうとするのは、社会を再び自然に埋め込もうとするのに等しいことです。もちろん、そのようなことはあり得ません。自然の中に社会が埋め込まれていては社会が成り立ちませんし、自然や社会に対する人間の意識、つまり人間も成り立ちません。同じく、経済が社会に埋め込まれていては経済が成り立ちませんし、社会や経済に対する人間の意識、つまり交易も成り立ちません。(3)

もちろん、こうした私の考えは、ポランニーの批判した今の経済のようす、つまり、社会から離床した経済による社会の支配を当然と諦めたからではありません。むしろ経済の支配から人間を解放し、その人間によって社会を新しくつくり直すためのものです。人間が自然を意識し始めたのは、自然から社会が離床してからのことです。自然との代謝に人間が主体的に参加できたのは、自然から離床した社会を再び自然に戻そうとしてからのことです。同じく、人間が社会を意識し始めるのは、社会から経済が離床してからのことです。そのような社会に人間が主体的に参加できるのは、社会から離床した経済に代わる、新たな経済をつくってからのことです。もちろん、その実践の最先端に、社会的経済があります。

人間がはじめて社会をつくったとき、自然に対する人間の意識は、自然があって社会がある、ということでした。人間がはじめて経済をつくったときも、経済に対する人間の意識は、社会があって経済がある、ということでした。すなわち、人間が、社会や経済をつくった当初は、社会は自然から、また、経済は社会からまだ完全に離床していませんでした。いや、むしろ社会のあり方は自然の流れに順（したが）わせる、経済のあり方は社会の流れに順わせることが求められていました。そしてもちろん、このすべての交易の層位を支配するのは、自然の流れ（＝時間）で、その管理は自然そのものにありました。そのために人々は、自然から離床しても、自然に回帰しようとしましたし、そんな人間の努力が、人間に永遠で可逆的な生を可能にしてくれました。「輪廻（りんね）」という概念は、こうした人間の底にある考えから生まれたものです。

しかし、自然に完全に埋め込まれていても、また、自然から完全に離床してもいなかった人間の生が、市場社会に入って、大きく変わりました。市場経済を頂点に、市場経済が経済全体を支配し、その経済が社会を支配し、その社会がまた自然を支配する、という位階構造が生まれました。そして、そんな位階構造が、徐々に制度化されるにしたがい、人間は経済の相対的な奴隷に転じ、そんな人間によって、自然は絶対的な奴隷に転じました。自然からの惜しみない贈与は、自然を搾取する根拠となり、このように自然を搾取する人間は、ついに資本から搾取されるようになりました。社会や経済を生み出した可逆的時間の管理者は、自然から資本に変わり、永遠に生きるものは、人間から資本に変わりました。生命の「輪廻」が、資本の「増殖」に変貌したわけです。

疎外の進化的理解

自然から社会が離床し、その社会から経済が離床してきた今までの人間の歴史は、一種の「疎外の往路」とも言えます。つまり、人間は今まで、自然を疎外して社会を生み出し、また、社会を疎外して経済を生み出し、さらに、経済を疎外して資本を生み出す、といった往路をたどってきました。そしてそれは、ある面では大きな進歩でした。自然を疎外しないと社会が生まれず、社会を疎外しないと経済や資本が生まれなかったからです。そして、たぶん、そうなっていれば、人間も生まれなかったはずだからです。

しかし、こうした疎外の往路の結果、今は、疎外された資本や経済によって、疎外した人間と社会が支配される、という「逆疎外」が広がっています。そして、このような状況になってから、つまり、疎外された資本と経済が疎外した人間と社会を逆疎外（支配・収奪）する状況になってからようやく、人々の間には、人間と社会による生命と自然の逆疎外（支配・収奪）が目に入ってきました。

思想家吉本隆明は、無機物から有機物（生命）が疎外されることを「原生的疎外」と呼び、その時に起こる衝突、つまり、疎外以前に戻ろうとすること（＝死）と、それでも今を生きなければならないこと（＝生）が衝突して、有機物の中に「心」が生まれた、と言ったそうです。そして、もしそうであるならば、今こそ人間に「心」が生まれる時です。一方では自分が経済や資本を疎外したことへの自覚と、他方では自分が自然から疎外されたことへの認知が、人間に再び「心」を生み出すはずです。そして、そんな「心」を持つ人間から、一方では経済や資本から逆疎外を受けている自分を克服し、他方では自分から逆疎外を受けている自然を包摂すること、つまり、今を生きながら疎外以前に戻ろうとする実践が生まれるはずです。[4]

これは、大変重要です。社会から離床した経済を、再び社会に埋め込ませるだけでは、資本を頂点に階層化・序列化されている経済・社会・自然の構造を正すことはできません。それは、社会主義国家のように、資本に代わるもう一つの神をつくり出すだけで終わります。今の位階構造を正すのは、疎外を否定しながらも肯定する、人間の心に頼るしかありません。つまり、一方では人間と社会を逆疎外する資本と経済を包摂すること、他方では人間と社会によって逆疎外を受ける生命と自然を包摂すること、この二つの同時進行と融合に向かって、人間の連帯が動き出すしか方法はないのです。そして、それこそ一言で言えば、「疎外の往路」に対する、全面的な「疎外の復路」です。

二十一世紀に、再び社会的経済が登場した理由も、実はここにあります。十九世紀の社会的経済には資本と経済しか目にみえておらず、それによる人間と社会の逆疎外を克服することだけが主な目的でした。それに比べて、二十一世紀の社会的経済には、そのうえにさらに、生命と自然が目にみえており、それを人間と社会がどのように包摂するかが主な課題となってきています。資本と経済による人間と社会の逆疎外を克服するだけでなく、人間と社会によって逆疎外を受ける生命と自然を包摂しようとすることが、二十一世紀の社会的経済です。社会的経済の主な活動として、社会から排除された人々の包摂が強調されるのは、彼らこそ、生命と自然の表象であるからです。

交易の様式

交易の層位が「自然」「社会」「経済」で形成され、その中で「自然と人間の代謝」「人と人の交流」「物と物の交換」が成り立つならば、その各層の中で行われる交易の様式は、「互恵」「再分配」「商品交換」の三つということになります。

まず「互恵（reciprocity）」は、家族・親族・地域などの中で、愛・友情・協同をもって行われる交易です。通常は、贈り物をすること（＝提供）から始まり、贈り返すこと（＝返礼）をとおして循環します。モースの言った「贈与」とは、この互恵の別名です。

互恵を一回きりに終わらせないのは、贈ったり贈り返したりする人々の間に、共有する儀礼や規範などがあるからです。儀礼や規範を共有する間では、贈り物を受け取ったら必ず返礼するのが道理です。言い換えれば、互恵は、儀礼や規範を共有する間――それを私たちは「社会」とか「結社」と言います――で可能なもので、人間が互恵を生み出したことは、自然の一部から離れて、社会をつくったことの傍証でもあるわけです。

二つ目の交易様式に、「再分配（redistribution）」があります。再分配は、国家が税金を取り、取った税金を再び国民に分けるように、ある中心に集めて、再び分けることです。このように集めて分ける理由は、通常、不平等をなくすため、と言われています。能力のある人（集団）とそうでない人（集団）、恵まれた人（集団）とそうでない人（集団）の間で、不平等が広がることを避け、ある社会の中で、また他の社会との関係で、平和と安らぎを維持するためと言われています。

再分配が成り立つためには、強制力を持つ一定の中心が必要です。再分配は、前述した互恵のように、儀礼や規範によって維持できるものではなく、後述する商品交換のように、よりたくさんの利益への期待によって維持できるわけでもありません。受け取ったら返さなければならないという道理も、より多くの利益がもたらされるという期待も、再分配にはありません。それにもかかわらず再分配が維持できるのは、（非暴力的な制度であれ、暴力的な強制であれ）通常「経済外的強制」と呼ばれる権力が、その中心にあるからだと言われています。

最後に、三つ目の交易様式として「商品交換（exchange）」があります。商品交換は、利益を目的に、貨幣を介して、市場の中で、商品を売買することです。互恵が儀礼や規範によって維持され、再分配が経済外的強制によって維持されるとするならば、商品交換は匿名の市場システムによって維持されます。互恵が愛・友情・協同を目的とし、再分配が不平等の解消を目的とするならば、商品交換は利益の追求を目的とします。お金を稼ぐ目的で、贈り物を送ったり税金を払ったりすることはありません、同じく、お金を稼ぐ以外の目的で、市場で商品を買ったり売ったりすることもあまりないのです。

以上のことから、ポランニーは、互恵や再分配を（自発的であれ、強制的であれ）一つの社会の中での反対給付の伴わない「社会的交易」と言い、商品交換は反対給付によって成り立つ「経済的交易」と言いました。また、この三つの交易様式を「社会」と「経済」という二つの交易層位でのみ語り、商品交換の経済が互恵の社会を支配し、それを再分配の国家が支えているとみました。

しかし、私の考えは少し違います。互恵・再分配・商品交換は、「社会」と「経済」のみならず、「自然」の中でも行われています。「自然と人間の代謝」の中からすべての交易様式が生まれ、それを制度として発展させてきたのが人類の歴史です。詳しくは後述しますが、社会的経済が生命の包摂に向かうためには、ひとまずこうした歴史認識の転換が必要です。

交易の価値

ポランニーによると、互恵と再分配は反対給付の伴わない「社会的交易」で、商品交換は反対給付の伴う「経済的交易」です。交易が自発的に続くためには、必ず反対給付が伴わないといけないのに、互恵と再分配にはその保証がないわけです。だから、互恵には道理という精神的強制が、再分配には権力という物理的強制が伴う、と言われています。

しかし、本当にそうでしょうか？　それにもかかわらず、なぜ人間は互恵と再分配には、本当に何の反対給付も伴わないでしょうか？　互恵と再分配に参加し続けるのでしょうか？　道理とか権力に強いられる前に、人間は、いったいどんな反対給付（＝価値）を得ようとして、互恵と再分配に参加するのでしょうか？

商品交換によって得られる価値は、言うまでもなく、貨幣に換算できる「交換価値」です。人間が商品交換に参加し続けるのは、よりたくさんの交換価値が返ってくることを期待しているからです。

それに比べて、互恵の場合は少し複雑です。贈り物を送ったり返したりする行為の中には、交換価値ではなかなか説明できない要素がたくさん含まれています。互恵では、いくらの贈り物を送り、いくらの返礼が返ってくるのかは、あまり重要ではありません。値段が重要となる贈り物は「賄賂」であり、返ってくる返礼の値段を重視したら「投資」になります。

互恵は、相手のニーズを考慮する自分の善意から始まります。そして、この「考慮」とか「善意」は、すべて「心」の領域です。すなわち、贈り物と返礼品の中には、「物」だけでなく「心」が含まれています。こうした心の交易をとおして[5]、自分の善意を表し、相手のニーズを満たします。善意のない贈り物、相手のニーズを考慮しない贈り物には、贈り物としての価値はありません。すなわち、互恵の中には「心の交易」と「善意の競争構造」があり、それをもって、貨幣の増殖という「交換価値」とは違う「使用価値」の増殖と拡大が生まれます。

こうした互恵に比べて、再分配はもっと複雑です。再分配では、商品交換や互恵のような価値の増殖が起こらず、むしろその減少が生じます。何かを集めてから分ける場合、分ける総量はいつも、集めた総量より少なくなります。再分配を維持するためにはコストがかかり、そのうえさらに支出が収入より多くなれば財政危機に陥ります。

再分配に参加する人間の立場からみても、同じです。人が強制力を持つある中心に集めた（納付した）価値の総量は、中心から分けてもらった（受領した）価値の総量と等しくはなりません。徴税システムからみても、よりたくさん納付した人にはより少なく分けられ、より少なく納付した人にはよりたくさん分けられます。要するに、再分配はとても不公平な交易です。

マルクス主義者は、こうした不公平さのために人々の参加が得られず、したがって、再分配を維持するためには「経済外的強制」が必要だった、と言います。さらに、柄谷のような人々は、再分配を権力維持のための搾取と規定し、再分配を要さない共同体を構想しています。

しかし、私から見れば、それらは間違った考えです。いかなる強制も容易に認めない現代の人間ですら、再分配自体は認めます。税金の多寡には敏感でも、税金そのものをなくそうとは考えないのです。それは、国家の搾取に鈍感だから、対抗できる力がないから、ではありません。再分配を要さない共同体の構想も、私から見れば虚構です。（北欧の国々のように）共同性の強い社会ほど、むしろ再分配の機能は活発です。それでは、なぜ人間はこの不公平な再分配を容認するのでしょうか？　再分配を通じて、いったい、どんな反対給付と価値を得ようとするのでしょうか？

詳しくは後述しますが、本来、再分配は自然と人間の代謝を起源としたものです。自然と人間の代謝の中で、自然は人間に見返りを期待しない純粋な贈与を行い（と人間が思い）、人間はその自然に返礼しながら生きてきました。少なくとも、それが今までの人類の歴史でした。そのために今までの人類は、人間が生きられたのは自然からの贈与のおかげで、人間が生きた生命としての価値を持つのはその自然に返礼するから、と思ってきました。再分配は、その過程から、つまり、生命たる人間が生命たる自然に返礼するなかから、生まれたものです。自然の純粋な贈与に対する人間の返礼という「人格的交易」が、すべての人間が自然体として生きられるようにする再分配という「社会的交易」を生み出したのです。

ここでもう一つ大事なことは、自然（すべての人間）に向かう人間の返礼が、人間にいったいどのような価値、どのような反対給付をもたらすのか、ということです。まず、提供者としての人間が自然に向かって返礼するのは、自分が自然であること、自分が生命であることを証明するためです[6]。逆に、受領者としての人間が自然に代わってその返礼を受け取るのは、受領をとおして、自分が自然や生命になるためです。すなわち、再分配を通じて人間が得られる価値は、提供者であれ受領者であれ、「自然の価値」で「人格的な生命の価値」、一言で言えば「生命価値」です。

もちろん、今の再分配にはこうした「生命価値」がほとんど見られません。提供者は強制的に奪われたと思い、受領者は当然に受け取ったと思っています。生命であることの証明も、生命になる効果も、今の再分配にはなかなか見出すことができません。だから、より一層、国家による強制的な搾取と一方的な恩恵だけが残り、権力維持と支配のための手段に転落しています。しかし、だからといって、再分配をなくすことは無益です。再分配をなくすことは、自然との関係をなくすことと同じで、結局は、自然を逆疎外する社会が、経済によって逆疎外される構造に陥るだけです。「自然と人間の代謝」をなくした「人と人の交流」は、必然的に「商品と商品の交換」に従属することになります。

交易の対象

交易のことを語る際にもう一つ大事なことが、交易の対象、つまり交易品に関することです。私たちは通常、交易の対象を「商品」と思い込んでいます。確かに、市場で売買されるものは、すべて「商品」です。しかし、よく考えてみますと、商品でないにもかかわらず、商品として交換される場合があります。ポランニーはそれを「擬制商品（fictitious commodity）」と呼び、その代表的なものとして労働・土地・貨幣を取り上げています。

労働、土地、貨幣が本来商品でないことは明らかである。売買されるものはすべて売買のために生産されたのでなければならないという仮定は、これらの三つについてはまったくあてはまらない。……労働は生活それ自体に伴う人間活動の別名にほかならず、その性質上、販売するために生産されたものではなく、まったく別の理由で産出されたものであり、人間活動は生活の余白の部分から切り離すことができず、貯えることも転売することもできない。土地は自然の別名にほかならず、人間はそれを生産することはできない。最後に、現にある貨幣は購買力の象徴にほかならない。それは一般には、けっして生産されるものではなく、金融または政府財政のメカニズムをとおして出てくるものである。これらはいずれも販売のために生産されたものではない。労働、土地、貨幣という商品種はまったく擬制的なものなのである。

（『大転換』）

商品交換で交易されるのは、当然、商品です。そして、このときの商品は、販売のために人間が生産したものです。これに比べて、人間活動の別名である労働、自然の別名である土地、購買力の象徴である貨幣は、市場で販売するために生産されたものではなく、したがって商品になってはならないものです。にもかかわらず、今の市場社会では、商品ではないこれらの交易が商品の交易より優位を占めています。実物市場より労働市場・不動産市場・資本市場の動向が、社会全体にはるかに大きな影響を及ぼしています。社会的経済の主な戦略として、こうした擬制商品の脱商品化がよく強調されるのも、それによる弊害が大きいからです。

しかし、問題はそれほど簡単ではありません。擬制商品を商品化し交易することは、確かに問題です。しかし、だからといって、その代案がこれらの交易を断つことになってはいけないのです。労働（人間）・土地（自然）・貨幣（購買力）の交易を断つことは、人と人の交流、自然と人間の代謝、物と物の交易を断つことと等しいものです。大事なのは、商品交換できるものとできないものの単純な区分けではなく、交易しながらも商品交換させないこと、すなわち、すべてを活発に交易しながらも、それが商品交換に陥らないようにすることです。

先ほど私は、互恵が相手のニーズを考慮した自分の善意から始まる、と申しました。互恵で交易されるのは、物だけでなく「心」です。心が伝わらなければ、互恵としての意味は失われます。再分配の場合も同じです。再分配で集めて分けるものは、購買力の象徴である貨幣だけでなく、その中に込められた「生命」です。再分配は自然からの贈与の一部を自然に返すことで、この中から自然と生命を外せば、返礼としての意味は失われます。

すべての交易には、必ず場所的移転と質的転換が伴います。交易品とは人間労働が自然を質的に転換させたものですが、それは交易をとおして他人の他の場所に移転し、再びその人の労働によって質的に転換します。しかし、こうした場所的移転と質的転換にもかかわらず、交易品の中には相変わらず「心」と「生命」が残ります。他人の他の場所に移転させても、その中にはまだ心が残り、自然を質的に転換しても、その中にはまだ生命が残っています。心の残っていない交易品は人間関係を害しますし、生命の残っていない交易品は人間を害します。

言い換えれば、本来の交易は「所有権の譲渡」ではなく「使用権の許可」です。交易品に対する支配の権限を譲渡することではなく、その用益を許諾することです。一つの交易品の中には、譲渡できるものとできないものがあり、用益は譲渡できても、所有までは譲渡できません。

モースの言葉を借りれば、交易とは本来、「一時的貸与」であって「全面的譲渡」ではありません。他人にその使用を一時的に委任し、その占有を一時的に認めることです。

そして、一時的に貸与する理由は、譲渡するなか、譲渡してはならないものを守るためです。心と生命がこもったものを譲渡することで、心と生命を守るためです。すなわち、人間は、「交易のために」交易したのではなく、「守るために」交易してきたのです。そして、こうした交易をもって守ろうとしたのは、「心」と「生命」だったわけです。心と生命を込めて交易することによって、戦争と掠奪を終わらせようとしたのが、交易の本来の趣旨だったわけです。

ポランニーの「擬制商品」は、人間の生産したものでもないのに、商品のように交換されることに対する批判です。そして、こうした擬制商品の交易が大半を占めている市場社会は、当然、乗り越えなければなりません。しかし、その乗り越えの方向が、労働（人間）・土地（自然）・貨幣（購買力）の交易そのものを断つことであってはなりません。それは、ポランニーの意図とは正反対に、人間の生産したものなら何でも商品交換できる、ということになりかねないからです。

これは、社会的経済の場合、特に大事です。社会的経済の戦略は、商品交換の市場経済と非市場的社会を区別する、「二重の運動（double movement）」ではありません。ポランニーの言葉を借りれば、「（一方では）本来的商品に関する市場組織を拡大」し、「（他方では）擬制商品に関する拡大を制限」する、経済的には商品交換しながら、社会的には労働者階級を保護する、といったものではありません。そのような「商品に対する労働者所有権の確保」と「擬制商品の脱商品化」だけでは、結局、市場経済に収斂されてしまいます。

大事なことは、人間が生産したものであれそうでないものであれ、すべての交易品の中に、交易するが商品交換してはならないものがあることを知り、心と生命を守るために、商品交換とは違う方法で、活発に交易を行うことです。

2 交易の胎動と供養

交易の始まり

交易がいつから始まったのかは、はっきりとしていません。おそらく、人間が群れをつくり、狩猟と採集をしていたときにも、交易はあったと思われます。獲物を探して移動するなかで、他の群れと接触し、何かをやりとりしただろうと考えられます。

もちろん、当時のやりとりは、交易というよりは一種の横取りに近いものだったでしょう。一つの群れが狩ったり採ったりした獲物を、他の群れが奪い取るような、掠奪行為に近いものだったでしょう。そして、そのような掠奪行為は、多くの場合、戦争に繋がったに違いありません。その面で、戦争は交易よりはるかに古いやりとりの一種で、そうした悲惨な戦争を起こさないために、人間は交易を発明したに違いありません。

本格的な交易の始まりは、紀元前七〇〇〇年頃、人間の群れが共同体——氏族や部族——に進化し、その共同体によって農耕と牧畜が行われるようになってからではないか、と推定されます。なぜなら、この時から人間は自然の一部から離床して共同体をつくり、発達した生産力が交易の条件を整えるなか、異なる共同体同士の平和な関係が必要になってきたからです。

共同体の誕生と農耕（牧畜）の始まりは、自然からの外化（がいか）を意味します。もちろん、ここで言う「外化」とは、「特殊な外化」「自立した外化」を意味する「疎外」とは違うものです。自然を対象とみることで農耕が始まりましたが、だからといって、自然と完全に分離してはいなかったからです。自然から離れた実体として、共同体が誕生し農耕が始まりましたが、その共同体と農耕は、自然を真似て自然に戻ろうとすることが目的だったのです。自然から離れることが交易の条件を整わせたとすれば、自然に戻ろうとすることが交易の目的だったと言えます。自然から離れて共同体と農耕を生み出し、自然の一部であることを証明するために交易を生み出したわけです。

沈黙交易と「檀木（だんぼく）」

草創期の交易は、必要なものを得るために持っているものを差し出すという経済的目的より、知らない者同士に起こりかねない争いを防ぐためという安全上の目的が大きかったと思われます。したがって、最初の交易は、普段はあまり対面しない、対面が侵略と誤解されやすい二つの共同体の間で、対面せずに行われる「沈黙交易（silent trade）」の形を取りました。もちろん、当時の交易が「沈黙」であった理由は、言葉が通じないからというより、地理的接近、つまり関係を忌避したからです。譲渡したくないものを譲渡しなければならない痛みを感じながら、それでも譲渡して同盟を成功させようとする無言の契約が、無言の交易を成り立たせたのです。

ポランニーは、この沈黙交易を、掠奪による獲得から貿易港での平和な交易に至る間の制度として、位置付けました。「交易」を社会的関係の制度化したものと理解し、そんな制度化の歴史の中に沈黙交易を位置付けた点で、彼の説明はある面で妥当です。しかし、交易の制度化の歴史から私たちが本当に見抜かなければならないことは、制度そのものよりも、その制度を生み出した人間の意識、沈黙交易の場合で言えば、神話でしか伝わりませんが、その神話の中に沈潜している当時の人間の深層意識です。

沈黙交易は、通常、共同体と共同体の境界で行われました。あらかじめ一定の場所を決め、そこにある共同体が自分の産物を持って行って置いておくと、他の日に相手の共同体が返礼として自分の産物を持ってきて置いておく、という形でした。そして、そのような交易の場所として、特に広々とした草原のステップ地帯では、ある共同体と他の共同体の接地点にある、目立ちつつも密かな大木がよく利用されました。

東北アジアでは、この大木のほとんどがオノオレカンバ（檀木）だったようです。檀木の下に、ある共同体が善意のこもった自分の産物を持って行って置いておくと、他の日に、相手の共同体が返礼として自分の産物を持ってきて置きました。共同体同士の平和な関係を望む当時の人々にとって、この檀木は聖なる木で、その木の下は聖なる場所だったのです。(7) 韓国の歴史は紀元前二三三三年に開いた古朝鮮から始まると言われますが、古朝鮮の建国者である「檀君」(8) はまさにこの「檀木の子」を意味するもので、彼の主な任務は共同体と共同体の間を平和に主宰することだったのです。

サクラムの崩壊

檀木のあった場所、つまり、共同体と共同体の境界地は、どの共同体にも属さない中立地で、誰も侵してはならない聖なる場所です。すなわち、現代の所有観から言えば、個人の「私有地」でも、共同体の内にある「共有地」でもない、共同体の外にある「公有地」――「国有地」ではない――だったのです。

共同体の内にある「共有地」のことを、英語では「コモンズ（commons）」と呼びます。「共同体」を表す英語「コミュニティ（community）」は、「コモンズ」のラテン語「コミュニス（communis)」から来たもので、共有地を共有する人々の関係にほかなりません。

それに比べて、共同体の外にある「公有地」は、「サクラム（sacrum）」です。ラテン語を語源とする「サクラム」は、今では「仙骨（せんこつ）」を意味しますが、本来は、「聖なる目的を持った、聖なる行為の場所」、つまり、神々を祀る聖なる空間で、そこで行われる祭祀（さいし）や祭りなどの聖なる行為の意味です[9]。そして、交易が始まった当時、その場所としてよく利用された共同体と共同体の境界地、檀木のあった共同体の外の公有地が、この「サクラム」です。誰もが侵してはならない神々の聖なる場所で、そこで行われた聖なる交易のことです。

最近、「コモンズの悲劇（the tragedy of the commons）」という話がよく話題になっています。アメリカの生物学者ハーディン（Garrett Hardin 一九一五－二〇〇三年）の説から由来したもので、私的所有権の設定されていない共有地では、その資源が各自の利益のために、各自の思いのままに使われ、結局は枯渇してしまうという、悲しき言葉です。

しかし、「コモンズの悲劇」の本当の原因は、「サクラムの崩壊」です。サクラムが崩壊したためにコモンズの悲劇が起こったのであって、その逆ではありません。すなわち、「サクラム（公有地）」が「国有地」に収容され、共同体と共同体を媒介する聖なる行為が国家の管理下に移ったために、やがて共同体の中での人と人の繫がりもなくなり、共同体の崩壊とコモンズの悲劇を招いたのです[10]。それを正確にとらえないと、社会的経済はコモンズの悲劇を招いた本当の原因の究明とその解決に取り組むことができません。

訪問交易と「神市」

「沈黙交易」によって信頼関係を築いた共同体同士は、次第に「訪問交易（visiting trade）」を始めました。対面せずに産物のみをやりとりした交易から、共同体のメンバーが他の共同体を訪問し、対面しながら交易する形に、交易のようすが変わりました。

最初の訪問交易は、共同体のメンバーが交互訪問する「クラ交易」（パプアニューギニアの島々の間で行われた貝製の飾り物の儀礼的な交換と、それに伴う贈り物と返礼品の取引）、低い地位の共同体の代表が力のある共同体を訪問する「貢物献納」、といった形で行われました。しかし、交易に参加する共同体の数が増え、それらの平和な関係が一層重要になるにつれ、非定期的で双務（契約の両当事者が、互いに義務を負うこと）的な交易は、決まった時間に、決まった場所で、すべての共同体が集まって交易する、「ランデブー」の形に徐々に発展していきました。

東北アジアの歴史の中で、このランデブー交易の典型的な事例が「神市（しんし）」です。最も古い韓国の歴史書である『三国遺事』は、この「神市」について、「桓因（ファンイン）（天帝）」の庶子である桓雄（ファンウン）が人間界に興味を持ち、天符印（てんぷいん）（鏡・剣・鈴）の三つを持って太伯山の神壇（檀）樹の下に降り、そのところを「神市」と言った」と記述しています。そして、桓雄と熊女（ウンニョ）の間に生まれた壇（檀）君によって、「古朝鮮」という国が開けたと記述しています。そのために、私たちは「神市」を国家の首都の名前のように受け止めています。しかし、そんな理解は大間違いです。「神市」は、国家の首都の名前でなく、様々な共同体が集い合う聖なる場所で、そこで行われる聖なる行為だったのです。

「神市」で行われる聖なる行為は、一言で言うと、「祭天」でした。そして、祭祀では必ず宴会と土産物の交換が行われるように、「神市」でもまた、食べて飲んで踊って歌うことと、それぞれの共同体が持ってきた贈り物をやりとりすることが、同時に行われました。「神市」の機能は、共同体と共同体の間の争いを終結させて平和な関係を保つところにあり、そのために、聖なる空間とその中で行われる聖なる行為が必要だったわけです。

桓雄が「神市」を宣布――紀元前三八九七年の「神市開天」――する前まで、人々はまだ「群れ」の一員として生きており、「共同体」を持ちませんでした。したがって、人々の意識からもまだ、共同体と共同体の平和な関係などはありませんでした。必要なものがあれば、他の群れから奪い取るのが一般的でした。それに比べますと、檀君が「古朝鮮」を開国――紀元前二三三三年の「檀君開天」――した当時は、（神話でよく「結婚」と描かれるように）「共同体」と「共同体」の間からすでに「社会」が生まれていました。共同体と共同体の関係が平和な社会規範に依拠し、平和な交易が一つの制度になっていました。

このまったく異なる二つの段階の移行期に、実は「神市」があったと言えます。すなわち、桓雄の神市宣布から檀君の朝鮮開国に至る一五〇〇年の間に、東北アジアでは、群れと群れの間の掠奪が共同体と共同体の間の交易に、徐々に変わっていきました。そして、その変わり目の始まりに、その歴史的転換の中心として、すべての共同体が定例的に集い合い、祭祀・交際（宴会）・交易を行う「神市」がありました。

共同体と共同体の間を平和に保つという神市設立の目的は、神市を興した桓雄の趣旨である

「弘益人間」(11)によく現れています。「弘益人間」の「人間」は、「人」ではなく、「人」と「人」の「間」です。(12)そして、当時の「人」は、まだ「個々人」ではなく「人の群れ」、つまり「共同体」です。すなわち、「弘益人間」とは、(韓国の歴史教科書でよく言われるように)「すべての人に利をもたらす」意ではなく、「共同体(人)と共同体(人)との間を広く益する」という意です。要するに、神市の主体は、個々人ではなく共同体で、神市の目的は、その共同体と共同体の関係を尊くすることであり、そのために桓雄は、聖なる行為の聖なる場所として神市を設けたのです。

互恵の登場

神話は、超自然的な存在を引き合いに出して、人間を取り巻く宇宙・自然・人間の起源を解明する聖なる叙述です。桓雄が天から降りて、神市を宣布したという話は、人間が自然の一部から離れて、徐々に社会をつくり始めたことを象徴しています。そして、その桓雄が、風伯(プンベク)・雨師(ウサ)・雲師(ウンサ)という風・雨・雲を司る神々を率いて、穀物・命・病気・刑罰・善悪など人間の三六〇余りの事をつかさどったという話は、共同体と共同体の間で、共同体同士が共有できる社会規範をつくったことを象徴しています。

先ほど私は、互恵・再分配・商品交換という三つの交易様式を取り上げました。そして、互恵は、人間が自然の一部から離れて、贈り物を送ったり返したりする社会規範を共有してから始まった、と言いました。こうした互恵の始まりからみますと、「神市」は、東北アジアで最も古くに登場した互恵の場所や行為だったと言えます。人間が、自然の一部から離れ、共有する社会規範をつくった神市時代になって、ようやく互恵という交易が生まれました。

人類学者サーリンズ（Marshall David Sahlins 一九三〇年－）は、「互恵は、家族や共同体の内部ではなく、その外部との関係からみなければならない」と言いました。一つの共同体の中では、生産から消費までのすべてを共同で行うため、交易などはあまり必要ではありません。交易が必要なのは、生産と消費を共同で行わない他の共同体との関係においてです。したがって、そうした交易の場所は、当然、共同体の外、共同体と共同体の間になります。共同体と共同体の間を平和に保った結果、むしろ共同体内部の生産と消費の共同が維持できる仕組みです。

ところが、そこで一つ疑問です。共同体と共同体の関係が平和であれば、本当にその内部関係も平和と言えるでしょうか？　共同体の間で平和な交易（＝互恵）が保たれたとして、本当にその内部関係も共同生産と消費を維持できるでしょうか？　ポランニーの言うように、互恵を反対給付の伴わない「社会的交易」ととらえるだけで、本当にその内部の相互性が保たれるでしょうか？

私たちは通常、原始共同体社会を共同生産・共同消費の社会と理解し、それができたのは、すべてのものを共同所有したからだと理解します。しかし、そのような理解は大きな間違いです。原始共同体の人々にとって、生産は人間の労働である以前に、自然からの贈与でした。作物や家畜を育てるのは、その一部に人間の労働が関与したとしても、本質的には自然の自作で、自然からの贈与でした。また、できた生産物の一部を人間が利用していても、その所有権は相変わらず自然にありました。すなわち、原始共同体における所有形態は、「共同（共同体の）所有」ではなく、「自然（人格的）所有」でした。自然を介して、自然の所有物である各共同体の生産物を、自然を祀る祭祀の際に交換したのが、互恵の始まりでした。

互恵は、確かに共同体の内部ではなく、外部との関係から生まれたものです。そして、そうした互恵によって、共同体と共同体の間が、掠奪から平和に転換したのです。さらに、その平和が、外部関係のみならず、内部関係にも影響を及ぼしたのは、互恵を単に「社会的交易」としてのみならず、「人格的交易」としてとらえたからです。（自然を祭る）聖なる空間の「神市」で、（自然を介する）聖なる交易の「互恵」が行われたため、各共同体の内部で、共同生産と共同消費が維持できたのです。モースの「贈与」が、「神々への贈与」があって始まったのと同様に、「互恵」もまた、次に言う（自然への）「供養」があって始まったことを見逃してはなりません。

供養的殺害

もう一つ大事なのは、こうした互恵で交易されるもの（＝交易品）について、当時の人々が、どのように考えたかということです。当時の人々は、自然を単に「物質（material）」と見ず、「精霊（anima）」の宿ったものと見ました。今の私たちが、物質と精霊を完全に分けて、自然を精霊なき物質ととらえ、残った精霊を神と擬人化しているのに対して、当時の人々は、共同体をつくるはるか前から、すべての自然を生きた精霊と、精霊（霊）の入った容器（魂）と見ました。人間の労働は、この精霊を守り育てることに、最大の意味があると考えました。

もちろん、こうした自然を人間の生に役立つものに変えるためには、必ず人間の労働が加わります。しかし、その場合の人間労働についても、当時の人々は、今のような絶対的で優越的な価値、つまり、生産物に対する支配的権利を与えるものとは思いませんでした。いや、むしろ自然の精霊を損なうもの、自然の精霊を殺して自分に血肉化（incarnation）するものと哀れみました。すなわち、当時の人々は、人間の労働を自分が生きるための「供養的殺害」と思い、それによって、自然の生命が人間に転移するものと受け取りました。

ここで、一つ注意すべきことがあります。自然の「精霊」と人間の「労働」（供養的殺害）との関係についてです。私たちは通常、自然に精霊があるから、あると思うから、当然、人間の労働が供養的殺害になると思いがちです。しかし、本当はその逆です。人間が自分の労働を供養的殺害と思い、行うから、自然の中に精霊が盛り込まれるのです。人間が、自分の労働をどう思って実行するのかによって、その対象が変わり、それが再び、人間を何者にするのかに帰結します。

市場社会を生きる今の私たちにとって、自然はもはや精霊なき物質です。経済学者ウェーバー（Max Weber　一八六四－一九二〇年）が言ったように、霊的なものや呪術的な力からの解放こそ、近代の幕開けです。しかし、人間が霊的なものや呪術的な力から解放され、そんな人間が自然に向かって働きかけたために、自然から精霊が取り出され、自然はやがて精霊なき物質になりました。そして、その結果、人間も同じく、精霊なき物質になりました。自然と人間の代謝の中で、人間が自然をどう思い、どう働きかけるかによって、生命の転移が物質の移動に変わり、やがて人間も生命から物質に変わったのです。

供養の双方向

先ほど私は、神市を開いた当時の人々が、自然を生きた精霊とみて、人間の労働を供養的殺害とみた、と言いました。「供養（sacrifice）」は、通常、二つの方向で行われます。一つは、自然の精霊を損なって、自分に血肉化することで、もう一つは、損なうことを許してくれた自然に向かって、自分を生け贄に捧げることです。[13] 韓国の仏教では、前者の供養を「鉢盂供養」と呼び、後者の供養を「焼身供養」と呼びます。前者は自分が他人を飯として食べることで、後者は自分が飯になって他人に食べさせることです。

一つ注意すべき点は、ここで言う「飯（food）」とは単に「飯（rice）」ではなく、ここで言う「食べる（feed）」とは単に「食べる（eat）」ことではない、ということです。自然と人間の交易で、あらゆる存在者は「飯」と、その存在者のあらゆる行為は「食べる」と表現できます。モースは、非資本主義社会の交易に関する様々な事例研究を通じて、「万事は飯（food）に収束され、耐久財もまた飯として扱われる」という結論に達しました。

まず、自然の精霊を損なって、自分に血肉化すること、いわゆる「鉢盂供養」についてです。韓国では、今でも各家庭で先祖を祭り、祭祀に使った酒を一緒に飲む「飲福（いんぷく）」という風習があります。「飲福」は、単に先祖の飲み残した酒を飲むことではなく、先祖に象徴される自然の精霊を受け入れることです。イエスが「私はパンだ」「私を食べなさい[14]」と言ったのも、同じ趣旨です。東学の二代教主崔時亨（チェシヒョン）（一八二七－一八九八年）は、より明瞭に、「天は人に依り、人は食に依る（天依人人依食）」、「物事を知ることは、飯一碗を食べる理と等しい（萬事知食一碗）」と言っています。

次に、損なうことを許してくれた自然に向かって、自分を生け贄に捧げること、いわゆる「焼身供養」についてです。自然との交易で、人間が一方的に受け取るだけでは、道理に反するばかりでなく、交易の中断を生み出します。たとえ、自然からの贈与に及ばなくとも、その一部を返礼するのが人間の道理であり、それを通じて、自然との交易が持続されます。崔時亨は、これを「反哺の理[15]」と「報恩の道」、つまり「「食べた」生命に向けて「食べさせる」こと」と「自然から生命を得た恩恵のお返し」と言っています。

韓国の固有語に「ゴシレ[16]」という言葉があります。檀君の時代に「ゴシ」という臣下が火の使い方と農耕を教えてくれたことへの返礼として、ご飯を炊いた後に、その一部を地に投げ捨てることに由来した言葉です。もちろん、「ゴシレ」の品目は、単にご飯だけでなく、すべての生産物です。また、捧げる対象も、単に「ゴシ」だけでなく、すべての自然です。あらゆる生産物が自然で、自然からの贈与であるため、すべての生産物が「ゴシレ」の品目で、すべての自然が「ゴシレ」の対象です。人間が人間であり得るのは、こうした自然に感謝し、自分の一部を返礼するからです。

契約としての供養

しかし、本当に人間は、感謝の意を表すためだけに、自分の一部を返礼してきたのでしょうか？「神市」とその後を継ぐすべての祭天の時に、ただ感謝の意を表すためだけに、人間は自分の一部を生け贄に捧げたのでしょうか？

もし、そうだとしたら、ほんの少しのしるしで、人間の意思は十分に伝わるはずです。たくさんの富を費やして、何日間も飲んだり食べたりする必要はないのです。しかし、当時の人々は、そうはしませんでした。彼らの持っているすべての富を生け贄に捧げ、惜しみなく、使い果たしました。なぜそんな無理なことを、平気で行ったのでしょうか？感謝の意を表すだけでなく、何か別の理由が供養にはあったのではないでしょうか？

あらゆる交易は、欲しいものを得るために、持っているものを与えることから始まります。互恵は、威信を買うために物を贈ることから、商品交換は、用益を得るために対価を支払うことから、再分配は、分けてもらうために持っているものを集めることから始まります。「互恵（give and take）」は、「贈り」あって「返り」あり、「商品交換（buy and sell）」は、「買い」あって「売り」あり、「再分配（gather and share）」は、「集め」あって「分け」があります。相手か

ら何かを得るために、まずは自分（の持っているもの）を出すことが、交易の始まりです。(17)

自然と人間の交易においても、同じです。人間は、自然から何かを得るために、まずは自分の持っているものを出さなければなりません。特に、人間が欲しくて自然との交易を望む場合は、よりそうです。すなわち、人間が祭天などを通じて自分の持っているすべての富を捧げたのは、自然に感謝の意を表すためだけでなく、自然から何かを「買う」ためでした。もちろん、その何かは、自然であり、自然の所有権です。自然とその所有しているものを買うための契約として、まず自分（の持っているもの）を出したのが、神市などで行われた祭天です。祭天とそこで行われる人間の（焼身）供養は、消極的には自然に感謝の意を表すためでしたが、積極的には自然と契約を結んで自然の所有しているものを買うためだったのです。

しかし、自然とその所有しているものを買うということは、自然の所有権まで買うことではなく、その使用権を買うことです。人間は、自然からその所有権まで買い取ることなどできません。あらゆる自然は、その所有権が自然そのものにあり、自然から所有権を買い取ることは、自然であることを奪うことと等しいからです。前にも話したように、あらゆる交易品の中には、譲渡できるものとできないものがあり、使用に伴う効用は譲渡できても、生命までも譲渡してはならないのです。生命まで譲渡されては生命を失い、交易の持続が断ち切られてしまいます。それを求めるような人間に対して、自然はもはや何の契約要請も受け入れず、交易そのものから引き上げてしまいます。

祈りの意味

これをあらかじめ防ぐためにも、人間は、自然との契約において、所有権は未だに自然に残っていること、生命の譲渡までは求めないことを、自然に示す必要があります。そして、その最も有効な方法は、人間が自然に供物を捧げるとき、その供物の中に相変わらず生命が生きていること、すなわち、自然から譲渡されて人間が利用しても、相変わらずその中には生命が生きていると示すことです。自然に捧げる人間の返礼品を「供物」と呼ぶのも、それが人間労働の結果である以前に、自然から受け取った贈与と等しいものだからです。

祭祀のクライマックスに「祈り」が伴うのも、同じ理由からです。祈りの最大の役割は、ご飯とかパンとかを「質料」から「生命」に転換させること、質料の中に生命を吹き込むことです。食事の前にお祈りするのも、食べものを質料から生命に、食べる行為を栄養素の吸収から生命の育みに変えるためです。そんな人間の行為が、精霊なき質料を精霊込みの自然に変えるのです。要するに、祭祀の際に必ず祈りが伴うのは、人間労働の結果を質料から生命に変え、質料の中に生命を吹き込むためです。

少し前までの韓国各地では、「薦新（チョンシン）」という、収穫物を自然に捧げる祭祀が行われていました。そして、この薦新で捧げる供物を、「オルゲシムイ」と呼んでいました。「オルゲ」とは早刈りの稲のことで、「シムイ」とは「心禮（シムレ）」、つまり「心からの儀式」という意味です。すなわち、「薦新」とは、「早刈りの収穫物を心込めて捧げる儀式」であったのです。

ここで大事なのが、薦新の行われた時期です。秋夕（中秋節）が収穫後の旧暦の八月十五日に行われたのに対して、薦新は本格的な収穫作業に取り組む前に行われました。すなわち、秋夕が収穫感謝祭の意義を持つものであったならば、薦新は今後の収穫物に生命を吹き込むための祈願祭だったのです。薦新という心を込めた儀式と祈りを通じて、秋夕の収穫物が生命豊かなものになったのです。

あらゆる祈りには、必ず言葉が要ります。特に、感謝の意を表すだけでなく、契約を成功させるためであれば、もっときちんとした言葉が要ります。そして、自然と人間との契約の言葉は、人間の言語ではなく、自然の言語です。自然が望んで契約するのではなく、人間が望んで契約するため、自然は常に「甲」の立場で、人間は常に「乙」の立場だからです。祈りの言葉が神話である理由は、それが祖先から受け継いだ神々の言葉で、その中には擬人化した精霊が生きているからです。要するに、祖先から受け継いだ自然の言葉で、自然との契約のために、労働生産物に生命を吹き込む行為が、祈りです。

それにしてもやはり重要なのは、人間です。自然の贈与を受領したり返礼したりする者、生きている生命を殺害したり自分の一部を生け贄に捧げたりする者、それはやはり人間です。そして、この二つの「食べる」と「食べさせる」ことを、質料の交換から生命の循環にもっていくのも、人間です。また、後で詳しく説明しますが、この生命の循環を単純な反復からより豊かな増殖にもっていくのも、人間です。そのために崔時亨は、「人は天から離れることができず、天もまた人から離れることができず（人不離天　天不離人）」、「天と人のこうしたやりとりの中に（天人相与之機）」「生命の進化（天主造化之力）」がある、と言ったのです。

非競争的交易

自然と人間の交易は、人と人の交易とは本質的に違います。人と人の交易では、受け取った分よりたくさん返すか、少なくとも同量を返さなければなりません。互恵は、実は威信をめぐる激しい競争です。「相手から一切受け取らない」、「受け取った場合は、少なくともその分を返して負債をゼロにするか、できればそれ以上を返す」、それによって「自分の名誉・評判・威信を落とさない」、といった命がけの競争です。そうせずに、受け取るばかりであったり、受け取った分より少なく返したりすると、その人は贈った人の奴隷になります。

それに比べて、自然と人間の交易では、「相手から一切受け取らない」という「受領の拒否」ができません。受領の拒否は、自然との交易の断絶、つまり死を意味するからです。また、「受け取った場合には、少なくともその分を返して負債をゼロにするか、それ以上に返す」こともできません。自分の存在を可能にした分と等しく返すことは、自分の存在を丸ごと捧げること、つまり自死を意味するからです。したがって、自然と人間の交易において、人間は自然と競争することができません。自然が人間と競争しないこと、また、人間の小さな返礼にもかかわらず、より大きな贈与を提供してくれていること、それを人間は知っています。

要するに、人と人の交易が競争的であるとすれば、自然と人間の交易は非競争的です。その非競争的な自然との交易の中で、常に人間は債務を残しています。人間は、自然からの負債のすべてを返すことができず、より多くを返すことはもっとできません。人間が人間であり得るのは、負債のすべてを返済できないからではなく、返済できない自分を知っているからです。それを知っているから人間であり、そんな負債への意識が人と人の交易に投影されて、「互恵」と「再分配」という社会的交易が生まれます。

「供養」についてこれほど長く話したのは、そこから社会的交易、特に「再分配」が生まれたからです。自然の贈与に対する人間の債務意識と返礼行為が、自然の「換喩（metonymy）」である異邦人や貧乏人への歓待ともてなしをもたらしたからです。

3 再分配の登場と変化

契約としての税金

「再分配」と言えば、私たちは通常、「税金」のことを思い浮かべます。そして、納税を義務と考えるため、再分配も何らかの強制力によって維持されるものと思っています。もちろん、そうした理解が間違いだとは言い切れません。現代社会の税金は、人の意思と無関係に、権力によって強制的に課され、勝手に使われています。そのために今の税金には、財の移転はあっても、生命の転移はありません。納付者から給付者に財は流れても、その間には、経済外的強制の実体として、国家権力があるだけです。

しかし、本当に税金はそのようなものなのでしょうか？　再分配は、国家権力によってのみ維持でき、それを強化するための一手段にすぎないものなのでしょうか？　私の考えは少し違います。今の税金に問題があるからと言って、あるいは再分配が国家に悪用されているからと言って、再分配そのものを否定してはならないと思っています。

再分配の代表事例である税金も、本来はそんなものではありませんでした。経済外的強制がなかったとは言えませんが、それだけで税金を理解すると、なぜ何千年もの間、人々が税金を義務として受け止めてきたのか、税金の未納を申しわけなく思ってきたのか、また、過度な税金には減税を求めながらも、税金そのものの廃止までは言わなかったのかについて、あまり説明ができなくなります。それを単に、階級意識の不足のせいにするのは、プロレタリア革命を正当化するためのマルクス主義者の意図的な解釈です。

税金は、国家が生まれるはるか前の原始共同体社会に、その典型が見られます。もちろん、当時の税金は今と違って、自然の贈与に対する人間の返礼、つまり供物を目的としました。自然への返礼を目的に、人々は共同体が生産したものの一部を、首長に預けました。もちろん、当時の首長は、国家の国王と違う存在でした。国王が人間を神格化した存在であるならば、首長は自然が人格化された存在でした。したがって、首長の最も大きな役割は、土地を含めてすべての自然の所有権を代弁し、土地からもたらされたすべての収穫物に自然（生命）を吹き込むことでした。そうした理由から首長のもとには、土地を借りて利用したことへの返礼、つまり土地から生産された収穫物の一部が、自然への供物として集まりました。人類学者サーリンズが言ったように、「私たちが交易とか貢納と呼ぶほとんどのものが、当時は供物」でした。

もちろん、税金が持つこうした供物的性格は、国家が誕生し、その影響力が強まるにしたがって、徐々に消えていきました。土地を借りて利用したことへの返礼は「租」に、土地から生産された収穫物の一部を供物に捧げるのは「庸」と「調」に変わりました。しかし、こうした変化にもかかわらず、税金の中に供物概念がなくなり、経済外的強制だけが残るようになったとは言い切れません。税金のことを、国家による搾取とのみ理解してはなりません。

歴史学者網野善彦（一九二八－二〇〇四年）によると、中世時代の「貢納」は、「領主と百姓の間で結ばれたある種の契約」です。種子を普及し、堆肥を与える領主の勧農は、百姓の貢納と貸借関係にあったものです。百姓の貢納は、領主の勧農に対するある種の債務返済で、(18)したがって百姓には、過度な貢納については削減を求めても、貢納そのものの廃止という発想は生まれなかったのです。すなわち、自然と人間、領主と百姓の間の契約関係の中で、自然の贈与に対する人間の供物、領主の勧農に対する百姓の貢納が、今の税金に引き継がれてきたのです。

再分配の起源と機能

税金に代表される再分配は、その起源が国家誕生のはるか以前にさかのぼります。自然から与えられたことについての人間の負債意識、その一部を返してよりたくさんの贈与を求めようとする人間の契約が、再分配を生み出したのです。もし、そこに経済外的強制があるとしたら、それは国家権力ではなく、人間の負債意識です。もし、そこに経済外的目的があるとしたら、それは権力の維持と拡大ではなく、自然との関係維持と自然の増殖です。こうした考えと行動が、儀式としての祭祀を生み、再分配は、その財源を調達するために始まったものです。

こうした祭祀の財源は、当然、共同体単位で集まりました。当時はまだ個々人が出てくる前でしたので、共同体単位で共同生産したものの一部が充てられました。そして、その額は、およそ共同体が生産したものの十パーセントを超えなかったと思われます。[19] 自然からの贈与に比べれば大変少ないのですが、費やす前にあらかじめ充てること、[20] 充てたものを惜しみなく「蕩尽（とうじん）」すること[21]こそ、最も大事なことでした。

先ほど私は、中心に集めて再び分けるところに再分配の特徴があり、内外の不平等をなくして平和を維持するところに再分配の目的がある、と申しました。しかし、原始共同体は、共同生産・共同消費したため、その中に不平等が生じることはありません。すなわち、祭祀の財源を調達するために集めることはあっても、不平等さをなくすために分けることはなかったのです。自然との交易の中で、自然への返礼としては機能しても、社会的交易として再分配が胎動するには、もう少し時間が必要だったのです。

社会的交易として再分配が胎動したのは、一つの共同体の中からではなく、共同体と共同体の間からです。一つの共同体が他の共同体と出会うなか、その間には当然不平等が生じました。時には自然災害によって、時には外からの侵略によって、困窮に陥る共同体が出てきました。今なら、国家に頼る場合が多いでしょうが、当時はまだ、国家などありませんでした。複数の共同体が出会って社会をつくっていくなか、複数の共同体が集う祭天があるだけでした。それで、当時の人々は、この祭天を介して、祭天での祭祀を通じて、人間（共同体）の間の不平等さを解消しなければなりませんでした。

再分配が、「自然への返礼」から「社会的交易」に広がったのは、たぶん、この時期からでしょう。原始共同体の中では「自然への返礼」だった再分配が、共同体と共同体の間で、複数の共同体が天を介して社会をつくっていくに伴い、共同体の外に向かう「社会的交易」として広がったと思われます。

ここで一つ大事なことは、はたして社会と社会的交易がどのようにして生まれたのかです。社会とは、共同体と共同体が直接に結合してからではなく、天を介して結合してから生まれたのです。したがって、再分配もまた、「自然への返礼」から「社会的交易」に変わったのではなく、「自然への返礼」を介して「社会的交易」に広がったのです。そして、こうした構造は、今でも変わりません。今でも、異なる社会（結社）同士の結合は、社会的でないものを介してのみ生まれます。すなわち、「社会的」交易を生み出すものは、本当は「非社会的」なものとの交易からです。「社会的」交易の真の意味は、むしろ「非社会的」なものとのかかわりにあります。

原始共同体が、自然への返礼のために自分の生産したものの一部を充てたように、複数の共同体が出会って社会をつくっていく場合も、祭天のためにそれぞれの生産したものの一部が充てられました。複数の共同体は、それをもって祭天を行い、祭天が終わったら、天の惜しみない贈与を真似て、困窮に陥った共同体や異邦人に向かって、すべてを蕩尽しました。

これは、言い換えれば、特定の人々を天の表象だと思ったことになります。祭天のために充てたものが困窮に陥った共同体や異邦人に使われたということは、彼らこそ、天の擬人化した表象だと思われたことを意味します。彼らを天と思い、彼らに向かって自分たちの一部を生け贄に捧げることで、ようやく自分たちが天になれたと考えられます。

日本には、「捨てる神あれば、拾う神あり」ということわざがあります。人間が神になるためには、自然の贈与を真似て捨てねばならず、捨てる人間を神に成らしめるのは、自然の代わりに拾う人間がいるからです。捨てる人間にとって、拾う人間こそ、自分を神に成らしめる本当の神です。

聖域の構築

互恵と再分配は、似ているようで、少し違います。互恵が、人を相手にする人と人の間の交易であれば、再分配は、自然を相手にする人間（共同体・社会）と自然の間の交易です。互恵が、贈る義務と返す義務を持つ競争的なものであるとすれば、再分配は、自然の純粋贈与とそれを真似た人間の蕩尽という、非競争的なものです。互恵が、人々の間で双務的な平和を保つところに目的があるとすれば、再分配は、双務という規範の範囲を超えた全世界――通常「天地」とか「宇宙」と言われてきたもの――の平和にその目的があります。

しかし、そのような違いにもかかわらず、その深層を探ってみると、互恵と再分配は、同じところから生まれるものです。互恵や再分配という「社会的交易」は、実は「人でないもの」「社会的でないもの」を介して、はじめて可能となります。互恵を維持させる儀礼と規範は、同じ天を祭る人々同士の共有物です。再分配が異邦人や貧乏人をもてなす「功利的な機能[22]」を持つのは、彼らを天の表象とみるからです。すなわち、「人でないもの」「社会的でないもの」を介して、あるいはそれを媒介にして、はじめて自分を人と思うもの同士の関係（＝互恵）と、これを超えたものとの関係（＝再分配）が成り立ちます。互恵と再分配は、その表れ方が違っていても、同じ深層構造から生じるものです。

モースの言った「贈与」と「神々への贈与」の関係も、同じです。人と人の間で「提供→受領→返礼」という贈与の循環ができるのは、「神々への贈与」があってからのことです。「神々への贈与」に由来して、あるいはそれを媒介にして、はじめて人同士の互恵の循環が制度化していきます。

神々への意識がなくなった今も、基本的には変わりません。人間が霊的で呪術的なものから解放されたとしても、あらゆる人間関係は未だに、「人でないもの」「社会的でないもの」を介して、あるいはそれを媒介にして、はじめて成り立ちます。昔の神々や自然の代わりに、今は国家や資本が居座っていますが、それらを介さなければ、いかなる人間関係も成り立ちません。

問題は、人間関係が人間以外のものを介して成り立つということではなく、その介するものによって人間関係が支配されるということです。人間以外のものによる媒介が問題なのではなく、国家や資本による媒介が問題なのです。そして、国家や資本による媒介が問題になるのは、それらが「人でないもの」「社会的でないもの」だからではなく、「自然でないもの」だからです。自然に代わって居座りながらも、自然とまったく似ていないのが、今の国家と資本です。それらは、人間に向かう純粋贈与はおろか、自己増殖のためだけに聖域を構築しています。人々が「人でないもの」「社会的でないもの」の介入を望まなくなったのも、当然です。

国家と資本が聖域になって人間関係を支配する構造は、当然、克服すべきものです。しかし、その方向が、聖域そのものを崩すものになってはなりません。問題の本質は、聖域そのものでなく世俗化した聖域にあり、したがって問題の解決は、世俗化した聖域を本来の聖域として立て直すところにあります。聖域なくして、人間関係は一日も成り立ちませんし、そんな聖域が自己目的化すると、人間は一日も安らげないからです。

再分配の世俗化

社会の誕生から始まった再分配に、紀元前二〇〇〇年頃から、大きな変化が起こりました。穀物の栽培と家畜の飼育で高い生産性を誇示した共同体が、隣の共同体を併合し、古代国家になっていきました。そして、その結果、国家の中に以前は見られなかった位階制が生じました。隣の共同体を併合した共同体のメンバーは貴族・良民などに上昇し、併合された共同体のメンバーは下層民・奴隷などに転落しました。そして、こうした位階制の頂点に、国王が座るようになりました。

古代国家の誕生は、数千年も続いた自然と人間の交易にも、大きな変化をもたらしました。まず、自然を一時的に管理する権限が、共同体の首長から国家の国王とその家臣たちに移りました。やがて、自然そのものか、少なくとも自然の所有であった土地と労働力が、国王の所有に移りました。そのために、自然に向かう供物は国王に向かう貢物に変わり、自然を介した人間（共同体）同士のもてなしは国王による恩恵に転落しました。要するに、古代国家の誕生とともに、再分配の世俗化が本格的に進みました。

ここで言う「世俗化」とは、自己目的化を意味します。自然と人間の交易で、自然は常に贈与する側、つまり他己目的の存在でした。自然を代弁し、自然への返礼（＝再分配）を管理する首長は、その他己目的の自然が擬人化した存在でした。自然に向かう人間の返礼が、異邦人や貧乏人への蕩尽に繋がったのも、こうした自然の他己目的性を真似たからです。

ところが、自然と首長の座に国家と国王が居座ってから、再分配は徐々に自己目的化していきました。首長による自然の代弁は、国王による自然の管理に変わり、その国王はもはや、自然を真似た（自然の擬人化した）存在から自然そのもの（神格化した人間）に変わりました。再分配は、惜しみない自然の贈与に対する返礼から、権力を維持・強化するための手段にすぎぬものになりました。そんな国王に向かって、人々はあまり負債意識を持たなくなり、そんな人々に向かって、国王はより強い経済外的強制を動員していきました。

税金と専売

国王による経済外的強制の代表事例として、まず「税金」というものがありました。税金は本来、自然の贈与に対する人間の返礼から始まりました。そして、その対象は、人（労働力）と自然（土地）のみに限られていました。自然か、少なくとも自然の所有である生産手段のみに課せられ、人間の労働によって生産された産物にはあまり課せられませんでした。当時の人々は、生産手段を自然か自然の所有と考えたために、それの譲渡に伴う返礼の支払いを、譲受者としての当然の道理と思いました。

しかし、生産手段のみに限られていた徴税の対象は、国家権力の増大に伴い、その産物にまで広がりました。万里の長城の築造に動員した百万人の賃金を支払うために、古代中国の秦の始皇帝（紀元前二五九－二一〇年）は、塩にまで税金を課しました。

これは、大きな変化です。徴税の対象が労働力と土地からその産物にまで広がったのは、自然（生産手段）の所有権を代弁するだけではなく、自然のすべての行為とその結果、つまり自然そのものを国王が支配するようになったことを意味します。古代国家の国王が原始共同体の首長と決定的に違う点は、首長が自然の代弁者であったとすれば、国王はもはや自然そのものか、自然の支配者となったことです。

次に、もう一つの経済外的強制として、「専売」があります。「専売」と言うと、通常はある物の販売に関する国家の支配的権限と理解されますが、本来はそうではありません。原始共同体社会での専売は、共同体の共有地で共同生産した物に対する、共同体全体の交易権でした。誰もが必要とするが、誰もが生産できるわけではない物について、ある共同体が共同生産し、それについて共同体全体が支配的権限を持つことでした。

だから、そうした専売品は、容易に共同体の外に持ち出すことができませんでした。持ち出す場合には、その目的と方法が限られていました。誰もが必要とする普遍的なニーズと、限られた場所でしか生産できない地理的偏在の間の乖離（かいり）を解消し、共同体と共同体の間で平和を構築するためにのみ、外への持ち出しが可能でした。また、それを持ち出すときには、必ず人（共同体）と人（共同体）を介する、人でないもの（自然）との関係が伴いました。自然に返礼する祭祀を借りて、各共同体の専売品が交易されました。例えば、古朝鮮の「神市」では、祭祀の後に交易が行われましたが、そのときの交易品は、各共同体の専売品でした。海辺の共同体は塩を、山間の共同体は毛皮をなどと、それぞれの共同体がそれぞれの専売品を持ってきて、交換し合いました。

しかし、漢の時代に入って、こうした専売は大きく変わりました。古朝鮮との戦争で国庫を使い果たした漢は、税収入を増やすために、鉄の生産・精錬・製造・流通のすべてを国家の管理下に置きました。鉄鉱石の埋蔵された土地は共有地から国有地に変わり、精錬された鉄は共有財から国有財に変わりました。また、その流通は国王から委任された商人に限られました。

専売権が共同体から国王に移ったことは、単なる所有権の移り変わりだけでなく、交易の主体と目的が大きく変わったことを意味します。つまり、今まで自主的に行っていた専売品の生産と交易が、徐々に国家の管理下に置かれるようになりました。また、今まで平和の構築のために行われていた専売品の交易が、徐々に国家の税収入（交換価値）のためのものに変っていきました。そして、こうした傾向は、専売品が鉄から他の産物に広がるにつれ、より一層強まりました。

鋳造貨幣

もう一つの経済外的強制として、鋳造貨幣の発行があります。そもそも貨幣とは、穀物・家畜・麻布のような物品貨幣から始まったものです。もちろん、こうした物品貨幣は、交易の持続が目的で、蓄蔵とか増殖が目的ではありませんでした。物品貨幣は、誰もが必要とするものなので、いつでも他のものと交換できましたが、保存や移動に制約があって、蓄蔵とか増殖には向かなかったからです。

しかし、国家が鋳造貨幣を発行してから、こうした貨幣の性格に大きな変化が起こりました。国家は、まず文字や度量衡を統一して、結縄（けつじょう）・契・タリー（tally＝割符）などの「意味共有システム（meaning share system）」を制御しました。そして、その次に鋳造貨幣を発行して、穀物・家畜・麻布などの物品貨幣を統一しました。そして、この鋳造貨幣の中に、今までの物品貨幣と違って、支払い手段や交換手段としての機能より、価値尺度や保存手段としての機能を強めさせました[23]。

文字や度量衡の統一と鋳造貨幣の発行は、本質的に同一線上にあるものです。人々の自主的な交流を制御するために国家の制定した言語が、文字と度量衡です。同じく、人々の自主的な交易を制御するために国家の発行した言語が、鋳造貨幣です。人々——もしくは共同体同士——は、文字や度量衡の統一によって自分の言語を失い、鋳造貨幣の発行によって交易の自主性を奪われました。文字や度量衡の統一と鋳造貨幣の発行は、たとえ実際の通用には時間がかかったとしても、人々（共同体同士）の自己表現と交易の自由を奪う象徴的な出来事だったのです。

老子

老子（中国、春秋戦国時代の思想家）は、こうした国家の政策を厳しく批判しました。『道徳経』の中で彼は、「復結縄」、つまり「縄を結んで、約束の証（あかし）とする社会に戻ろう」と言いました。これは、言い換えれば、国家の鋳造貨幣はもちろん、物品貨幣の生まれる以前に、つまり結縄・契・タリーなどの意味共有システムに戻ろう、と提唱したものです。いかなる一般的で統一的な物も介さず、人（共同体）と人（共同体）との交流と交易を、自分たちの言語で行おうということでした。そうなると、人間が自然（体）になり、人間の俗なる生活も楽しくなる、というのが彼の主張でした。

しかし、残念ながら世の中は、老子の希望とは正反対に流れました。人（共同体）の間の交流と交易は、自分たちの言語の代わりに、国家の言語（文字・度量衡・鋳造貨幣）によって介されていきました。そしてその結果、老子が懸念したように、人間は「遠く徙らざらしめる」者、つまり、さすらう者になってしまいました。

儒家の批判

老子だけではなく孔子もまた、国家によるこうした再分配の世俗化を大変憂いました。孔子は、国家の官僚たちに向かって、「（国民が）少ないことを患えずに、等しくないことを患えよ（不患寡而患不均）。貧しいことを患えずに、安らかでないことを患えよ（不患貧而患不安）」と訴えました。国家の目的は、隣国を侵略して大国になることではなく、不平等を解消するところにある、また、国家の再分配の目的は、貧困をなくすことではなく、安心して暮らせるようにするところにある、と強調したのです。しかし、残念ながらこうした孔子の主張も、あまり受け入れられませんでした。国家は、より大きくなろうと「帝国」への道を歩みました。

中国の歴史上、名実ともにはじめて登場した帝国が、「漢」です。そして、その漢の初期に、商鞅（しょうおう）の後を継いだ法家の官僚たちと、孔子の後を継いだ儒者たちの間で、国家の経済政策をめぐる激しい議論がありました。今でもその内容が『塩鉄論（えんてつろん）』（桓寛の編による中国の経済政策書。塩・酒・鉄の専売など財政政策の存廃について、宣帝の治下で行われた会議の討論をまとめたもの）に伝えられていますが、その中で儒者たちは、徴税・専売・貨幣発行などの国家の政策について、痛烈な批判を繰り返しました。

儒家の立場からみて、徴税は、生産しないものにまで税金を課し、生産したものについては途方もなく安い値で奪い取るものでした。専売は、朝廷がその利益を独占し、民の生産性を低下させ、素朴な風習を消滅させるものでした。鋳造貨幣は、物品としての貨幣価値と、それの強制する表示価値との間に隔たりを生じさせ、偽の貨幣を流布させるものでした。

儒者たちは、批判にとどまらず、代案まで主張しました。徴税については、資源の地理的偏在を解消するために、特産品に限って課さなければならず、専売については、国家による塩や鉄などの専売を廃止して、その生産と流通を民が共同管理するようにしなければならない、と提唱しました。貨幣についても彼らは、民が自由につくって流通することによって、相互信頼の構築を図らなければならない、と主張しました。

私たちは通常、古代国家の基礎理念を儒者たちが築いたと思いがちです。しかし、それは儒家が国家に包摂されて、儒教になった後のことです。孔子とその後を継いだ初期儒家の関心事は、国家ではなく社会でした。国家の役割は、人（共同体）と人（共同体）の間の自律的な経済活動を助長・保護するところにあると見ました。こうした国家が私利私欲に目をくらませると、人々の生活は困窮に陥るというのが、初期儒家の一貫した主張でした。今日、どんな社会的経済も容易に言えないことを、当時の儒者たちは命がけで唱えたのです。

4 市場の歴史と市場システムの再融合

「市廛（してん）」と「場市（じょうし）」の誕生

市場の誕生は、共同体と共同体の間からです。古朝鮮の「神市（しんし）」は、複数の共同体が一ヵ所に集まり、祭祀と共に交易を行ったところです。もちろん、この場合の市場は、「対外市場」であって「対内市場」ではありません。共同体の内部では、共同生産・共同消費したために交易の必要などなかったのです。

しかし、こうした「対外交易」は、国家が登場し、国家によって共同体同士の対外関係（＝社会）が支配されるにつれ、徐々に国家による「遠隔地貿易」に変わりました。そして、その担い手として、商人が登場しました。

古代国家における商人は、一種の「資格」でした。誰もが商人になれるわけではなく、国家からその資格が与えられました。一度与えられた資格は世襲もできましたので、一種の身分に近いものでした。もちろん、商人に与えられたこうした資格は、報奨であると同時に、規制でもありました。一方では、国家に代わって国家の必要な物と税金を徴収することへの報奨でありながら、他方では、彼らの商行為が国中に広がることを防ぐための規制を意味しました。(24) 韓国では、こうした商人たちを「商団」と、彼らの商行為の場所を「市廛（してん）」と呼んでいました。

一方、原始共同体の解体と国家の登場に伴い、一つの国家の中は、国王・貴族・官僚のような中心部と、一般人・下層民・奴隷のような周辺部に、その構成員が二つに分かれました。中心部の人々は、必要な物を国家の管理する市廛から得ることができましたが、周辺部の人々は、それを利用することができませんでした。また、生産性の向上と分業の拡大により、交易のニーズが高まるにつれ、中心部の人々も、生活に必要なすべての物を市廛から得ることがしだいに難しくなっていきました。そんな理由で人々は、国家の管理する市廛と違う自生的な市場を必要とし、その結果として、各地に「局地的市場（local market）」が生まれるようになりました。

新しく生まれた局地的市場は、「神市」のような、以前の「対外市場（external market）」と違うものでした。対外市場が、祭祀のもとで交易を行ったのに対して、局地的市場では、交易そのものが中心となりました。対外市場が、自然の贈与に対する返礼という宗教的儀式に託されるものであったのに対して、局地的市場は、基本的に「持っているもの」と「必要なもの」とをその場で交換する経済的行為のためのものでした。必要なものを得るためにその代価を支払うという意味での一般的な市場は、おそらくここから始まったと思われます。

しかし、だからと言って、当時の局地的市場を今の市場と同じものと受け止めてはなりません。今の市場は、基本的に営利を目的にし、商品市場システムの「見えざる手」によって動かされる、無機的な市場です。それに比べて当時の局地的市場は、半日で行き来できる人々が対面して、物と物の交換のみならず、情報を伝え、遊戯を楽しみながら、民意を形成する、有機的な市場でした。たとえ、対外市場の中から物々交換の側面が表に出されたとしても、それのみならず、交易をめぐる様々で複合的な要素が、当時の局地的市場では交じり合っていました。そのために韓国では、それを国家の管理下にある「市廛」と区分して、「混沌の市」という意味の「乱廛（らんてん）」、または「出会いの市」という意味の「場市」[25]と呼んでいたのです。

まとめますと、「場市」は、過去の「神市」はもちろん、今の「市場」とも異なるものでした。「神市」が、自然との交易（＝祭祀）を前面に掲げながら、その下で物（特産物＝専売品）の交易を行ったところであるならば、「場市」は、自然との交易はむしろ水面下に隠れ、物（生産物）の交易が前面に現れたところです。今の「市場」が、物（商品）の交易だけがあって、人間の交流がないところであるならば、当時の「場市」は、人々の交流を土台にして、物々の交易を行ったところです。すなわち、「場市」は、過去の「神」市とも今の「物」市とも違う、一種の「人」市だったと言えます。

「場市」に関する周易（しゅうえき）の説明

市場、特に「場市」の誕生とその性格について、孔子は『易経（えききょう）』「繫辞傳（けいじでん）」で、六十四卦に例えて、次のように概念化しています。

人類の歴史を一日の時間帯に例えますと、その始まりは六十四卦の中の「離為火（りいか）䷝」と呼ばれる卦からです。この時期になって人類は、「仰（あお）いでは天の象を観て、俯（うつぶ）しては地の法を観ながら」、さらに「鳥獣の文様を観る」ことができました。自然の中に埋め込まれて、狩猟と採集を営みながら生きてきた人類が、この時期ようやく自然から離れて、自然を対象として観察し始めました。もちろん、この場合の「離れ」は、自然からの「完全な離れ」ではなく、自然の「埋め込みからの離れ」です。人類が誕生し、その人類によって農耕と牧畜が発明されたのは、こうした「埋め込みからの離れ」のおかげです。

一日の中で次の時間帯に当たる「風雷益（ふうらいえき）䷩」に入って、人類は本格的に農耕を始めることができました。この時期になって人類は、「木を斲（き）って、耜（し）（鋤または鋤の刃）と為し、木を揉（たわ）めて、耒（らい）（木を曲げてつくった鋤の柄）と為す」ようになり、この耜や耒からできる鋤や鍬をもって、「耒耨（らいどう）の利」、つまり「道具で耕すことに成功」しました。また、こうした農業革命の結果、人類は「諸益を取ることができ」、その諸益――経済学的には「余剰」と言いますが――のおかげで、交易の条件を備えることができました。

一日の中で真昼に当たる「火雷噬嗑（からいぜいごう）䷔」に至って、人類はいよいよ交易の時代を迎えました。

「噬(ぜい)」（喰らう、喰う）と「嗑(こう)」（吸う、飲む）は、「市」と「合」の音を取ってきたもので、それは、雷(いかずち)や電(いなずま)という異なるもの同士が出会って、市を為したことを象徴します。この時期に至って、人類の歴史ではじめて、「日中に市を為し、天下の民がそこに至り、天下の財貨がそこに集まり」ました。そして、こうした「市」で「交易してから退き」、その結果として「各々其の所を得る」ことができました。

「市」に関するこうした孔子の象徴的な解説は、私たちにたくさんのことを示唆します。まず、「雷と電が合って市を為した」ということは、「場市」が「異なる人」同士の出会いであったことを象徴します。「場市」は、同質の人で構成される共同体の中で生まれたものではなく、（「神市」のように）異質な共同体の異質な人々が出会う中から生まれたものです。「神市」と比べた「場市」の違いは、出会う異質な人の範囲が、世界から地域に縮まったくらいのものです。

次に、「日中に市が立ち、そこに人と物が集まった」ということは、「場市」の地理的範囲が局地的で、その中での商行為が互恵的・有機的なものであったことを象徴します。半日で行き来できる地理的に隣接したところで、異質でありながらもまったく知らなくもない人々が集まり、各自が持ってきたもので、各自の必要なものをやりとりする「人市」であったことを象徴します。

最後に、「（市での交易で）各々其の所を得た」ということは、「場市」での交易目的が、営利ではなく、効用であったことを象徴します。「場市」は、（今の「市場」のように）生産したものを売るためではなく、必要なものを得るために設けられたものです。「場市」での商行為は、必要なものを得るために持っているものを差し出すことで、それを通じて人々が得ようとしたものは、ニーズの充足、つまり効用だったのです。すなわち、「場市」の目的は、今のような交換価値ではなく、使用価値の追求でした。交換価値を目的に交易を行うのは、それから随分時間が経ってからのことです。

市場の連結

市場の歴史について考えるとき、私たちは通常、「局地的市場（local market）」が「国内市場（national market）」に広がり、再び「世界市場（global market）」に広がったと考えがちです。しかし、こうした考えは、結果をもって過程を解釈する、誤ったものです。百歩譲って、（本当はそうではありませんが）世界のあらゆる市場が世界市場の影響下にあることに同意するとしても、それは「世界市場」という単一の市場が全世界を覆ったものではなく、「市場経済」という独特なシステムが世界的に広がったものです。

先ほども申したように、市場は、共同体と共同体の間で、対外市場として誕生しました。古朝鮮の「神市」のように、人間が「世界」と考える全域を範囲として、市場は生まれたのです。局地的市場が国内市場に広がり、それが再び世界市場に広がったのではなく、市場ははじめから「世界的」規模で生まれたのです。

こうして生まれた対外市場が、生産力の発達と国家支配力の増大に伴い、国外では遠隔地貿易をもたらし、国内では各地に局地的市場を生み出したのです。韓国では「市塵」と「場市」がそれぞれに当たりますが、ともかく、この二つの市場は厳しく区分されていました。商行為が、国家の統制と人間の自律によるものに区分されただけでなく、その場所も、都市と農村に完全に区分されていました。

しかし、生産力のさらなる発達と移動手段の発展に伴い、遠隔地貿易と都市を支配していた国家の影響力が農村の隅々にまで浸透し、各地に散らばっていた局地的市場を国内市場に「繋げて」いきました。そして、各国を自由に横断する資本の影響力が全世界を覆うに伴い、今度はまた、各国に散らばっていた国内市場が世界市場に「繋がって」いきました。

市場の歴史に関するこうした私の見解は、一般的な見解と多少違います。市場は、局地的市場から国内市場を経て世界市場に「拡大」したものではなく、対外市場から遠隔地貿易と局地的市場を経て、再び国内市場と世界市場に「連結」されたものです。すなわち、小さな市場が大きな市場へとその範囲を広げ、その結果、大きな市場によって小さい市場が覆われるようになったものではなく、そもそも「世界」を範囲として生まれた市場が、(良かれ悪しかれ)、国家と資本によって、あらためて国内的及び世界的なものに結ばれるようになったのです。「拡大」と「連結」は全然違う意味のものです。「拡大」が、同質に向かう円心的拡張であるならば、「連結」は異なるもの同士の相互作用です。私たちは、拡大と同質化の観点だけで市場の歴史をみますが、実際はそうではありません。そのような私たちの理解が、むしろ資本による世界市場の画一的な支配を必然的なものとして考えさせているのです。世界各地には、資本主義の最先端に立つ欧米でさえ、様々な市場が様々な形で共存しています。それが以前と違う点は、それぞれの特徴を持っていながらも、世界的に繋がっていることです。

もちろん、こうした「連結」によって、世界の様々な市場が、世界市場の「性格」に似通っていくことは否定できません。人と人が出会い、情報を伝え、遊戯を楽しみ、民意を形成する、といった有機的性格が、商品売買を中心に、「見えざる手」によって動かされる、無機的性格に変わってきています。しかし、それも厳密に言えば、世界市場があらゆる市場を覆った結果ではなく、世界市場の独特な市場システムがすべての市場に浸透している、ということです。

三つの市場システム

あらゆる市場は、それなりの独特なシステムを持っています。神市(しんし)・場市(じょうし)・市廛(してん)に象徴される対外市場・局地的市場・国内（又は世界）市場は、それぞれの目的、対象、価値などを持っています。

まず、対外市場は、自然に向かう返礼と、その下で行われる異邦人や困窮者へのもてなしをとおして、生命の人格的価値を立ててきたものです。「神市」で交易されたものは、皆が必要だがその生産に地理的な偏在のあるもので、その中には常に生産した人（共同体）の人格（生命）が込められていたのです。すなわち、対外市場は、贈与と返礼、贈り物（供物）の提供、生命価値の追求といった、いわゆる「神市システム」をもって動いた市場です。

次に、局地的市場は、生産力と分業の発達によって交易のニーズが高まるなか、必要なものを得るために、持っているものを差し出すことから生まれたものです。そのために「場市」で交易されたものの中には、効用、つまり使用価値を求める人間のニーズがあり、自分のニーズを満たすための代価として、相手のニーズを満たすものを提供するという心の配慮がありました。すなわち、局地的市場は、人と人の交流、労働生産物の交換、使用価値の追求といった、いわゆる「場市システム」をもって動く市場です。

それに対して、国内市場とその後を継いだ世界市場は、営利を目的に生まれたものです。売るために商品を生産し、それを買うために自分の一部を商品として拠出しなければならないものです。すなわち、国内市場と世界市場は、商業的売買、商品交換、交換価値の追求といった、いわゆる「市廛システム」をもって動いています。

もちろん、この三つの市場の中で、対外市場はもはやなくなっています。しかし、「神市」がなくなったとはいえ、その「神市システム」までなくなったとは言い切れません。対外市場の「神市システム」は、まったくその姿を変えて、未だに世界市場の中に残っています。神々の贈与が資本の増殖に、生命の人格的価値が資本の剰余に、神々に向かう人間の供物が資本に向かう労働力商品（自己犠牲）に変わるだけで、「人でないもの」を介してはじめて人々の関係が結ばれる、という点では同じです。

市場システムの再融合

局地的市場を覆う国内市場、またそれらを覆う世界市場は、確かに克服すべき課題です。しかし、その方向が、「人でないもの」を崩す、したがって国内市場や世界市場を崩すということに向かっては、結局、人とその相互関係も崩れてしまいます。問題の本質は、「人でないもの」の自己目的化、つまり「人でないもの」による人とその関係の支配という点にあります。したがって、人が人であり得るためには、またその関係が生命に満ち得るためには、「人でないもの」の本来の姿を再構築し、それを介して各地の局地的市場を連結するしかないのです。もう一度強調しますが、今の市場が直面している問題の核心は、世界市場の拡大という点ではなく、その独特なシステムの画一化にあります。対外市場がなくなり、局地的市場が衰退したところに問題の本質があるのではなく、対外市場での贈与と返礼・贈り物（供物）の提供・生命価値の追求といった性格が、世界市場での商業的売買・商品交換・交換価値の追求に置き換えられ、それによって、局地的市場での人と人の交流・労働生産物の交換・使用価値の追求が揺さぶられているところにあります。

そして、そのような状況の中で、人とその相互関係を取り戻すためには、まず、失われた――あるいはまったくその姿を変えた――「神市システム」、つまり贈与と返礼・贈り物（供物）の提供・生命価値の追求を復元しなければなりません。それを土台に、人と人の交流・労働生産物の交換・使用価値の追求という「場市システム」を再構築しなければなりません。そして、こうした「神市システム」の復元と「場市システム」の再構築の上に、商業的売買・商品交換・交換価値の追求という「市廛システム」を動かさなければなりません。

こうした私の考えは、商品交換の高度化が富の分配の効率化を生み出し、したがって再分配の必要をなくすという、市場主義者たちの主張とはまったく違うものです。また、互恵に基づく「交換の正義」が「分配の正義」を不要にするという、プルードンや柄谷などの主張とも違うものです。交易様式になぞらえて言えば、再分配を媒介に互恵を立て、その上で商品交換を行おうとするものです。(26)

フランスの社会的経済研究者ラヴィール（Lavillé J. L.）は、社会的経済のことを「互恵・商品交換・再分配の三つの原理が融合する経済」と言いました。この話は、互恵と商品交換だけを求めてきた今までの社会的経済に、再分配への取り組みを強調したものとして、大変示唆に富んでいます。しかし、彼の言う再分配は、社会の交易様式の一つにすぎません。本当の再分配は、自然との関係において、自然を介して、行われるものです。自然を忘れた社会の再分配は、いつでも権力による世俗化と資本の剰余に変わりかねないのです。

社会的経済は、目にみえる懸案の解決だけでなく、根本的な代案を模索するものです。そして、そのためには、贈与と返礼・贈り物（供物）の提供・生命価値の追求といった「神市システム」、人と人の交流・労働生産物の交換・使用価値の追求といった「場市システム」、商業的売買・商品交換・交換価値の追求といった「市廛システム」の再融合は欠かせません。「神市システム」（再分配）を復元して、その土台の上に「場市システム」（互恵）を再構築し、それらを基盤に「市廛システム」（商品交換）を行うように、今までの組み方を立て直す必要があります。二十一世紀に社会的経済が再登場したのは、そんな期待を込めてのことです。

人間中心の民主主義と協同組合主義を再考する

最近、韓国では「経済民主主義」とか「人間中心の経済」などがよく話題になっています。しかし、社会的経済の基本を「協同組合主義（corporatism）」ととらえる人も多くなっています。

私は、そんな主張と見解に一部同意しながらも、それがすべてではないと考えます。民主主義・人間第一・協同組合などで、本当に人間が人間になり、その社会が社会になり得るか、疑問が絶えません。

私たちは通常、民主主義の起源をギリシャの古代都市国家に求めています。人間中心のルネサンスも、そこから誘発されたものです。しかし、本当にそれは「古き良き時代」でしょうか？

古代都市国家は、人間を四つに分けていました。政治に参加できる自由な市民男性、市民でありながら参政権を持たない女性と子ども、市民の資格を持たない外国人と旅行者、家畜同様の奴隷という四つによって、当時の国家は成り立っていました。政治に参加できる市民男性だけが「話す」権限を持ち、女性や子どもには「買う」権限はあっても「話す」権限がありませんでした。外国人や旅行者には、納税と徴兵の義務はあっても、「話す」権限と「買う」権限はありませんでした。奴隷は、単に家畜同様の所有物にすぎませんでした。

市民男性による「話し合い」の場が、「ポリス（polis）」でした。現代語の「政治（Politics）」は、ここから生まれた言葉です。そこで彼らは、自分の支配する「大家族（oikos）」の経済的利害を代弁しながら、活発に政治的討議を交わしました。討議の際には、より大勢の市民男性に賛同してもらうために、自分の話に「論理（nomos）」を付けました。現代語の「経済学（economics）」は、ここから生まれた言葉です。「大家族の主宰者（despotes）」である市民男性が、彼の支配下にある「大家族（oikos）」の経済的利害に「論理（nomos）」を与えて討議したことから、[27]現代の政治と経済が生まれています。

しかし、よく考えてみますと、市民男性による民主主義の政治と人間中心の経済は、女性と異邦人の犠牲の上に、また奴隷を家畜同然に扱うことによって成り立ったものです。当時の女性と子どもは、口はあっても話すことを許されない「中途半端な市民」でした。当時の異邦人は、義務はあっても権利をまったく主張できない「中途半端な人間」でした。奴隷は、家畜と等しい「非人間」にすぎませんでした。奴隷と異邦人の犠牲の上に古代都市国家の経済が成り立ち、女性と子どもの犠牲の上に、そこでの民主主義が成り立ったのです。[28]

本当の民主主義は、無口な人の言葉に耳を傾けることから始まります。資本中心の経済から人間中心の経済への本当の脱皮は、人間であることを拒絶されたものを大切にすることから始まります。民主主義を超えて真の民主主義を実現し、人間を超えて真の人間の経済を構築するためには、市民同士の友愛の協同組合を超えて、生命同士の兄弟愛の社会的経済に向かわなければなりません。それこそ、二十一世紀の社会的経済に与えられた最大の使命です。

第三章　資本とその消尽

1 所得と消費、消費と幸福

外れた予測

近代経済学の巨頭ケインズ（John Maynard Keyns　一八八三－一九四六年）は、一九二八年に発表した短いエッセイの中で、科学が発展し生産力が向上すると、百年後には経済課題のほとんどが解決できる、と予測しました。そのときになると、誰もが金稼ぎに専念する必要がなく、一日三時間働けば十分に生きられる、と言いました。ケインズより七十年前に、マルクスも似た予測を出しました。彼は、資本主義が発展すればするほど人間の利用可能な自由時間は増え、その時間を個性の伸長のために使えるようになるだろう、と予測しました。

しかし、こうした二人の予測はほとんど外れています。科学技術と生産力は彼らの予測よりはるかに発展しましたが、それにもかかわらず、むしろ人間の自由時間は減っています。特に韓国の場合は、個性を生かすための自由時間より、仕事を見つけるための待機時間、仕事に就くための準備時間が増えるばかりです。幸いに仕事が見つかっても状況は同じです。幸せな働きは後回しにされながら、解雇の危機感にさらされて不幸な働きを余儀なくされています。一日三時間働けば十分に生きられるといった予測は、残業と休日返上でようやく生きられる現実になっています。

ある人は、二人の予測が外れた原因を分配の不公平から説明しています。科学技術の発達や生産力の発展に伴って、自由時間の絶対量は増えたが、それが一部の人々に偏っていることが問題だ、と語っています。しかし、そのような話は、本当の原因の説明にはなりません。二人の予測が外れた本当の原因は、分配の正義が未だに実現されていないからではなく、彼らの考えそのものが間違っていたからです。労働と幸福の本当の関係について、彼らは間違って理解していたからです。

辞書を引いてみると、「労働」のことを「生存に必要なものを得るための精神的・肉体的な努力」と書いています。そして、そのような意味の労働は、科学技術と生産力の発達によって、もはや今は一日三時間くらいで十分です。そうした労働から解放されることは、人間ならではの当然な希望です。しかし同時に、(そのような)「労働からの解放」が「労働(人間)の解放」を意味するわけでは決してありません。労働時間が減り、自由時間が増えたとしても、それが人間の幸せを意味するとは言えません。

人間の幸せは、幸せではない労働から逃れるだけでなく、幸せに労働することです。また、労働時間と引き換えに得られた自由時間を、自分の解放のために、本当の自己実現のために使えることです。そして、そのためにはまず、労働を「身体的生存」の目的に限定して考えることから、自由時間を消費の対象だけに限定して考えることから、脱しなければなりません。

しかし、残念ながらマルクスやケインズはそう考えませんでした。生産力が向上し、労働時間と引き換えに自由時間が増えれば、当然、人間は幸せになれるだろうと考えました。自由時間の不公平な分配は確かに問題です。しかし、それ以前にまず、人間にとって労働や幸せとは何か、労働時間と自由時間とは何かについて、より深く考え直す必要があります。

トリクルダウン効果とトリクルアップ効果

経済が成長したにもかかわらず人々がまだ幸せではない原因について、未だに成長が不十分だから、と考える人々がいます。そして彼らは、経済がもっと成長すれば問題も解決できる、と言っています。今は成長の恩恵が金持ちに止まるが、もう少し成長すれば、あなたにもその恩恵が滴り落ちる、と慰めています。「トリクルダウン（Trickle-down）効果」と呼ばれるこうした誘惑は、特にアメリカのレーガン政府と韓国の李明博政府の時に、よく流布されていました。実際に、李明博政府はその効果を追い求めて、一方では、「小さな政府」を掲げて規制緩和に努め、他方では、「四大河川再生事業」[1]という大規模な土木事業を行いました。

しかし、こうした誘惑が口先だけであったことは、もはや今は誰もが知っています。一度は騙されても、金持ちをもっと金持ちにするだけのことだったことを、今は皆がわかっています。実際に、李明博政府の時の韓国の経済指標は、とても良いものでした。貿易収支は史上最高の黒字を記録し、経済成長率もＯＥＣＤの中で最も高いほうでした。しかし同時に、失業率――特に青年失業者数――は過去最大を記録し、仕事を持っている国民の実質賃金はむしろ減少しました。経済は成長したにもかかわらず、人々の生活はより厳しくなりました。

なぜ、こうした結果になったのでしょうか？　最近、韓国でも、フランスの経済学者ピケティ（Thomas Piketty）が評判です。彼によりますと、資本主義が発展しているにもかかわらず、人々の生活が良くならない理由は、資本収益率が経済成長率より高いからです。金による金稼ぎのほうが、人の働きによる金稼ぎより多いからです。そして、こうした状況の中では、経済成長の恩恵は資本の利潤に繋がるばかりで、国民の所得向上に繋がりません。経済が成長すればするほど、むしろ所得の不平等さは広がるばかりです。

ピケティは、そうした問題を解決するために、資産の相続と資本収益に対する増税、庶民の雇用創出と家計再生のための財政支出などを主張しています。「トリクルダウン効果」に対比する「トリクルアップ（Trickle-up）効果」とも言える彼のこうした主張が、「ろうそく革命」によって誕生した文在寅（ムンジェイン）政府に大きな影響を与えています。過去の十年間、李明博・朴槿恵（パククネ）政府が一貫して企業と市場に親和的であったのに比べて、今の文在寅政府は「人間中心の経済」「所得主導の成長」といった方向に向かっています。過去の政府がトリクルダウン効果に焦点を当ててきたとすれば、今の政府はトリクルアップ効果により重点を置いています。

韓国で政権交代が行われた少し前の二〇一六年に、アメリカでも大統領選挙がありました。そして、共和党と民主党の候補者だったトランプ（Donald John Trump）とヒラリー（Hillary Rodham Clinton）の間で、今後の経済政策をめぐる激しい舌戦が繰り広げられました。トランプは大々的な法人税削減を主張し、それに対してヒラリーは「でっち上げ（trump-up）のトリクルダウン効果」と批判しました。しかし、そうした指摘にもかかわらず、アメリカの国民はトランプを選びました。彼らの心の中に、未だに経済成長が自分の暮らしをよくしてくれるという、「トリクルダウン効果」への期待が残っていたからです。

所得と消費の非関連性

所得格差の大きな開きは、当然、改善すべき問題です。利益のためなら、水火もいとわない資本に対しては、ある程度の規制も必要です。しかし、だからといって、トリクルアップ効果がすべてとは言えません。そうした政策は、行き過ぎた市場を矯正するためには有効ではあっても、基本的には新自由主義の枠組みの中にあるものです。ピケティの主張が、祖国フランスよりアメリカや日本・韓国など、いわゆる新自由主義の弊害が深刻な国々で歓迎されるのも、そんな理由からです。経済成長は幸せのひとつの条件ですが、経済成長すれば必ず幸せになれるとは言えません。同様に、分配もまた幸せの一つの条件ですが、分配さえよくなれば必ず幸せになれるとは言えません。特に、国家主導の分配は、新自由主義の弊害を減らすことはできても、人間の幸せに直結するものではありません。

トリクルダウン効果とトリクルアップ効果は、違うようで、共通する二つの前提から出発します。一つは、「すべての富は必ず使われる」という前提であり、もう一つは、「消費によって経済が成長する」という前提です。トリクルダウン効果とトリクルアップ効果は、その効果の対象が一部の金持ちであるか、それとも多数の国民であるかという点で違っていても、富は必ず消費され、その消費が再び生産を誘発してよりたくさんの富をつくり出す、という同じ仮説の上に成り立っています。

しかし、本当にすべての富は必ず消費されるでしょうか？　国家による所得支援は必ず消費に繋がり、その消費が再び経済成長をもたらすでしょうか？　また、こうした消費と成長が、本当に人間を幸せにしてくれるでしょうか？　結論から言えば、「そのとおりだが、必ずしもそうではない」ということです。貧しい状況での所得増大は消費に繋がりますが、その消費には限界があって、一定レベル以上には増えません。こうした臨界の時にますます消費を増やそうとする試みは、むしろ消費の効用を落とすことになります。

経済学に「イースタリン・パラドックス（Easterlin's Paradox）」という概念があります。一九七四年にアメリカの経済史学者リチャード・イースタリン（Richard Easterlin）が、所得と幸福の相関関係を明らかにしたことから名付けられた言葉です。それによると、所得の増加が幸福の増進に繋がるのは、貧しい国の貧しい人々に限られます。貧しい人と国の場合、人々の所得増大は消費促進と幸福増進に繋がり、それが再び国家の経済成長をもたらします。しかし、ある一定レベルに達している人と国の場合、人々の所得増大と消費促進・幸福増進・経済成長の相関性はとても低くなります。金持ちがより金持ちになったとしても、彼らの消費が増えたり、彼らの幸せが大きくなったりすることはありません。同様に、国民の所得が増えても、それが消費促進と経済成長に繋がるのはごく一部です。

富の権力化

それにしても、金持ちはより金持ちになろうとします。いや、金持ちほど、もっと金持ちになろうと必死です。なぜでしょうか？　なぜ、彼らはそんなに金持ちになろうとするのでしょうか？　使いきれないことを知っていながら、なぜそんなに必死に富を追い求めるのでしょうか？

プロテスタンティズムの禁欲と職業意識から資本主義の誕生を説明した経済学者ウェーバーは、禁欲の結果が富の蓄積を生み出し、したがって、蓄積された富の量は信仰の真意を示す、と言いました。彼にとって、富を求めることは神に向かう召命で、金持ちになったことはその召命に誠意を尽くした結果だったわけです。しかし、私は、人間をそれほど召命意識の強い存在だとは思いません。また、今は、個人の禁欲で富が蓄積できる時代でもありません。

消費に繋がらないことを知っていながらも、人々が富を追い求める理由は、富こそが権力だからです。現代社会での富は、もはや消費のためではなく、所有そのものに目的があります。よりたくさんの権力を持つために、金持ちは富を追い求めます。その権力による支配から逃れるために、普通の人々もまた富を望んでいます。金持ちがより金持ちになったとしてもトリクルダウン効果は起こらず、普通の人々の所得がより増えたとしてもトリクルアップ効果が起こらない理由は、富そのものがもはや、消費のためではなく所有のためにあるからです。

現代社会は、名目上は「一人一票」の民主主義のようにみえても、実際には「一ドル一票」の金権主義の社会です。社会の実際の権力が富の所有量によって決まり、その金力が人とその関係を支配しています。おかげで、金持ちはより支配力を増すために、また普通の人々はその支配から逃れるために、よりたくさんの富を所有しようとしています。そして、こんな状況では、富の生産、つまり経済成長が人間の幸せとは無関係に、支配と被支配の格差を広げるばかりです。

富の所有量による支配と被支配の関係は、単に金持ちと貧乏人の間だけではありません。大企業と中小企業、輸出企業と内需企業、製造業とサービス業、正規職員と非正規職員、本社と加盟店などのあらゆる分野で、富を持つ集団とそうでない集団の間の格差が広がり、富める者による富まない者への支配が強まっています。

文在寅政府に入って、公正取引委員会の役割が強化されたのも、こうした背景からです。公正取引委員会の本来の設立趣旨は、公正な取引、つまり、市場経済における公正な「競争」を保護するところにあって、そこから落ちこぼれた「競争者」を保護することではありませんでした。しかし、今の韓国社会は、富と権力を持つ「甲」による、富と権力を持たない「乙」への横暴が、その度を超えています。公正な競争を促進する前に、富の所有量による不公正な競争関係が固着化しています。公正取引委員会が、「競争の保護」に先駆けて「競争者の保護」に力を入れるのは、当たり前でありながらも、悲しくて皮肉な現状を反映したものです。

オルタナティブとしての社会的経済

そこで問題は、社会的経済です。政府が、トリクルダウン効果から脱してトリクルアップ効果に向かい、「競争」の保護に止まらず「競争者」の保護に向かうことは、ある面で当たり前のことです。それに比べて、社会的経済は違います。社会的経済は、現実的な処方箋より、むしろ根本的な代案を模索する経済主体です。財やサービスを供給する面では政府と同じでも、その本当の目的は、市場の矯正ではなく、社会の変革にあります。（トリクルダウン効果とかトリクルアップ効果とかのような）経済成長を超えて、人間の幸せを追求することが、社会的経済の経済目的です。不公正な甲乙関係の是正を超えて、主客の入れ替わった乙甲関係を模索することが、社会的経済の政治目的です。根本的な代案を模索しない社会的経済は、振り子のように、左右を行き来する政権の歩みに振り回されるばかりです。

ところが、今の社会的経済ではこうした根本的な代案がなかなか見つかりません。いや、ある面では、トリクルダウン効果の神話がその中に漂っています。事業の拡大と経営収支の黒字だけにその関心が向かい、人間の幸せは後回しにされています。富の権力化も決して他人事ではありません。ある程度成長した社会的経済組織において、彼らの蓄積した富はもはや権力になっていて、さらなる内外の格差を広げています。経営者と組合員、正規職員と非正規職員、連合組織と単位組織、消費者と生産者の関係が、支配・被支配の関係で固着しつつあります。

もちろん、こうした問題の責任を、すべて社会的経済に負わせることはできません。富の権力化とそれによる支配・被支配関係の固着化が進むなか、生き残るためには、また、権力になった富と対抗するためには、社会的経済にもある程度の富が必要です。最近、投資ファンド、ソーシャルインパクトボンド（民間から調達した資金をもって地方自治体が社会的経済組織に公的サービス事業を委託し、その成果に応じて、関連事業費・成果給・投資配当などを支払う仕組み）、クラウドファンディング（インターネットなどを経由して、不特定多数の人々から投資してもらうこと）などがよく話題になっているのも、その理由からです。

しかし、それにしても、社会的経済における富は、社会一般のそれとは違っていくべきです。特に、今の社会を「一ドル一票」の金権主義（plutocracy）から「一人一票」の民主主義（democracy）の社会に代えるためには、また、その一人の中にも入れない人によりたくさんの票を持たせる生命主義（personocracy）の社会を切り開くためには、そうであるべきなのです。単なる富の所有者が金持ちから庶民の私たちに変わり、富の所有企業が一般企業から社会的経済組織に変わるだけでなく、富そのものの性格が人間を支配する権力から人間を生かす生命に代わるべきです。

すでに感じられた方も多いでしょうが、私の言う「富」——特に「蓄積した富」——とは、「資本」のことです。資本主義社会を開いたのが資本であれば、それを超えて、生命社会を開くのも資本です。資本主義社会を生み出したのが「貨幣集積としての資本[2]」であれば、それを超えて、生命社会をつくり出すためには「生命集積としての資本」が必要です。商品から出て、人とその関係を支配する資本から、生命から出て、人とその関係に寄り添う資本に、その造成とあり方を変えるべきです。社会的経済の根本的な代案を現実のものにするためには、こうした資本の助けが絶対に必要です。

2 資本とは何か

資本主義の胎動

資本について語る前に、まず資本主義とは何かについて考えてみたいと思います。資本主義とは何か？　なかなか難しい質問です。資本主義のことを一言で言いますと、「資本が権力になって動く空間」と言えます。もちろん、この場合の資本は、貨幣とは違うものです。パンを買うための貨幣と、パンを介してよりたくさんの貨幣を得るための資本は、違うものです。資本主義は、貨幣ではなく資本が主人公の世界で、資本主義経済は、その資本の増殖を主な目的とする経済です。

こうした資本の増殖のためには、まず貨幣の貯えが必要です。ある程度の貨幣を貯えなければ、よりたくさんの貨幣のための運動が始まらないからです。それを「貨幣の蓄蔵」と言いますが、それはまた、円滑な商品交換、特に大規模な遠隔地貿易を行うために始まりました。すなわち、資本の増殖は、商品交換のための貨幣の蓄蔵から始まり、貨幣の蓄蔵は、大航海時代の遠隔地貿易から始まったと言えます。資本主義の誕生を大航海時代にまでさかのぼるのは、また、当時を資本主義の初期段階として「商業資本主義」と呼ぶのは、そこから貨幣の蓄蔵が始まったからです。

もちろん、当時の貨幣は、まだ資本になり切れていませんでした。商業資本主義の構造をよく〔貨幣（G）→商品（W）→貨幣（G'）〕と表現しますが、その場合のGからG'への貨幣の増殖は、商品売買に投入された代価を支払うためであって、まだ貨幣そのものの増殖には向かいませんでした。貨幣の蓄蔵により、商品交換の地理的な制約が乗り越えられたことは確かですが、それは基本的に対価の集積であって、まだ資本の集積までには至っていませんでした。

マルクスも言ったように、本格的な資本の増殖と資本主義の始まりは、産業革命による技術開発と重化学工業の成長に起因します。この時から資本は、以前と違って、商品交換のみならず生産にも関与しました。生産を通じて商品の形質を変え、資本が増殖できる基盤をつくりました。その構造をマルクスは、〔貨幣（G）→商品（W）→生産（P）→商品（W'）→貨幣（G'）〕と表現し、今までの商業資本主義と区別して、「産業資本主義」と名付けました。

もちろん、資本は、商品を生産したり消費することはできません。商品を生産したり消費したりするのは、人間だけです。つまり、資本の増殖は、人間の生産労働が商品を生産し、消費労働がその商品を消費するから成り立ちます。もし、人間の労働が商品生産に投入されず、またその商品を消費しなければ、資本の増殖は成り立ちません。そんな理由でマルクスは、資本の増殖は結局、人間労働の結果だと考えました。

しかし、資本の増殖が人間労働の結果だとして、資本は本当に何もしていないのでしょうか？　そうではありません。資本は、自ら商品を生産し消費することができなくても、人間をもって商品を生産し消費させることはできます。すなわち、人間の生活を生産と消費に分けて、自分を介さないと繋がらないようにすること、人間の労働を生産労働と消費労働に分けて、自分に売られ自分を買わなければ生きられないようにすること、それが資本の大きな働きです。

資本の増殖はこの二つの間から生じ、二つを繋ぐことで成し遂げられます。人間の生産労働が「労働力商品」に変わり、資本に売られるところから始まり、人間の消費労働が「影の労働(shadow work)」に変わり、労働力商品のつくった商品を買わせるところで完成します。すなわち、資本増殖の源泉は、資源(自然)の形質を変える人間労働からではなく、形と質を変えた二つの人間労働の時間的ギャップを埋めるところにあります。もちろん、この真相に最も早く気付いた人も、マルクスです。資本主義に対する常套的な批判において、彼は確かに優れた人でした。

資本主義の危機と大衆消費社会の到来

そんな資本主義についてエンゲルス(Friedrich Engels　一八二〇－一八九五年)は、「生産力は幾何級数的に増大するのに反して、市場の拡張はせいぜいで算術級数で進んでいる」ために、必然的に継続的で慢性的な不況、つまり「恐慌（crisis）」を迎えるだろうと言いました。極めて単純で、明快にみえる説明です。それに比べて、マルクスは、「内的には独立していない二つの過程（使用価値と価値の対立、私的労働が同時に直接的に社会的な労働と表されなければならない矛盾、特殊な具体的労働が同時に抽象的で一般的な労働としてのみ計算される矛盾、物の人格化と人格の物化の間の対立）の外的な独立化が一定の時点に到達すると、暴力的にその内的統一を貫徹させる過程」で、資本主義は恐慌を迎えるとみました。

マルクスの指摘は、「資本主義の恐慌」を「人間と社会の危機」に置き換えれば――「crisis」の本来の意味も、（経済的）「恐慌」だけではなく（社会的）「危機」です――、正しい話です。例えば、人間は、自分の具体的な労働が抽象的な労働としてのみ評価されることに対して、また労働力商品と影の労働に分かれて外的に独立することに対して、一定の時点に到達すると、必ず内的統一を期します。なぜなら、そのままにしておくと、到底生きられず、生きても幸せではないからです。そして、その過程で、社会は大きな危機と同時に転換を迎えます。

資本主義の初期段階で、協同組合が商品流通にかかわった目的も、実はここにありました。協同組合が商品流通にかかわったのは、表面的には組合員のニーズを満たすためでしたが、根本的には人間とその社会の内的統一を図るためでした。形質を変えた二つの人間労働の時間的ギャップを埋め、外的に独立化しつつあることを内的に統一させるために、協同組合は始まったのです(3)。

いずれにせよ、内的に独立していない「二つの過程」を外的に独立させていく資本主義について、当時の多くの人々は、結局破綻するだろうと予測しました。そして、こうした予測は、一九二〇年代の大恐慌を前にして、現実のものとして現れました。資本増殖のためには安い労働力を必要としますが、こうした労働者の低賃金が商品の購買力を落とし、むしろ商品を買えなくしてしまいました。ニューヨークの株式市場で株価が暴落し、企業は労働者を解雇しました。職を失った労働者は商品を買えなくなり、企業の倒産が連鎖的に広がりました。大恐慌を契機に、資本主義は絶命の危機に陥りました。

もし、その時に資本主義が破綻していたら、本書で「資本」を問い直す意味もなくなったでしょう。しかし、幸か不幸か、資本主義はそう簡単には死にませんでした。大恐慌の危機を、資本主義はあまりにも柔軟に乗り越えていきました。それまで市場への介入を最小限に抑えていた政府が、支出を拡大し、通貨供給を増やし、有効需要をつくり出しました。労働者にはたくさんの仕事と報酬が戻り、再び商品を買うことができました。それに誘発されて、企業も再び生産を増やしました。購買力を持った「大衆消費社会」が到来し、それをもって、資本主義は破綻の危機から救われました。

大衆消費社会の到来は、資本の増殖過程にも大きな変化をもたらしました。〔貨幣（G）↓商品（W）↓生産（P）↓商品（W'）↓貨幣（G'）〕という資本増殖の過程のなか、今までの産業資本主義が、前の「商品（W）」つまり労働力商品を安く買い取る「生産過程」で主な増殖が行われたのに比べて、大衆消費社会に入ってからは、後の「商品（W'）」つまり「消費過程」でより活発な増殖が行われるようになりました。生産すれば当然のように売れた時代から、消費者の嗜好を考えて生産する時代へと大きく変わりました。資本が人間に関心を持ち始めたのは、この時からでした。

資本主義の内在的矛盾は、大衆消費社会の到来をもって克服されたようにみえます。継続的な革新によって、新たな商品が次々とつくり出され、購買力を持つ大衆が、それを次々と買ってくれています。もちろん、誰の購買力をより重視するかについては、未だに意見が分かれています。ある人は、金持ちの購買力を高めるほうがより効果的だと主張し、ある人は、貧しい人々の購買力を高めないと本当の消費には繋がらないと主張しています。しかし、こうした意見の違いにもかかわらず、この二つの主張は、〔所得→消費→成長〕の好循環を求める点では共通しています。大衆消費社会に入ってから、生産ではなく消費が、資本主義を支える原動力に変わってきています。

消費者運動の登場

繰り返しますが、同じ資本主義でも、産業資本主義と大衆消費社会は、資本の増殖過程に大きな違いがあります。産業資本主義では、主に生産過程で資本の増殖が行われたのに対して、大衆消費社会では、主に消費過程で資本の増殖が行われています。産業資本主義の真相を暴いたマルクスは、当然生産過程を重視しましたが、その影響を受けながらも、柄谷行人（からたにこうじん）は消費過程を重視しています。マルクスが生産労働の脱商品化とその連帯を強調したのに比べて、柄谷は消費（流通）労働の脱商品化とその連帯を強調しています。

柄谷によると、資本増殖のためには、必ず二つのプロセスが必要です。一つは、労働者からその労働力を商品として買い取ること（＝資本と労働者の関係）で、もう一つは、こうして生産した商品を再び労働者に売り出すこと（＝資本と消費者の関係）です。もし、この二つのプロセスのうち、一つでも失敗すれば、資本の増殖はできなくなります。労働力商品を買い取ることができず、生産した商品を売り出すことができなければ、資本は資本になることができません。

逆に、人間が人間になるためには、こうした資本増殖の二つのプロセスから脱しなければなりません。自分の労働力を資本に売り、商品を消費し続ける限り、資本の支配から脱することができません。そこで生まれたのが、「労働力を商品として資本に売らない！」という生産過程での脱商品化運動と、「資本が生産した商品を買わない！」という消費過程での脱商品化運動です。

しかし、こうした二つの運動の中、生産過程での脱商品化運動はほとんど失敗に終わっています。十九世紀に盛んだった生産部門における労働者たちの協同組合運動は、今はほとんど消え去っています。そのうえに、生産過程における資本と賃労働の関係は、今はもはや主人と奴隷の主従関係ではなく、同業者の関係です。食べもの・環境・人権などの社会問題について、労働者の利害は企業の利害とほとんど一致しています。(4) そして、こうした資本と労働者の支配・従属的な関係は、資本の巨大化とグローバル化に伴い、一層強まっています。

しかし、たとえ生産過程で失敗しても、人間にはまだ消費（流通）過程が残っています。「労働力を商品として資本に売らない！」運動は後退しても、「資本の生産した商品を買わない！」

運動は今なお注目を浴びています。生産過程で資本が労働者を規制し、協力させることはできても、消費過程で労働者に強制し、協力させることはできません。そのために柄谷は、「働くことを強制する権力はあっても、買うことを強制できる権力はない」と考え、「労働者は消費者であることから、最も低い段階で資本を拒否することができる」と主張しました。生産過程の脱商品化に失敗した労働者が、消費過程で再び消費者として登場し、資本と対抗することを待ち望んだのです。(5)

資本が問題だ？

柄谷のこうした主張は、かつて私が生協運動を始めた時、なぜ自分が生協運動に関わるのか、それをもって何を成し遂げようとするのか、という問いに対する私の答えと非常に似ているものでした。そのために私は、彼の主張を私なりに読み替えて、「生産的消費」とか「協同組合と労働運動の連帯」などと、よく言い続けました。

しかし、振り返ってみると、こうした私の考えは、あまりにも愚かなものでした。資本主義は、そんな簡単なものではありません。それは、人間と無関係に生まれたものではなく、人間が、人間の本性——アダム・スミスの言った「説得性向」や「交換性向」のような——が生み出したものです。また、資本主義はあえて乗り越えるべきものなのかについてさえ、疑問と言わねばなりません。それがもたらした生産力の発達は、人間が幸せに生きるために欠かせない条件であるからです。

それにしても、資本主義は乗り越えられるべきもので、また、乗り越えられるものです。そして、その理由は、資本主義の内在的矛盾、範疇化による階級闘争の激化、自然史としての社会構成の発展、等々のためではなく、人間の本性のためです。幸せを願う人間の本性が、今のような資本主義を、これ以上容認しないからです。

内的に独立していない「二つの過程」を外的に独立化させたのも、実は資本ではなく人間によるもので、資本の増殖のためではなく人間の幸せのためでした。もちろん、それが一定の時点に到達した今、外的な独立化は人間をむしろ不幸せにしています。そのような不幸せを幸せに変えるために、人間は、外的に独立化してきた今までの過程を内的に統一させようとしています。資本主義の内在的矛盾云々は、社会全体がその方向に向かっていることの兆しにすぎず、資本主義を乗り越えるのは結局、やはり人間です。人間の本性と自己愛が、今の資本主義をこれ以上容認せず、今の資本主義を変える原動力になります。

マルクスは、「内的には独立していない二つの過程の外的な独立化が一定の時点に到達すると、暴力的にその内的統一を貫徹させる過程」で、資本主義は危機を迎えると言いました。しかし、そこで本当に大事なことは、この内的統一を貫徹させる過程を、人間だけでは成し遂げられないということです。すでに外的な独立化が一定の時点に到達している今、それを一層強める資本をそのままにしておいて、人間の力だけでは内的統一の貫徹ができない、ということです。

そこで必要なのが、今までの資本に代わる新しい資本の登場です。資本増殖のために、人間の外的な独立化を強めてきた「貨幣集積としての資本」に代わる、自己実現のために、内的統一の貫徹に向かう人間を助ける「生命集積としての資本」の登場です。

資本は、後で詳しく述べますが、本来、生命の集積であって、貨幣の集積ではありません。生命集積の資本が貨幣集積の資本に変わったのは、資本主義が誕生してからです。生命が商品に変わって、生命集積としての資本が貨幣集積としての資本に変わったのです。あらゆる交易の中から、生命の転移が消え、物質の移動だけが残るにしたがって、人とその関係に寄り添う資本が生命から貨幣商品に変わり、そんな資本によって人とその関係が支配されるようになったのです。

問題は、資本そのものではなく、変わった今の資本です。本来の資本から出てきたにもかかわらず、それとまったく似ていない今の資本が問題です。それはまるで、父と放蕩息子の関係に等しいと言えます。放蕩息子が、父から出てきたにもかかわらず放蕩になったとして、親を責めるわけにはいきません。「神性」の登場によって、すべての人間が罪人と卑しめられたとして、それを聖と俗の分かれる前の「霊性」のせいにすることはあってはならないことです。資本の支配から脱することと、資本を脱することは、まったく違う話です。

聖霊の肯定と否定

資本の誕生について、マルクスは面白いたとえ話をしたことがあります。

父なる神（聖父）が、子なる神（聖子）から自分自身を区別するように、両者は同じ年であり、一身をなしているが、……子が生まれ、この子によって、父が生まれるや否や、その区別は再び消え、両者はともに一つとなる。……こうした過程中の価値、過程中の貨幣が資本である。（『資本論』）

彼の言う父なる神（聖父）は貨幣で、子なる神（聖子）は資本です。父（貨幣）と子（資本）が同じ年で、一身をなすという指摘は、神学的のみならず経済学的にも正しい話です。商業資本主義から産業資本主義が生まれたように、物の流通を媒介する貨幣と、増殖過程にある資本は、本来、その起源が同じです。問題は、こうした父（貨幣）から子（資本）が生まれるや否や、父（貨幣）と子（資本）の区別が消え、両者は一つ、つまり、子（資本）になるということです。貨幣の自己増殖によって、貨幣が資本に転化する、ということです。

資本主義の深層構造を究明しようとしたマルクスの意図からみて、貨幣の自己増殖に関するこうした比喩には、頷ける面があります。しかし、厳密な意味で、マルクスの言った自己増殖する貨幣は、「聖子」ではなく「聖霊」です。〔貨幣（G）→商品（W）→貨幣（G'）〕という貨幣の増殖過程で、前者の貨幣（G）を「聖父」、後者の貨幣（G'）を「聖子」とすれば、両者を繋いで一つとする資本化過程は、「聖霊の発出（processio）」で、資本となった貨幣が再び自己増殖する過程は、「聖霊の霊発（spiratio）」です。

すなわち、聖父と聖子の間には、また、聖父（聖子）とすべての人間の間には、資本化過程と自己増殖過程として、聖霊があります。そして、こうした聖霊の活動（発出と霊発）があるために、聖父と聖子が一つになり、また、聖父と一つになった聖子と人間が一つになります。つまり、聖霊の資本化過程（発出）があって、聖父（聖子）と人間の区別が消え、聖霊の自己増殖過程（霊発）があって、聖父（聖子）と人間が一つになります。

キリスト教（特にカトリック教会）と資本主義は、その深層構造が非常に似ています。マルクスはあまり言及しませんでしたが、彼の言った「過程中の価値」や「過程中の貨幣」は、正確には聖霊の活動のことです。聖霊の発出によって、すべての被造物が神（聖父）の恵みを受け取り、聖霊の霊発によって、すべての被造物が神（聖子）と一つになる、というキリスト教の三位一体論は、貨幣の資本化過程によって、すべての人間が貨幣商品（資本）の支配を受け、資本の増殖過程によって、すべての人間が貨幣商品（資本）になるという資本主義に、そのまま受け継がれています。資本主義が、キリスト教の支配していたヨーロッパから誕生したことも、ある面では当然な話です。

それに比べて、イスラム教には、聖霊がありません。宗教学者中沢新一によれば、イスラム教では、すべての被造物が、媒介者（聖子）やその活動（聖霊）を介さず、直接、アッラー（聖父）と関係します。(6) いや、直接に関係しなければならないということが、イスラム教の基本的な考えで、その土台の上に、イスラムの経済システムも成り立っています。世界の中で最も商品流通が発達していたにもかかわらず、中世のイスラム世界で資本主義が誕生しなかった理由も、ここにあります。イスラムの経済では、商品はあっても貨幣がなく、商品流通を媒介する貨幣はあっても、それに利息をつけることは固く禁じられていました。キリスト教と違って、聖霊とその活動を否定し、したがって、それに対する代価を支払うことなどは考えられなかったからです。最近、世界各地で、キリスト教とイスラム教が対立・衝突するのも、ある面では、こうした深層意識の違いによります。

そして、私は、この相反する二つの深層意識、それによってもたらされた二つの経済制度について、両方とも肯定すると同時に否定します。資本と資本主義に関する私たちのとらえ方が、聖霊の媒介を肯定するキリスト教的な資本主義はもちろん、聖霊の媒介を否定するイスラム教的な反資本主義とも異なるべきであると考えます。資本主義を超えることとは、資本主義を批判しながら肯定することから始まり、資本を超えることとは、資本を批判しながら肯定することから始まると考えます。

子が放蕩息子になり、それによって、父も放蕩になったとしても、父と子の関係を否定し、父と子までも否定してはなりません。それは、人間が商品になることの否定に止まらず、人間が人間になることを否定するに等しいことです。資本主義の諸問題を解決する糸口は、放蕩息子になった資本と、それによる放蕩の媒介の否定に止まらず、本来の資本を取り戻し、本来の資本の活動を新しく構想する、ということから始まらねばなりません。そして、そのためにはまず、資本の起源から、新しく探っていかなければなりません。

資本の起源

マルクスは、「貨幣としての貨幣と資本としての貨幣は……互いに異なって」、「商品流通の直接的な形式は、商品（W）―貨幣（G）―商品（W）……つまり購入のための販売（であるのに対して）、……貨幣（G）―商品（W）―貨幣（G）……つまり販売のための購入（の）……形で流通する貨幣が、資本に転換する」と言いました。資本の起源に関するこうした彼の説明は、一見正しいようにみえます。実際に、単純な媒介材としての貨幣と、増殖過程にある資本は同じではなく、「商品流通」の「商品」の席に「貨幣」を座らせてこそ、つまり、貨幣が商品形態を取ってこそ、資本になります。

しかし、意図するや否やにかかわらず、資本の起源に関するこうした彼の説明は、貨幣集積としての資本については当たっても、資本そのものの起源としては当てはまらなくなります。貨幣集積としての資本は、マルクスの言ったように、販売のための購入、つまり、貨幣商品の流通から始まったのかもしれません。しかし、資本そのものの起源は、これよりはるかにさかのぼります。グリーンコープの行岡良治の言ったように、「はじめに資本ありき」[7]で、そんな資本があったからこそ、人間が人間となり、社会をつくることができたのです。

人間が人間となり、社会をつくったのは、農耕と牧畜を始めてからです。そして、この農耕と牧畜は、人間の意識革命がもたらした結果です。第二章で孔子の「繋辞傳」を引用して説明したように、人間の意識が自然から徐々に離れて、「仰いでは天の象を観て、俯しては地の法を観ながら」、さらに「鳥獣の文様を観る」ことができてから、採集と狩猟から農耕と牧畜に、その生き方を変えることができました。これを、聖父と聖子に関するマルクスの比喩になぞらえますと、一身をなしていた自然（聖父）から人間（聖子）が生まれ、この人間（聖子）によって自然（聖父）が生まれてから、人間の歴史が始まったと言えます。

　しかし、こうした意識革命にもかかわらず、農耕と牧畜を始めるには、何かの助けが必要です。孔子の言葉を借りれば、自然から離れた人間が、「木を斲って耜と為し、木を揉めて耒と為し」、この鋤や鍬をもって、「耒耨の利」つまり「道具で耕すことに成功」してから、農耕と牧畜が可能になりました。すなわち、農耕と牧畜を成功させるためには、鋤や鍬をつくるための木、播種のための種子などが必要です。また、狩猟や採集と違って、結果が出るまでに長い時間を待たねばなりませんので、その間に食べることができる十分な食料も必要です。そして、よりたくさんの結果が出ることを祈願して、自然に捧げる供物も必要です。

　このすべてのもの、つまり、鋤や鍬をつくるための木、播種のための種子、収穫までに食べられる食料、自然への供え物などは、すべて自然であり、自然を備蓄したものです。狩猟と採集での生活が、自然から得たものを直ちに消費することであったとするならば、農耕と牧畜での生活は、自然を備蓄してからようやく成り立ちます。逆に言えば、自然の一部を備蓄したため、人間は自分の意識革命を農業と牧畜という現実のものにすることに成功したのです。孔子が農業革命の結果「諸益を取ることができた」と言ったときの「諸益」は、この備蓄した自然の増殖であったのです。

中国で、本格的に農耕が始まったのは、紀元前二〇〇〇年頃、夏(か)の時代からです。夏朝を開いた禹(う)王が舜(しゅん)王から禅譲される前に、いや帝位を受け継いだ後にも彼が注力したことは、自然の備蓄でした。各地で、治水事業を行いながら、農耕を教え、その産物の一部を輸送し、備蓄することでした。もちろん、彼が自然を備蓄した理由は、自然のさらなる増殖のためでした。備蓄した自然を、自然からより多くの贈与を得るための祭祀に、播種から収穫までの時間的ギャップを埋めるための食料に、自然の生産性を高めるための道具制作と治水事業のために、使いました。そうした仕事に彼が勤しんだため、当時の歴史を書いた司馬遷(しばせん)の『史記』は、「夏の禹の時に至って、ようやく貢賦(こうふ)（本来の字源は、「財（＝貝）」を「取り立てて（＝武）」「捧ぐ（＝貢）」こと、つまり、資本の備蓄と祭祀での使用のこと）を備えることができた」と評価しています。

こうした面からみると、蓄蔵と増殖の意味での資本は、商品流通の始まるはるか前に「備蓄された一定量の自然[8]」として生まれたと言えます。そして、この自然の備蓄のおかげで、人間は、木や種子のような生産手段を得ることが、また、播種から収穫までの時間に耐えることが、そして、自然の増殖（贈与）のための投資（返礼）ができたと言えます。生産要素としての資本、迂回生産（今持っている資本を、今の生産と消費（必要）にすべてを使わず、その一部を未来の生産と消費のために使えば、よりたくさんの効用を生み出すという概念）のための蓄蔵としての資本、価値増殖としての資本などは、商品流通の始まるはるか前からありましたし、そうした資本があったからこそ、ようやく人間による農耕の発明と社会の形成が可能になったのです。

資本の定義と目的

原始共同体社会で、備蓄された一定量の自然を管理することとは、首長の役割でした。首長を介して、当時の人々は、備蓄された自然の一部を、自然への返礼と自然からの贈与を求めて、自然に捧げました。しかし、原始共同体社会が国家に取って代わられるにつれ、備蓄された自然の管理も、首長から国王に移り変わりました。そして、その結果、自然への返礼は国家への納税に、自然に贈与を求める契約は富の増殖を求める投資に、徐々に変わっていきました。資本主義の始まりを告げる商業資本主義は、こうした国王の支配と保護のもとで生まれました。[9]

マルクスが「資本の誕生が資本主義の幕開けを告げ、こうした資本によって、人間の二つの労働の間に時間的ギャップが生じた」と言う時の資本は、実際には、この商業資本主義の時代からのものです。しかし、資本の起源に関するこうした彼の説明は、ある種の意図的な画策です。資本の起源を商品流通、つまり、商品の販売のための購入から始まったと説明することによって、資本の定義を商品流通に必要な貨幣の蓄蔵とみなし、こうした貨幣蓄蔵をもって、産業資本主義の時代から本格的な貨幣の自己増殖[10]が可能になった、と繋げるためのものです。

しかし、資本を貨幣の蓄蔵と定義するのであれば、そうした資本の起源は、商品流通の始まるはるか前にさかのぼります。今も時々、古代墳墓から多量の貝が発掘されますが、この場合の貝は、食べ残しの貝殻ではなく、一種の貨幣です。実際に、夏から殷の時代に至る千五百年間、中国では貝貨が通用していました。同じ風習が中世時代まで続いて、当時の日本や韓国などの墳墓の中から、遺骨と共に銅貨が出土しています。

　歴史学界では、こうした貝貨や銅貨について、その見解が二つに分かれています。一つは、富の経済的蓄蔵とみる見解で、もう一つは、神への宗教的贈与とみる見解です。そして、それぞれの見解を代弁して、経済的蓄蔵とみる学者たちは「備蓄銭」と呼び、宗教的贈与とみる学者たちは「埋納銭」と呼んでいます。そして、一般的には、経済的蓄蔵の備蓄銭とみるのが優位を占めています。当時は、そんなにたくさんのお金を神々に捧げる風習がなく、せいぜい備蓄した資産の十パーセントを超えることはなかった、というのがその根拠です。

　しかし、私の見解は少し異なります。神への贈与がせいぜい十パーセントを超えなかったのと同様に、全体の交易量のうち、貝貨や銅貨によって媒介される割合も、十パーセントを超えなかったと思われます。そして、当時のすべての交易の中には、呪術的で宗教的な贈与の性格のものが、少なくとも十パーセントを占めていたと思われます。すなわち、すべての対価の中で貝貨や銅貨によって媒介される割合は、すべての交易の中で宗教的贈与の占める割合とほぼ一致していたと思われます。

　このことは、国家が胎動し、その国家によって鋳造貨幣が発行されてからも同じです。鋳造貨幣によって媒介された交易量は、全体の交易の中で十パーセントを超えず、これはまた、国家の徴税総額とほぼ一致します。すなわち、国家に支払う税金は、埋納銭つまり神への贈与を受け継いだもので、国王の勧農に対する一種の返礼だったのです。要するに、古代から人間のすべての経済活動は、ある部分呪術に寄りかかっていて、その分だけが、貝貨や銅貨を媒介に取引されたのです。

私たちは通常、呪術を迷信と、宗教を反理性と考え、そこから脱出することが人間の解放であるかのように信じています。しかし、こうした近代的思惟こそ、資本主義を生み出した産婦です。人間のこうした近代的思惟が、生命を商品として流通させ、生命の転移から物質の移転だけを残したのです。そして、人間とその関係を、より大きな迷信（＝資本）と反理性（＝国家）の支配下に置くようにしたのです。

呪術と宗教は、少なくとも古代と中世の時代には、迷信とか反理性ではなく、生命に関する思惟で、生命である自然の贈与に対する人間の返礼を司るものでした。大事なことは、こうした人間の思惟と行為があったからこそ、人間が生命として生きることができたということです。返礼する人間に向かって、自然はよりたくさんの贈与を与えたということです。一粒の種が数百倍の実になり、幼い家畜が大きくなって、人間に返ってきたということです。

まとめますと、蓄蔵としての資本は、商品流通における貨幣の蓄蔵からではなく、自然に対する人間の返礼から生まれたものです。そして、増殖としての資本は、商品流通における貨幣の自己増殖からではなく、人間の返礼に対する自然のよりたくさんの贈与から生まれたものです。もちろん、ここで言う自然とは、生きている生命の別名です。したがって、資本の定義を「何か」の蓄蔵とするならば、それは「貨幣」ではなく、「生命」です。自然に対する返礼のために、人間は、自然、つまり生命の一部を備蓄したからです。また、資本の目的を「何か」の増殖とするならば、それもまた「貨幣」ではなく、「生命」です。人間の返礼に対して、自然は常によりたくさんの生命を人間に与えたからです。すなわち、資本とは本来、貨幣集積ではなく生命集積で、貨幣の自己増殖ではなく生命の自己増殖です。人間が自然の一部、つまり一つの生命として生きてこられたのは、こうした（生命集積と増殖としての）資本があったからです。

二つの資本の違い

「貨幣集積としての資本」と「生命集積としての資本」の間には、いくつかの点で大きな違いがあります。

まず、二つの資本は、その起源が画然と異なります。同じ「時間的ギャップ」から生まれても、そのギャップの内容がまったく異なります。貨幣集積としての資本が、生産と消費という人間の二つの労働の時間的ギャップから生まれたのに対して、生命集積としての資本は、自然の生産と人間の消費の時間的ギャップから生まれたものです。

マルクスが指摘したように、貨幣集積としての資本は、実は人間労働の別の表現であるかもしれません。それは、人間の生産と消費という二つの労働のギャップから生まれ、両者のギャップをより広げることから自己増殖するものです。それに対して、生命集積としての資本は、人間を含むすべての自然労働の別の表現です。自然の生産と人間の消費のギャップから生まれ、そのギャップを埋めて人間が生きていけるように、その社会が自然に戻るようにするものです。生命集積としての資本によるこうした自然と人間の統一過程を、資本の起源に関するマルクスの先ほどの比喩を少し変えて説明すると、次のようになります。

> 父なる自然（聖父）が、子なる人間（聖子）から自分自身を区別するように、両者は同じ年であり、一身をなしているが、……人間が生まれ、この人間によって自然が生まれるや否や、その区別は再び消え、両者はともに一つとなる。……こうした過程中の価値、過程中の自然が（生命集積としての）資本である。（『資本論』）

次に、二つの資本は、その性格が画然と異なります。同じく「販売（贈与）のための購入（返礼）」から始まり、「蓄蔵」と「増殖」の性格を持ちながらも、その内容がまったく異なります。貨幣集積としての資本は、「商品」の販売のための購入から始まり、そのために「貨幣」の蓄蔵が必要で、蓄蔵された貨幣をもって「貨幣」の自己増殖が行われます。それに対して、生命集積としての資本は、「生命」の贈与のための返礼から始まり、そのために「生命」の蓄蔵が必要で、蓄蔵された「生命」をもって「生命」の自己増殖が行われます。(11)

言い換えれば、貨幣集積としての資本が、二つの人間労働の間に寄生して、人間に自己犠牲（＝商品化）を強いるものであるならば、生命集積としての資本は、自然と人間の間に寄り添って、人間が生きられるように助ける自然の自己犠牲です。おそらく、このような自然の自己犠牲がなかったとしたら、人間は未だに自然の一部にとどまっているか、あるいは、過酷な気候変化の中で淘汰されたに違いありません。いや、そうした自然の自己犠牲を知り、少しでもそれを真似ようとしたために、人間は人間になり、この世を生命豊かな社会にすることができたのです。

最後に、二つの資本は、転移できるか否かにおいて、画然と異なります。先ほど私は、昔の古墳の中から時々、貝貨や銅貨などが出土することについて言及しました。今も、こうした習慣は各地に残っていて、亡くなった人のお棺の中に、金銭を入れる場合が少なくありません。それでは、なぜ人々は、お棺の中に金銭を入れるのでしょうか？　韓国でよく言われるように、この世でお世話になった神々への返礼、あるいは、あの世へ旅する死者に旅費を与えるためでしょうか？

もしそれが神々への返礼のためだったとすれば、その金銭は神々の表象である異邦人や貧困層に使われねばなりません。また、もしそれがあの世に旅する死者に旅費を与えるためだったとすれば、死者がそれを使わねばなりません。しかし、古墳やお棺の中の金銭は、誰一人使うことがなく、そのままに残っています。返礼と旅費の目的は一つも叶わず、残っています。それを知っていながら、人々は死者と共に金銭を埋めたのです。

金銭を埋めた本当の理由は、死者と共に、彼の備蓄した資本を殺すためです。すべての資本は、人から離れられない生きた生命です。人の死を自然への回帰と理解した当時の人々は、生きている間に備蓄した資本が彼と共に死ぬことによって、永遠に生きられると思ったのです。

そうではなく、備蓄した資本がその人から離れて、人が死んでもその資本が生きていては、資本から生命が消え、むしろ生命を破壊するものになる、と思ったのです。死者と共に、彼の備蓄した資本を埋めた理由は、人と共に、彼の資本を自然に回帰させるためだったのです。

これは、非常に大切な違いです。貨幣集積としての資本は、商品であるために、時空間を越えて移転できます。それに対して、生命集積としての資本は、生命であるがゆえに、移転できません。生命集積としての資本ができることは、「移転」ではなく「転移」です。しかし、残念ながら今の社会は、これをまったく忘れています。備蓄した資本を自然に戻すどころか、不法に相続しています。そのために韓国では、どんなスプーンを持って生まれたかによって、その人のほとんどの未来が決まってしまっています。人々は自己資本を蓄積しようと努力せずに、相続資産だけに関心を注いでいます。しかし、「金持ち三代続かず」とよく言われるように、そうした社会は長続きできません。それを懸念して、ピケティのような経済学者は、資産の相続に高い税金を課さなければならないと主張しています。しかし、それよりも大事なことは、なぜ資本が移転できないのか、なぜ資本を移転してはならないのかについて、十分に知ることです。資本は生命です。生命は人から離れて移転することができません。移転した生命は生命ではなくなり、むしろ人を殺すものになってしまいます。

交易の不等価性

人間の交易は、すべて不等価交換です。等しい価値を相互に交換するということは、ほとんどありません。互恵の場合、贈った分だけが返ってくる、返ってきた分だけを再び贈るという交易は、長続きできません。再分配の場合も同じで、ある中心に集められた（納付した）価値の総量は、中心から分配される（受領した）価値の総量と等しくありません。よりたくさん納付した人にはより少なく分けられ、より少なく納付した人にはよりたくさん分けられるのが一般的です。商品交換の場合も同じでしょう。マルクスは、「もし同じ交換価値を持つ商品……等価物が交換されれば、確かに誰も自分が流通に投入すること以上の価値を流通から引き出せないだろう」、したがって、交換そのものが行われないだろう、と言っています。要するに、交易の歴史で等価交換が行われたことは少なく、むしろ不等価だったために交易は続いてきたと言えます。

問題は、こうした交易の不等価性を、私たちは通常、「正（＋）」つまり増殖のみと理解していることです。そのうえ、「正（＋）」の結果を得た側が「負（－）」の結果を得た側より、つまり、利益を得た側が損失を被った側より、常に優位に立っていることです。本当に利益が得られるかどうかは別として、利益を得ることを期待して交易に参加し、利益を得た側の自己満足度と社会的地位が常に高くなっていることです。

しかし、このように「正（＋）」を目的にし、「正（＋）」の結果を得た側が優位に立つことは、市場経済での商品交換には適用できても、人間関係での互恵、自然世界での再分配には適用できません。自然と人間の代謝で、自然は常に損をし、人間は常に得をします。しかし、人間が常に得したとして自然の上に君臨すれば、自然はもはや人間との交易を持続しなくなります。人と人の交易でも同じです。相手よりたくさん贈った人、相手から受け取った分よりたくさん返した人が、常に優位に立ちます。もしそれが逆転すれば、つまり、受け取った分より少なく返した（したがって得をした）人が優位に立つのであれば、人と人の関係はもはや維持できなくなります。要するに、交易の不等価性には「正（＋）」だけではなく「負（－）」があり、人間関係と自然世界ではむしろ「負（－）」の不等価性が奨励されてきたのです。

老子は、「聖人は左契を執りながら（聖人執左契）、人を責めず（不責於人）、故に契の司に徳が有って（有徳司契）、その徹の司に徳が無い（無徳司徹）」と言います。「左契」とは債権のことで、その対称にあるのが「右契」の債務です。「聖人」とは、自然か、あるいは自然に似た人間です。つまり、老子によれば、自然は人間に向かって常に債権者です。人間の不十分な債務返済を責める債権者ではなく、債権者としてあり続けようとする債権者です。自然の関心事は、「人間の債務返済（＝徹の司）」にではなく、「人間との持続的な交易（＝契の司）」にあります。もちろん、自然に似た人間も同じです。そうした人間は、相手に完全な債務返済を求めるのではなく、むしろ自分が債権者としてあり続けようとします。そうすることをとおして、自分が自然であること、「徳の有る」ことが証明できるからです。

中世日本に、「有徳錢（うとくせん）」という一種の富裕税がありました。金持ちの人の中で、過ちを犯したり不吉な行動をしたりする人を訪ねて、厄払いの見返りに、財産の一部を拠出してもらった風習です。その拠出金をもって、村人は祭祀を行い、貧しい人々を救恤しました。もちろん、こうした風習が行われたのは、財産の拠出を「徳の有る」行為、自然であることを証明する行為、と考えたからです。韓国でも、「堂祭」（村の安泰と農耕の豊穣を祈るために、小正月に行われる儀式）と呼ばれる村祭で、金持ちからよりたくさんの財産を喜捨してもらう風習がありました。

人間の交易は、すべて不等価交換です。その中でも、特に「負（－）」の不等価性を奨励し、「正（＋）」の不等価性を制御してきたのが、かつての人間社会です。「正（＋）」の不等価性のみを求めて、交換を行うようになったのは、せいぜい百年足らずのごく最近のことです。昔の人々が、金持ちを妬んだり謗ったりするどころか、むしろ敬ったのも、彼らによる「負（－）」の不等価行為（＝徳行）のためです。

資本主義も、本当は「負（－）」の不等価性から誕生したものです。近代資本主義の誕生をプロテスタンティズムの世俗内禁欲から論じた経済学者ウェーバーによると、富の蓄積は（利益追求の結果ではなく）禁欲の結果で、蓄積された富の量は信仰の真意を示すものです。すなわち、富の蓄積（＝資本）は、「正（＋）」の不等価交換によるものではなく禁欲の結果であって、禁欲の反対給付として生まれたエネルギーのすべてを神の定めた職業（召命・天職）に尽力した結果です。また、蓄積された富の量が信仰の真意を示したのは、それが（自然の自己犠牲に似て）「負（－）」の不等価行為に使われたからです。

信用と恐慌

もちろん、今の資本主義には禁欲も信仰のしるしもありません。ただの利益追求と、その結果としての資本増殖があるだけです。こうした資本の起源についてマルクスは、商品を売るために買うという商品流通から説明しています。もちろん、彼の言う資本は、「生命集積としての資本」ではなく、「貨幣集積としての資本」です。そして、あえて「貨幣集積としての資本」の起源を説明するならば、それはむしろ「商品（貨幣）流通」ではなく、「信用（言語）流通」から生まれたと言うべきです。

商品を売るために買うという商行為は、当初は、国家の鋳造貨幣を介してより、商人たちの信用を介して主に行われました。初期の商人たちは、国家の仕事を代行しながらも、国家の発行する鋳造貨幣をあまり使いませんでした。運搬に手間がかかり、額面価値と実質価値の乖離から生じる損失を抱え込まねばならなかったからです。そのために初期の商人たちは、国家の鋳造貨幣を使う代わりに、交子鋪（中国）・金匠手形（イギリス）・於音（朝鮮）など、主に自分たちの信用通貨を介して交易を行いました。

信用は、一種の言語です。したがって、言語を共有できる商人たちの間に限って、通用できるものです。しかし、そうした限界にもかかわらず、信用の普及は現物に対する言葉の優位性を一層強め、代価の支払いをその差額の流通だけで済ませました。マルクスの言葉を借りるならば、「Ｂに対するＡの債権と、Ｃに対するＢの債権、Ａに対するＣの債権などは、互いに対面するだけで、一定の金額までは……相殺でき、残りの債務差額のみを清算すればよい」となりました。信用の発達が、交易の活性化にも大きく貢献できたわけです。

もちろん、生まれたばかりの信用は、まだ資本ではなく、(信用)貨幣でした。商品流通を媒介することはあっても、自己増殖するまでの転化はありませんでした。信用が支払い手段から自己増殖に転化するためには、(柄谷の言葉を借りれば)「もう一度の飛躍」が必要でした。

信用の発達に伴って交易が活性化したにもかかわらず、当時の商人たちには、依然として難問が残っていました。売るために買った商品がすべて売れなければ、損失となりました。商品流通が終わることを待たなければ、他の商品を買うこともできませんでした。そんな難問を解決するために、商人たちは、言語としての信用に増殖の機能を加えました。利子を加えて返済することを条件に「約束手形」を発行し、商品流通が終わることを待たずに新たな信用を買い取りました。また、商品流通に関わらない人は、利子を目的にそれを買い上げました。そして、このときから信用は、言語の共有する範囲を超えて抽象的に飛躍し、一つの商品として流通するようになりました。すなわち、マルクスの主張とは逆に、信用が商品に転化してから資本が生まれたのではなく、信用が資本になってから商品として流通し始めたわけです。

あらゆる信用には、債権(者)と債務(者)という二つの相手がいます。老子の「契」には左契と右契があり、朝鮮の「於音」は男票と女票に切られて保管しました。そして、こうした信用に対して老子は、「常に人に与える(常以與人)」ことで、さらに「与えたことに対する所有権を誇示しない(不為物主)」ことと言いました。

ところが、この信用から「人（者）」を抜いて抽象化し、さらに抽象化した信用があらゆる抽象的な人に向かって一般化するとき、貸したことへの返済要求は債権者から債権そのものに、借りたことに対する返済義務は債務者から債務そのものに移ります。そして、その過程で、（言語であった）信用が（貨幣集積としての）資本に転化します。先ほどのマルクスの言葉に喩えて言うと、信用の対称関係である債権者と債務者から、A・B・Cという人を抜いて抽象化し、さらにその抽象化したものを一般化したのが、（貨幣集積としての）資本です。すなわち、マルクスの言った資本は、貨幣（商品）ではなく、信用（言葉）が抽象化・一般化したことから起源したもので、こうした抽象化・一般化の過程を、マルクス主義者たちは「神秘化」と、神秘化による信用の「物化（物象化）」と言ったのです。

信用の発達が交易の活性化に大きく貢献したのは、間違いないことです。しかし、こうした信用が抽象化・一般化するとき、つまり、信用から人（生命）が消え、さらに何の根拠もなく無制限に広がるとき、私たちの社会は「恐慌（crisis）」に陥ります。恐慌は、絶対に「生産力は幾何級数的に増大するのに反して、市場の拡張はせいぜいで算術級数で進むから」（エンゲルス）発生するものではありません。そのような生産中心で需給バランス的な理解では、恐慌の原因を究明することも、それを克服することもできません。

それに対して、行岡良治は違う理解で恐慌を説明しています。恐慌とは、信用の悪無限的な膨張によって「貸した金は返してもらえるという概念が死ぬ」「信用の死」を意味します。これが再び大規模な債務の不履行と資産の消失を構造的かつ悪無限的に連鎖反応させて、結局は交易（人間関係）そのものを瓦解に至らせる状況です。私は、こうした行岡の恐慌理解を、経済のみならず、社会と自然にまで広げたいと思います。すなわち、自然に返（返礼）すべきものを返さ（返礼せ）ず、債務を悪無限に膨張させるとき、人間に返（贈り返）すべきものを返（贈り返）さず、私利だけを追求するとき、自然と人間の代謝、人と人の交流は、もはや持続できなくなります。恐慌の真の意味は、単に資本主義の経済的危機だけではなく、あらゆる関係の断絶、つまり、生命の死を意味しているということです。

3 消費から消尽へ

大衆消費社会での消費

先ほども申しましたが、資本主義とは、資本の増殖を主な目的とする経済システムです。そして、資本の増殖が具体的にどのように行われるかにおいて、従来の産業資本主義と今の大衆消費社会は大きく異なっています。従来の産業資本主義では、いかに安く労働力商品を買い取るのかという生産過程で、主な資本増殖が行われました。それに比べて大衆消費社会に入ってからは、いかにして消費者に買ってもらえるかという消費過程で、主な資本増殖が行われています。生産さえ安くできれば当然売れた時代から、消費者の嗜好を考えて生産する時代に、大きく変わってきています。

大衆消費社会での消費は、もはや使用価値のみの消費ではなく、記号や観念の消費です。貧しかった昔は生存のために消費しましたが、豊かになった今は誇示のために消費しています。フランスの哲学者ボードリヤール（Jean Baudrillard　一九二九－二〇〇七年）によると、現代社会での商品は、単に使用価値だけでなく記号（sign）として現れ、したがって商品を消費することは、その記号の中に込められた観念や意味を吸収することです。

十年周期で経済危機が起きるにもかかわらず、資本主義が今なお健在している理由も、消費の対象を物質から記号に変えたからです。消費の対象を生命から物質に変えたために資本主義が生まれたとすれば、今度は物質から記号に変えたために、資本主義が生き続けています。物質の消費には限界がありますが、記号の消費には限界がありません。新しい記号を次々と商品に飾れば、人々は限界効用の逓減（ていげん）なしに、次々と消費し続けてくれます。近代の人間が「我思う、ゆえに我あり」から生まれたとするのであれば、現代の人間は「我（記号を）消費する、ゆえに我あり」となっています。

こうした状況は、資本主義経済だけでなく、社会的経済においてもあまり変わりはありません。社会的経済も、大衆消費社会の中で生き残るために、より多くの消費を誘っています。もちろん、社会的経済は、自分の提供する商品を一般企業のそれと画然と区分けするために、自分の商品については「安全な」とか「品質の良い」といった修飾語を、自分の商品を消費することについては「賢い」とか「倫理的」といった修飾語を付けます。しかし、こうした修飾語は、先ほどの「記号」と本質的に変わらないものです。それをもって社会的経済の特徴が現れるどころか、むしろ誇張による自己合理化と、根拠なしの自己満足に終わる可能性が高いのです。

社会的経済が資本主義経済と違う点は、「違う商品」をつくり出して、その消費を誘導するものではありません。「違う商品」の消費は、資本の持ち主を変えるだけであって、経済や社会を変えるところには至りません。消費が経済や社会を変えるのは、「違う商品」を消費するからではなく、「違う消費」をするからです。資本主義を変える消費の本当の力は、資本増殖の最終段階で、「違う商品」を消費すること、賢く倫理的な記号を消費することではなく、どこにも効用のない無用な消費をすること、それをもって本当の自分を表出すること、その結果として資本増殖の循環を断ち切ることにあります。ボードリヤールは、こうした消費を「浪費」と呼び、消費を超えて真の豊かさと奢侈(しゃし)としての浪費を奨励しています。

希少か過剰か

ボードリヤールより半世紀前に、バタイユ(Georges Bataille 一八九七－一九六二年)というフランスの思想家も似たようなことを言っています。彼の思想の中には、「過剰(excès)」という大事な概念があります。地球上のすべてのエネルギーは、太陽から放射される熱にその根源があります。そしてこの熱は、何かで補われることのない、また、何かに見返りを求めることもない、太陽そのものの自己破壊によってもたらされるものです。すなわち、地球上の生命からみれば、太陽からの熱は、循環しない恒常的な過剰を意味します。そして、過剰な太陽熱のおかげで生命が生きますから、生命の本質もまた、基本的に過剰です。

生命の本質が過剰であるために、生命の歴史も単純な可逆的循環に終わらないのです。自分の持つ過剰なエネルギーをもって、常に自分以上の生命を生み出しています。植物の繁栄が草食動物を生み出し、草食動物の繁殖が肉食動物を生み出しています。生命の「不可逆的循環（＝進化）」は、こうした生命の過剰という本質に起因しています。そして、この過剰による生命進化の頂点に、過剰の集約体として、人間とその社会があります。

初期バタイユの「過剰」概念は、後に「富（richesse）」に変わりましたが、意味する内容は同じです。古代から、あらゆる富はいつも過剰でした。エジプトを脱出したユダヤ人たちには、一日を生きるに十分な「マナ（manna）」（旧約聖書に登場する食べもの。ユダヤ人がエジプトから脱出し、シンの荒野で飢えたとき、神がモーセの祈りに応じて、天から降らせたと言われている）が天から降ってきました。麻姑城（まこじょう）（新羅時代に朴堤上が書いた「符都誌」に出る想像の地。今から一万四千年前に、パミール高原に位置したと推測される）に住んでいた私たちの祖先には、常に「地乳」（麻姑城の人々が食べて生きたと言われる乳）が地から湧いてきました。「富」という漢字の原音は「畐」で、それは天から無限に降ってくるようすです。無限な「畐」が家（＝宀）に降りて「富」となり、それを天に祀って（＝ネ）「福」となったのです。

ところが、こうした過剰な富を、現代の経済学では「希少」ととらえます。富が過剰だとすると、その効率的な管理を目的とする経済学の根拠がなくなるからです。しかし、経済学の土台となる富の希少性は、実は人間の利用可能な資源の有限性に関するもので、富自体の希少性を意味しません。[13] 資源の有限性を富の希少性と同一視し、資源の効率的な配分によって富を公正に分配できると騙してきたのが、今の市場経済です。国家経済も同じです。国家は、富の再分配を自分の存在理由としますが、これもまた、富自体が希少だからではなく、過剰な富が片側に偏っているからです。古代からすべての富は常に過剰であることが問題であって、希少であることが問題ではありませんでした。

生命の本質を過剰とみて、人間をその集約体とみるならば、人間が生き続けるためには、過剰を蕩尽（とうじん）しなければなりません。過剰を蕩尽せずに蓄積し続ければ、人間は徐々に衰え、結局は死に至ります。社会も同じです。社会は、一方では過剰を生産しますが、他方では過剰を蕩尽します。もちろん、この二つの中でより重要なものは、過剰の生産ではなく過剰の蕩尽です。自然から受け取った富がはじめから過剰であるのに、これを増やすことだけに没頭すれば、富は腐り、[14] 社会全体は腐った富の奴隷になるからです。

二つの消費

バタイユによると、人間の経済活動は生産と消費に大きく分けられ、また、消費は何かに還元できる消費と、それ自体が目的である消費に分けられます。

人間の活動は、生産と保存のプロセスにすべて還元されるものではなく、エネルギー消化の活動は、はっきりと弁別される二つの部分に分割される。第一の部分は、なにかに還元可能なものであって、一定の社会に属する諸個人が、生命を存続させ、生産活動を持続させるのに必要な最小限で生産物を使用する、という行為によって表される。それはすなわち、生命の存続と生産活動の維持のための基本的な条件である。第二の部分は、非生産的と言われる消費によって表される。即ち、奢侈、葬儀、戦争、祭礼、壮麗な記念物の建立、賭、見世物、芸術、倒錯的な性行動（生殖という目的から外れた）などが示すように、少なくとも原始的な環境のうちでは、目的をそれ自体のうちに持つ活動がかなり多くある、ということである。……列挙したさまざまの形態が互いに対立することは十分にあるとしても、それらは全体としては、一つの事実によって特徴づけられている。すなわち、どの場合においても、強調されるのは損失であって、この損失は、活動が真の意味を勝ち得るためには、最大限のものでなければならない。

（『呪われた部分』）

ジョルジュ・バタイユ

バタイユの言う第一の部分の消費は、通常、「生産的消費」あるいは「生産のための消費」と呼ばれるものです。これは、生命を維持し生産活動を続けるために、必要最小限の生産物を使うことです。一般的に「経済」と称するものは、生産とこの生産的消費の循環です。それに比べて、第二の部分の消費は、生産に付属的ではなく、それ自体を目的とする消費です。生産に再び還元されないため、通常は「非生産的」とか「どうにも役に立たない」消費と見られ、場合によっては「呪術」とか「虚礼虚飾」のような汚名まで付けられるものです。

普通の経済学では、第二の部分の消費について、まったく眼中にありません。いや、むしろそれを減らすところに、経済学の目的があります。それに比べて、バタイユの経済学では、生産的消費より非生産的消費のほうがより強調されます。彼は、生産的消費だけを消費とみて、それと生産との関連を究明する既存のすべての経済学を「限定経済学」と批判しつつ、非生産的消費までを含んだ自分の経済学を「一般経済学」と呼んでいます。

過剰の消尽とその占有

バタイユの「非生産的消費（dépense improductive）」の概念は、後に「消尽（しょうじん）（consommation）」あるいは「蕩尽（consummation）」に変わりますが、やはり同じ意味合いを持っています。彼によると、生命の本質は過剰で、その集約体として人間と社会があります。したがって、人間と社会を維持するためには、過剰な富を（生産に還元するのではなく）消尽しなければなりません。太陽の持つ無限な自己破壊力を維持し加速させるためには、人間と社会もまた、その破壊に加担しなければなりません。その加担によって、人間と社会は太陽と一つになることができます。

バタイユが過剰の消尽と自己破壊の表われとして例示したいくつかの行為、つまり、奢侈・

葬儀・戦争・祭礼・壮麗な記念物の建立・賭・見世物・芸術・倒錯的な性行動などには、次のような共通する特徴があります。まず、そのほとんどは、個人ではなく共同体単位で行われるものです。個人的にみえても、深い共同体性と社会性がその中には含まれています。人間は、個々人が過剰を感じることはできても、過剰を消尽するためには、過剰を統合・集約しなければなりません。そして、統合・集約した過剰を共同に消尽するなかで、人間の共同体性と社会性は一層強まります。

もう一つの特徴は、こうした過剰の消尽をもって、人間とその社会が自分の存在価値、つまり「至高性（souveraineté）」を表すということです。過剰を消尽するなかで、「過剰なエネルギーを最小限の目的も持たずに、したがって何の意味も持たず、なくす」ことで、人間とその社会は高揚した意識を生み出し、脱我（exodus）、つまり自然（生命）との一体感を体験することができます。こうした「無益でとぼけた」消尽の瞬間だけは、日常の俗なる（profane）時間から抜け出て、とても特別な聖なる（sacré）時間を体験し、人間とその社会の至高性を表すことができます。

人間社会の歴史は、聖と俗が分かれ、分かれた聖俗が人間に向かって交差してきたものと言えます。人間の日常を支配する大部分は俗の時間ですが、その中で時々聖の時間を体験したおかげで、人間は生きられてきたと言えます。

しかし、時間的に分かれていたこの聖俗が、いつの間にか、徐々に空間的にも分かれるようになりました。聖の時間は聖域に区画され、日常は俗の空間になりました。そして、その理由は、過剰の消尽に危険が伴ったからです。バタイユの言葉を借りれば、「どの場合においても、強調されるのは損失であった」が、そんな損失をこうむることのできる人間が少なかったからです。そのために普通の人間は、生産と生産的消費が循環する俗の時間に支配され、非生産的消費を行う聖の時間は、国王・領主・司祭などの専有物になりました。彼らだけが、唯一、至高な存在になってしまいました。

バタイユは、こんな状況を「至高性の占有」と呼びました。そして、占有された至高性をあらゆる人間に戻す行為として、共同体的で社会的な過剰の消尽をとらえました。彼がニーチェを高く評価した理由も、ここにありました。ニーチェにとって、失われた至高性を回復することは非常に大事なことでした。そのために彼は、キリスト教の中に埋没してしまい、人を隷属させた至高性の形式、そして、理性が自己目的化したために、主体的な生と思想が閉鎖されてしまった（至高性の）状況、その両方に強く抵抗しました。ニーチェが（キリスト教の）神と（理性の）道徳から自分を取り外したのは、「失われた（一人ひとりの）至高性を回復するため」、また、「他者から強いられた至高性の一切の形式を拒否するため」だった、とバタイユは評価しています。

フリードリッヒ・ニーチェ

消尽の歴史と機能

人間が人間として、またその社会が社会として価値（＝至高性）を表すのは、過剰の消尽を通じてです。今までの人間社会の歴史は、生産と生産的消費の循環のみならず、過剰な富の消尽の歴史でもあります。それぞれの社会が、それぞれの方法をもって過剰を消尽してきましたし、その方法の違いが、その社会の特徴となってきたと言えます。

古代社会では過剰な富を、「返礼」を表すために「祭祀」を介して蕩尽しました。神々から授けられた過剰な富を、神々への祭祀を介して、惜しみなく蕩尽しました。中央アメリカに、今はなくなったアステカ文明がありました。太陽を崇拝した彼らは、しばしばピラミッドの上で太陽への祭祀を行い、その際には必ず人の血を生け贄に捧げました。太陽からの贈与に対する返礼として、人間も赤い血を流さねばならず、そうすることによって太陽は衰えなくなると思ったからです。バタイユは、このアステカ人の血で点綴された文明の中に、「過剰の最も純粋な蕩尽の形」をみました。

中世社会では、過剰な富を、「信仰」を示すために、「宗教」に向かって消尽しました。聖なるものから授けられた過剰な富を、聖なる空間と実践——教会建築・豪奢な礼拝・修道院の維持など——のために、惜しみなく消尽しました。韓国の「契」（近代的な協同組合が入ってくる前に、朝鮮の各地に多様な形で広がった協同組織）は、そもそも寺院の増改築や鐘楼の建設のためにつくられたものです[15]。今も世界各地では、過剰の一般的な消尽として、寺院への喜捨や僧侶への供養が盛んに行われています[16]。

もちろん、こうした蕩尽や消尽の歴史には、暗い面も少なくありませんでした。祭祀に捧げる供物を得るために遠征を行ったり、宗教への寄付を求めて人間を罪人扱いすることもありました。しかし、こうした暗い面があったにもかかわらず、蕩尽や消尽そのものをなくしてはなりません。それをなくすことは、まるで貨幣集積としての資本を乗り越えるために、資本そのものを否定するのと同じです。蕩尽や消尽は、今、誰かを生け贄にしたり、貶めたりする暴力的なものから、自分の一部を捧げたり、表したりする平和的なものへ、その方向を変えるべきです。そうした蕩尽や消尽によってのみ、人間とその社会の本当の至高性が現れるからです。

もう一つ重要なことは、こうした蕩尽や消尽と並行して、あるいはその下に隠されて、異邦人へのもてなしや貧乏人への救恤（きゅうじゅつ）のような功利的機能が体系化されたことです。また、道をつくり、公会堂を立て、貯水池を築造するなど、生産設備の拡充と社会間接資本への投資も行われたことです。人類の歴史が単純な可逆的循環を超えて、不可逆的進化を成し遂げることができたのは、蕩尽や消尽に伴うこうした功利的機能と迂回生産の歴史があったからです。

ところが、近代社会に入って、過剰な富は消尽されずに、蓄積されています。生産に還元してはならない富が、再び生産に注がれています。よりたくさんの富を得るために、消尽すべき富は投資する資本に変わり、富の蕩尽や消尽は資本の増殖に変わってきています。人間の至高性のために富を消尽するどころか、資本の剰余のために人間が浪費されています。

純粋贈与との違い

「消尽」について話しますと、二つの質問が返ってきます。一つ目は、「消尽」は「純粋贈与」

と同じではないのか、二つ目は、「消尽」と「消費」はどう違うのか、ということです。

まず、「消尽」と「純粋贈与」についてです。この二つは、その中に「贈る・与える（提供）」という意味合いが含まれる点ではよく似ています。また、二つとも「自然と人間の交易（代謝）」から出てきたため、人と人の間の「贈与（互恵）」と異なる点でもよく似ています。人と人の間の「贈与（互恵）」は、提供・受領・返礼の循環をもって成り立っている、威信をめぐる競争的な交易です。それに対して、「消尽」と「純粋贈与」は、威信などは関係がなく、返ってくることを条件としない、したがって返ってくるものを受け取る必要もない非競争的な交易です。こうした面からみますと、「消尽」と「純粋贈与」は非常に似ています。

しかし、そうした類似性にもかかわらず、「消尽」と「純粋贈与」の間には大きな違いがあります。自然と人間の交易の中で、「消尽」は人間の領域であり、「純粋贈与」は自然の領域です。人間は、自然の純粋贈与を知っていて、また、それに対する自分の返礼も知っています。それに比べて自然は、自分の純粋贈与について、また、人間の返礼について知りません。知らないふりではなく、本当に知りません。すなわち、「消尽」が人間による「意識のある」贈与であるとすれば、「純粋贈与」は自然による「意識のない」贈与です。

イエスは、「あなたは施しをする場合、右の手のしていることを左の手に知らせるな。それは、あなたのする施しが隠れていられるためである」と言いました。右の手のしていることを、左の手に知らせない人間の施しは、自然の純粋贈与に非常に似ています。しかし、残念ながら人間は、右の手のしていることを右の手自身が知らないうちにする、ということができません。

また、左の手に知らせないうちにするということも、実は知らせないようにしようとする人間の意識があっての話です。すなわち、純粋贈与に似てはいても、純粋贈与をできない人間の行為、それが消尽です。

これは、「自然（nature）」と「自然な（natural）」の違いともよく似ています。「純粋贈与」は、自然による「自然」の行為です。一方、「消尽」は、自然でないが自然に似せて行おうとする、人間による「自然な」行為です。自然でないにもかかわらず、なるべく自然に似せて行おうとする人間の相反する態度が、モースの言った贈り物を与える時のようす、つまり、「サザエ貝の音にしたがって厳粛に贈り物を持ってきて、残ったものを与えるだけにすぎないと言い訳しながら、相手の足元に投げつける」という形で現れるのです。

「消尽」が非競争的な交易である理由は、非競争的であるしかないことを人間が知っているからです。人間は、自然との間で威信をめぐって競争しません。いや、競争したくても競争できないことを知っているから、ようやく人間なのです。人間の「消尽」が自然の「純粋贈与」と比べられないほど少なく、それほど少ない「消尽」にもかかわらず、よりたくさんの「純粋贈与」が降ってくることを、常に人間は知っています。人間は、それを知る唯一の生命で、それを知って行う人間の贈与が、「消尽」です。

もう一つの違いは、交易の拡張性にあります。「消尽」は、自然と人間の交易を媒介に、人と人の交流、物と物の交換にまで広がります。それに対して「純粋贈与」は、そのような広がりを拒否します。自然に向かう人間の返礼が、他人と他の生命へのもてなしと贈り物の提供に繋がるのに対して、純粋贈与はそうではありません。自然は、人間を含むすべての存在を平等にとらえ、何かを介せず、すべての存在と直接に関係します。

しかし、そうした自然の拡張性の拒否こそ、むしろ人間の存在理由でもあります。自然の純粋贈与を知っているのは人間だけです。そうした人間による「意識のある」返礼と贈与が、「消尽」です。そして、この「消尽」が、他の人間や生命へのもてなしと贈り物の提供に繋がるにつれ、これらに向かう自然の「純粋贈与」は、目にみえる形で現れます。すなわち、自然は、交易の拡張と媒介を拒否して直接に関係しますが、この拒否がむしろ人間の媒介を許すことになります。そして、この瞬間だけは、人間が自分（自然）と一つになること、人間の至高性が現れることを許します。イエスはこれを、「（右の手のしていることを左の手に知らせないでおくと）隠れたものをみておられるあなたの父は、報いてくださるであろう」と言いました。イエスの言った「報い」は、経済的対価ではなく、父との一体感です。

消費との違い

次に、「消尽」と「消費」は、どのように違うかについてです。「消尽と消費はどのように違うのか？」という質問の中には、消費についての否定的なニュアンスが潜んでいます。特に、無分別な消費が環境を破壊し、消費によってのみ存在の意味を感じる大衆消費社会に入ってからはなおさらです。大衆消費社会の中で、消費はよく環境破壊と自己喪失の主犯と指摘されています。

もちろん、私もこうした消費を煽り立てるつもりはありません。大衆消費社会での大量生産と大量消費は、必ず乗り越えなければならない重要課題です。しかし、乗り越えなければならない本当の理由は、「環境」を守り、（理性の）「自我」を取り戻すためではなく、「生命」を育み、（自然体の）「自己」に戻るためです。「何かのために」という道具的行為の前に、「自己」から「自我」が離れる前に、肉体を持って生きる大きな「自己」に戻って育むために、今のような消費を乗り越えなければなりません。

そして、今の消費を乗り越える方向が「脱消費」とか「無消費」ではないのも同じ理由からです。「脱消費」とか「無消費」は、「何かのために」というもう一つの道具的行為で、「自己」から離れたもう一つの「自我」の強要にほかなりません。これは、生存のための人間の自然な欲求さえも抑え、人間を再び、ある集団的意図の手段として客体化するものです。今の消費を乗り越える方向は、「消費」を肯定しながらも否定する、「消尽」しかありません。

「消費」と「消尽」は、似ているようで、まったく違う意味の言葉です。両方とも、「使って消し（＝使用）」、その代わりに何かを「現し残す（＝誇示）」という点では同じです。しかし、何を使って消すか、その代わりに何を現し残すかについて、二つはまったく異なります。

まず、「消費」で使って消すものは「商品」で、その中に含まれた他人の「賃労働」です。一方、「消尽」で使って消すものは「自己」で、その中に含まれた自分の「生命」です。すなわち、「消費」は「商品になった他人」を消費することで、「消尽」は「生命である自己」を消尽することです。そしてこれは、それぞれの対関係においても同じです。「商品になった他人」を消費するためには、「商品になった自分」をその引き換えに提供しなければなりません。一方、「生命である自己」を消尽すれば、「生命である他人」の消尽が返礼として返ってきます。すなわち、「消費」で使って消すものはいずれも「商品」であり、「消尽」で使って消すものはいずれも「生命」です。

使って消すものにこんな違いがあれば、その代わりに現れるものにも当然、大きな違いがあります。「消費」によって現れるものは、過去には「効用」でしたが、今は「記号」です。過去には、どれくらいの「効用」を持つかが消費の価値を示すものでしたが、大衆消費社会に入った今は、どんな「記号」を現すかによって、消費のほとんどの価値が決まります。それに比べて、「消尽」によって現れるものは、昔も今も「無用」で、その中の「自己」です。無用にみえるところに尽力することによって自己を現すのが「消尽」で、その価値はむしろ無用の大きさにかかっています。

最後に、こうした「消費」と「消尽」を通じて、はたして人間に何が残るのかについて述べます。「消費」によって現れるものは「記号」で、記号を外に現した人間の中に残るのは「もっともらしい贅沢」と「耐えられない退屈」です。これに対して、「消尽」によって現れるものは「自己」で、自己を外に現した人間の中に残るのは「生命の満ちたり（充満さ）」です。すなわち、「消費」が、資本の剰余のために人間を浪費することによって、結局は人間に退屈だけを残すとすれば、「消尽」は、人間の過剰を惜しみなく消尽することによって、むしろ人間自身に生命の充満さを高揚させると言えます。

消尽と芸術

現代社会で芸術が注目を浴びるのも、同じ理由からです。芸術は非生産的で、一見何の役にも立たない無用にみえるものです。しかし、それにもかかわらず人々が芸術作品に熱狂するのは、その中に、生産と生産的消費の循環を超える、強力に凝集されたエネルギーがあるからです。消尽した本人の生命が満ちていて、それに接する私たちにも生命の充満さをもたらすからです。

詩人金芝河（キムジハ）は、自分の美学が「余糧から出発する」と言って、次のように話したことがあります。

> 共産主義とか資本主義とかが、どこから発生するのか？「余糧」から発生する。生産の全過程から生じた余糧を、労働者に返すのか、その間の何かが取るのか、その差である。だから、最も重要な物質的基礎は、余糧である。余糧が美の始まりである。
>
> 余糧とは「余った食糧」である。食べ残って、余った食糧ではなく、食べる前に、祖先と生命に捧げるために先取った食糧である。その余糧の精神が、美の精神である。すなわち、余ったものをもって、美しさと文化を追うのではなく、始めから美しい世をつくろう

とするものである。

（『余糧美学の道』）

金芝河の言う「余糧」は、バタイユの「過剰」と非常に似た言葉です。「余糧」と「過剰」は、「余剰」とか「剰余」などと違って、余ったものではなく、先取りしたものです。もちろん、「余剰」と「剰余」も、本来は違う意味の言葉です。「余剰」は、生産から費用を差し引いた残りのことで、それが資本に返されると、「剰余」になります。それに対して、金芝河の「余糧」やバタイユの「過剰」は、「余剰」が生まれる前、つまり生産から費用を差し引く前に、先取ったものです。先取りした「余糧」と「過剰」をもって、美しい世と文化をつくろうとするのが、「過剰の消尽」で「余糧の美学」です。人間のすべての経済活動——バタイユの言葉を借りれば「生産と生産的消費の循環」——は、その上に成り立っています。

日本協同組合運動の父とも呼ばれる賀川豊彦（かがわとよひこ）（一八八八－一九六〇年）も、一九三〇年代に似たような話をしたことがあります。賀川は、協同組合が「経済的協同」から「倫理的協同」を経て「芸術的協同」に進まなければならず、その過程で、「分配の道徳化」と「消費の芸術化」を同時に追求しなければならないとしました。特に消費組合の場合は、「消費の芸術化を協議的に行い、凡て（すべ）の浪費を制御」するところに、その目的があるとしました。「生命なるものが成長して、人間の自意識にまで進化する場合、その宇宙とその人間社会の歴史が……人類の心理的自意識を通じての内在目的の範疇で進行する」と言いました。

賀川は、資本主義の最大の問題として貧困を取り上げながらも、その原因を、ものの不足ではなく過剰にあるとみました。多くの人が「豊かさの中の貧困（poverty in plenty）」、つまり富の不公平な分配に貧困の原因があると言いますが、それは間違いで、実は「豊かさの貧困（poverty of plenty）」、つまり富はあってもその消尽がないところに本当の原因がある、と考えました。貧困を富の蓄積と分配で解決しようとすることは、よりたくさんの唯物的快楽主義と、そのための享楽賃金を生むだけで、資本主義の貧困問題を真に解決するためには、消費の芸術化、つまり、過剰な富の消尽による貧困そのものの統合にしか道はない、と考えました。

消尽社会

現代社会は、よりたくさんの富を積むように人間を誘っています。そして、富を積むためにはより忙しく働きなさいと言っています。すると、いつかは欲しいものが得られ、もっと幸せになるだろう、と誘惑しています。

しかし、人間の消費には限界があり、限界に達したときの富の蓄積は、消費とか人間のニーズと無関係になります。それにもかかわらず、人々がよりたくさんの富を積もうとするのは、富が直ちに権力を意味するからです。資本主義社会の権力は積んだ富（＝資本）によって決まり、支配するために、また支配されないために、皆が富を積まなければならないからです。

富の蓄積を誘う社会、蓄積した富の増殖のために飾った記号の消費を誘う社会、このもっともらしい贅沢のためにより忙しく働くことを強いる社会、……。こんな社会の様相が、最も豊かになったにもかかわらず、最も生き辛くなった私たちの現実です。

近代は、一方では、自分の存立基盤である「消費」を煽り立てながら、他方では、消費の極致である「消尽」をタブー視してきた社会です。次々と新しい商品や記号をつくって消費を煽り立てながらも、それを超える生命の消尽については、「呪術」などの汚名を着せた社会です。そして、その理由は、生産に依存しない消尽が広がると、資本の増殖ができなくなるからです。自然への返礼を介して生命へのもてなしが行われると、国家の存立基盤がなくなるからです。

私が、これほど「消尽」についてお話しした理由は、こうした近代の理念を解体し、そこに取り込まれた人間の自己を解放するためです。生産と（生産的）消費の循環を土台にしながらも、この循環を超える消尽をもって、人間とその社会が自分自身の自由と至高性を表してほしいからです。近代の頂点に立つ大衆消費社会は、生命の消尽社会として克服されなければならず、その実践は、生命の資本を造成し消尽することから始まらなければなりません。

4 社会的経済の事例

トゥレ

昔、韓国の三南地方——全羅道（チョルラド）・慶尚道（キョンサンド）・忠清道（チュンチョンド）——には、村ごとに「トゥレ」という協働組織がありました。「お兄さんトゥレ」とか「弟トゥレ」のように、規模も多彩で、「農事トゥレ」とか「機織りトゥレ」のように、活動分野も多様でした。

そうしたトゥレについて、一般的には労働の協働組織と受け止められています。稲作に田植えが導入されてから、労働力を集中的で効率的に管理する必要が出てきたことを、トゥレの普及の要因とみています。しかし、そんな理解は、トゥレの真相から外れたものです。トゥレのことを単なる協働組織としてのみ理解すると、それをつくった当時の人々の本当の趣旨が理解できなくなります。古くから受け継がれたトゥレが、十九世紀に三南各地に広がった理由は、協働作業以上の目的があったからです。

当時の人々がトゥレで協働生産したものは、主としてお米と織物でした。そして、そのお米と織物は、自分たちが食べたり着たりするためのものではありませんでした。当時の主食のほとんどは、朝鮮のどこでも、雑穀・ジャガイモ・豆類などでした。お米は、特別な日にだけ食べられる貴重な食べものでした。すなわち、当時の人々が「農事トゥレ」で協働生産したお米は、自分たちが食べるためではなく、市場に売るためのものでした。「機織りトゥレ」の場合も同じです。村の女性たちが協働で織った木綿・苧麻(ちょま)・絹などのほとんどは、自分たちが着るためのものではなく、市場に売ることが目的でした。すなわち、トゥレは、単に自給自足のために食べものや着物を協働生産する組織ではなく、商品の協働生産組織でした。

また、よく知られているように、米とか織物などは、昔からどんな商品とも交易できる物品貨幣（一般的対価物）です。米や織物の対価として、必要とするものを得ることができ、国への納税もできます。国家の鋳造した朝鮮の「大同銭(テドンジョン)」が、商人たちの間でのみ通用したことと比べて、米とか織物などは、人々の間で広く通用する貨幣でした。また、時には「大同米(テドンミ)」や「大同布(テドンポ)」として、国家に納付できる貢物でもありました。すなわちトゥレは、商品を協働生産しましたが、その商品は貨幣でもありましたので、トゥレは貨幣を協働発行した組織であったとも言えます。商品と貨幣を協働生産し、それをもって資本を共同体的・社会的に備蓄したのが、トゥレの本当の趣旨だったのです。

信協と生協

そうした歴史があったから、朝鮮戦争（一九五〇－一九五三年）による廃墟や軍事独裁による支配のなか、一九六〇年代に韓国で信用協同組合が生まれたのです。資本を共同体的・社会的に備蓄しようとする試みが、全国に広がったのです。信用協同組合は、その名前からもわかるように、信用（credit）を協同する組織です。信用から人が消えて抽象化し、それが再びすべての人間に向かって一般化するなか（＝信用の資本化過程）、信用に再び人間（生命）を吹き込み、その助けを借りて人間の自立を図ろうとしたのが、設立当初の信用協同組合だったのです。

こうした趣旨は、当時の信用協同組合の事業にもそのまま反映していました。貧しい中でも組合員自らが出資し合い、必要とする組合員に融資しました（＝相互金融）。融資に物的担保は必要なく、（同僚の組合員による）人的保証だけでした（＝対人信用）。融資後は、元利金の返済だけではなく、当事者の生活に重点を置きながら指導と管理を行いました（＝指導金融）。初期の信用協同組合の金融事業には、生命集積としての資本が生きていたのです。

一九八〇年代に、信用協同組合を引き継いで生活協同組合が登場してからも、資本に関する考え方は基本的に変わりませんでした。生活協同組合では、商品流通を介する貨幣と蓄蔵された資本が最初から画然と区別されていました。すなわち、貨幣を蓄蔵し、その貨幣が再び増殖に向かうということなど、少なくとも初期の生活協同組合ではまったくありませんでした。

生協で、貨幣が資本に転化することは論理的にもあり得ません。資本の増殖が主に流通過程で行われるからといって、人間が主人公である流通組織で、資本の増殖が起きることはあり得ません。組織を運営するために一定の収入が必要なのは当然ですが、それは費用を賄うための代価であって、資本の増殖のための剰余ではありません。生協での資本の増殖、つまり、商品流通から生じた剰余による自己資本の形成ということは、すでにその生協が組合員を商品一般に抽象化していることを物語ります。

もちろん、当時の生協でも、今日の費用を賄うためではなく、明日の念願を達成するために、資本が必要でした。そして、この資本は、貨幣（商品）とは明確に区別されました。費用を賄うための代価とは別に、組合員一人ひとりが自分の念願を込めて拠出しました。組合員一人ひとりが、生協との関わりのなかで、少しずつ、何の金銭的反対給付――出資配当など――も求めずに、明日の念願を込めて、資本を造成していきました。少なくとも、初期の生協では、こうした趣旨と方法で、資本（出資金）が集まりました。

ある日、韓国のハンサリム生協の初代会長を務めた朴才一（パクチェイル）氏の追悼会で、草創期の面白い逸話を聞きました。産地に設備を整えるのにあたって、生産者だけの力では足りなかったため、政府から補助を受けることになりました。彼は、そのようすをきめ細かく点検しながら、補助金を無駄遣いしないようにと話しました。そして、こんな話も付け加えました。

「この金は誰の金ですか？　国民の皆さんが集めてくださった金でしょう？　そうだとしたら、今度は、返済義務がなくても、少しずつでも返さないと」

それがきっかけになって、その場で「補助受恵拡充積立金」という新しい会計項目が設けられました。国民の皆さんから「補助（贈与）」の「恩恵」を「受けた」農民たちが、それをより「拡充（増殖）」して、国民の皆さんに返礼しようという趣旨で、少しずつ「積み立てる」ことを決めました。政府の公示した会計規則にもない項目だったため、税理士からは随分戸惑われたようですが、おかげでその積立金を元に財団がつくられ、地域のすべての住民に向けての福祉事業が始まりました。

協同組合でも資本の蓄積と増殖は必要です。しかし、それは、貨幣の自己増殖過程からではなく、未来を現在に時間移動させるための人々の念願から、自然からの贈与に対する人々の返礼から生まれるものです。ある人は、それだけでは満足できない、それだけでは資本主義に勝てない、したがって、（組合員債の発行とかソーシャルファンドの造成など）資本主義的な方法を導入してでも資本をもっと増やさなければならない、と言います。しかし、私はそうした考えにはあまり同意できません。今は、成長率や金利など、資本の増殖がほぼゼロに近い時代です。こんな時代に、人間はむしろ、投資に伴う不安感より、念願と返礼に伴う喜びをもっと感じるはずです。問題は、そのような喜びを感じさせる具体的な計画と実践がないことであって、念願と返礼に託した資本の造成ができるか否かにあるわけではありません。いや、むしろ資本主義的な方法による資本の造成は、結局、協同組合を資本制企業に変え、その組合員を商品に変えることになるはずです。

地域通貨

貨幣と資本に関するもう一つの事例として、「地域通貨（ＬＥＴＳ）」というものがあります。地域通貨の誕生は、協同組合の誕生とほぼ同じと言っていいでしょう。「協同組合の父」と呼ばれるイギリスのオーウェン（Robert Owen　一七七一－一八五八年）は、産業革命後のほとんどの社会問題が貨幣制度から生じたものと考えました。利潤追求と自由競争を煽り立てる貨幣制度に問題の核心があり、したがって、人間が人間として生きるためには、貨幣制度を変えなければならないと信じました。

こうした彼の考えは、一八三二年にロンドンで開設した「全国公正労働交換所（National Equitable Labor Exchange)」に繋がりました。労働者たちが自分の生産したものを持ってくると、交換所は生産に投入された時間を記入した「労働引換券（Labor Exchange Notes)」を渡し、それをもって、労働者たちは自分が必要なものを購入できるようにしました。

柄谷行人も、似た考えを持って、地域通貨に取り組みました。彼は、代替的な交換様式（＝互酬）の主体として「結社（association)」を強調しながらも、一つの結社では資本主義を乗り越えることができないので、結社と結社を結ぶもう一つの結社が必要だ、と考えました。そして、そんな趣旨を込めて、二〇〇〇年に「資本主義社会内部での運動と外に向かう運動を繋ぐ」「アソシエーションのアソシエーション」として、市民通貨「NAM（New Associationist Movement)」を設立しました。

ロバート・オーウェン

しかし、残念ながら二人の実験はすべて失敗に終わりました。オーウェンの「全国公正労働交換所」は、労働時間の正確な計算と評価が難しいなか、交換所の人が自分の利益だけに専念したため、結局は閉鎖に至りました。柄谷の「NAM」は、運動体（結社）があまりないなか、内外の運動を繋ぐ運動体をもって運動そのものを起こそうとしましたが、結局は運動と呼べるものがほとんど起こらず、二年で閉じてしまいました。

オーウェンと柄谷は、失敗の原因を管理人の不道徳さや運動体の不振など、主にその外にみています。しかし、私の評価は少し違います。私からみて失敗の本当の原因は、むしろ二人の間違った考えに起因しています。二人は、貨幣と資本の違い、つまり支払い手段としての貨幣と蓄蔵や増殖としての資本を区別していませんでした。そして、手段としての貨幣を変えれば資本も変わるかのように、貨幣制度を変えれば資本主義も変わるかのように、勘違いしました。

しかし、貨幣に対する統制力を人間とその社会が持ったとしても、人間とその社会が資本とその増殖過程（＝資本主義）から逃れることはできません。なぜなら、資本主義の核心は貨幣ではなく資本にあり、その資本はそもそも貨幣ではなく自然（少なくとも信用）から生まれたものだからです。自然（少なくとも信用）から生命（人）を取り外して抽象化し、それを再び人間（商品）一般に向かって一般化して、資本主義が生まれたからです。資本主義を変えるのは、貨幣ではなく、資本を変えることなのです。抽象化した資本に再び生命を取り戻し、それが再び人間一人ひとりに生命を吹き込むということをとおして、ようやく資本主義は変えられます。貨幣集積としての資本に代わる生命集積としての資本を、共同体的かつ社会的に備蓄し[17]、再びそれを人間のために消尽するなかでこそ、ようやく資本主義は乗り越えられるはずです。貨幣制度を変えれば資本主義が変るだろうという考えは、あまりにも甘いと言わねばなりません。

地域通貨は、一貫してこの点を間違って考えています。変わった貨幣を介して人間関係が結ばれれば、人間とその社会に生命が満ちるだろうと考えています。しかし、それは資本主義の真相をあまりにも単純にとらえるものです。なおかつ、そうしたシステム的な実践では絶対に資本主義は変わりません。そのために地域通貨は、貨幣の代替にはなっても、資本や資本主義の代替にはなれないでいます。限られた人間関係をさらに強めることには役に立っても、その関係を広げ、なおかつ重層化して、資本主義に代わる社会をつくり出すというところにまでは至っていません。資本主義が変わるのは、生命集積としての人間が、生命集積としての資本を共同体的かつ社会的に造成し、再びそれを生命集積としての人間に向かって消尽する以外にありません。

債権のくじ引き式償却

最近、「金融排除（financial exclusion）」という言葉がよく聞かれます。金融排除とは、一言で言えば、日常生活を営むために必要な金融サービスにアクセスできないことを指します。すべての人間関係が金融を介して結ばれる現代社会において、金融排除は、単に金融サービスが利用できないことに止まらず、すべての人間関係の断絶、社会からの完全な排除に繋がります。韓国政府が各地に「庶民金融統合支援センター」を設けたのも、こうした金融排除の状態にある人々を包摂・支援するためです。

市民レベルでも「金融包摂（financial inclusion）」をめざす様々な実践が広がっていて、韓国では特に「ジュビリー銀行」[18]が脚光を浴びています。ジュビリー銀行は、銀行というより債権償却運動に近いものです。借金に追い込まれた人たちを救うために、市民から募った資金をもって、金融機関から売り渡される不良債権の一部を無作為に買い取り、債務者にその返済を勧告しながらも、返済するか否かに関係なく、債権そのものを償却する取り組みです。文在寅政府に入ってからこの運動はさらに注目されて、数多い市中銀行や自治体も支援団体として参加しています。

今の韓国社会は、債務に対する債権の優越的地位が常識を超えて高くなっています。債務履行の期限がほとんど設けられておらず、延滞や不履行を個人の怠惰のせいと非難します。そのうえに、不良債権を安く買い入れた債権回収業者によって、酷い人権蹂躙まで起きています。精神的に脅迫され、肉体的に傷害を加えられる場合もあります。こうした状況のなか、ジュビリー銀行のような市民の実践は、非常に意味深いものです。

しかし、一方で私は、こうした実践から韓国の社会運動の現状をみます。債権償却運動の中には、債権と債務だけがあって、債権者と債務者が存在していません。債務を償却してもらった人は、まるで宝くじに当たったように幸運でしょうが、それで終わりです。当面の脅迫から逃れられても、それ以後は相変わらず個人の責任しかありません。くじ引き式で債務を償却してもらったことで終わり、それ以降、社会にどのように統合させるかについては何の対策もありません。同じ脅迫に苦しむ人々には、くじ引きに当たることを待つしか希望がありません。

日本の事例とその特徴

二〇〇〇年代の日本も、同じ問題に直面していました。経済不況が続くなか、職を失い、生活に苦しむ人々がたくさん出てきました。そして、彼らの中には、仕事に就くことも、生活費を公的金融機関から借りることもできず、消費者金融をはじめとした高金利の多重債務を背負わざるをえない場合が多くありました。

そうした状況のなか、日本のグリーンコープ生協は、「生活再生事業」という実践に取り組みました。この事業の始まりは、生協組合員の多重債務問題を解決しようという趣旨からでした。長い経済不況のために、組合員の中から商品代金を滞納する人が出始め、そのようすを調べてみたところ、生活資金が足りず、多重債務に追われていることがわかりました。そこで、グリーンコープは、生協出資金の一部を転用して組合員に貸付し、高利の債務を返済して生活の自立を図れるように支援を始めたのです。

こうして始まった生活再生事業ですが、今は組合員から一般住民にまでその対象が広がっています。また、事業の内容も、家計相談と貸付から総合的な生活相談と支援にまで広がっています。二〇一五年に日本政府が「生活困窮者自立支援法」を制定し、個々人の状況に応じた迅速かつ継続的なサポート——住宅確保・就労支援・緊急衣食住支援・子どもの教育支援など——を行うようになったのも、こうしたグリーンコープの実践があってのことです。

私は、こうしたグリーンコープの事例から、おおよそ三つほど特徴を見出すことができると思いました。まず、同じ融資事業でも、一般の金融機関とグリーンコープとではその内容が大きく異なります。単に融資額が少ないだけではなく、金融機関では見られない「相談」がグリーンコープの事例にはあります。貸付の前には書類審査に終わらない対面相談があり、相談の内容も金銭問題から生活全般に広がっています。また、相談の回数も一回きりで終わらず、貸付後も続けています。

こうした持続的な関与と支援のことを、フランスでは、同伴とか同行を意味する「アコンパニュマン（accompagnement）」と呼んでいます。日本では、マラソンレーサーと一緒に走ることを意味する「伴走」と呼んでいます。要するに、人との同行と伴走のために金融事業を行うのが、この事例から見出せる第一の特徴です。

二番目の特徴は、こうした実践の担い手が、政府やその制度ではなく、人間とその連帯であるということです。政府の制度が加わる前に、人間の連帯から始まったということです。そしてその結果、やせ細っていた人間の連帯が蘇り、それが制度として一般にまで広がったということです。

欧州の協同組合は、今、「結社」としての性格が随分色褪せています。員外利用に制限がないために、利用者数に比べて組合員数が少なく、組合員としての自覚もほとんどありません。日本の場合もあまり変わらなく、組合員参加はだんだん色褪せ、経営者中心の運営が強まっています。こうした一般的な状況と流れのなか、協同組合の結社的性格を復活させるのが、前述のような事例です。新しい運動と事業に、それまでの任を全うした役職員たちが取り組み、彼らを支援する組合員たちが関わることによって、協同組合の中に結社の風が吹き返されています。

三番目の特徴としては、「統合的ネットワーク（integrated network）」をあげることができます。ひとりの人間の抱える問題は、とても包括的で具体的なものです。したがって、それを解決するためには、行政はもちろん、地域内の様々な組織・機関のネットワークが必要です。また、既存の制度やネットワークでは十分に対応できない場合、制度を改善したり、新しい支援策を模索したりすることも、こうしたネットワークを介してとなります。グリーンコープの生活再生事業は、当初は生協と弁護士団体などのネットワークから始まり、今は自治体まで加わって、全国に広がっています。

統合的ネットワーク

社会的経済で「統合的（integrated）」とは、とても重要な言葉です。それは、企業の世界でよく言われるような、競争力強化のための企業買収とは全然違う意味の言葉です。社会的経済における「統合的」の本来の意味は、生活が困窮に陥ったり、困窮に陥る危機にさらされたりする人に向かって、様々な社会的経済組織が力を出し合って迅速かつ適切に対応し、場合によっては新しい支援策を模索することです。

「統合的」の真の意味について、私は、新羅（しらぎ）時代の僧侶元暁（ウォンヒョ）の「和諍（わじょう）」思想からたくさんの示唆を受けました。元暁の和諍思想は、普通に言われるような単に「争いを和解させる」こと、「相反する自己主張（例えば、「実有」か「空」か、「小乗仏教」か「大乗仏教」か、「個人の利己心」か「社会の福利」かなど）を融合させること」ではありません。そのような単純な和解と融合では、三国（新羅・百済・高句麗）統一の前後の混乱する社会を救うことができない、と元暁は考えたのです。

「和諍」の思想的核心は、「二つを融合させながらも一つにならず（融二不二）」、「両端から離れながらもその中央でもない（離邊非中）」ところにあります。また、「和諍」の実践的核心は、「無碍菩薩行」による「還帰一心」、つまり「さまたげなく、あらゆる生命（衆生）に広く益する（＝弘益衆生）」ことによって、「あらゆる生命を一心に戻らせる」ところにあります。すなわち、異なるもの同士が溶融して、あらゆる生命に貢献することによって、次元の違う新しい中心を形成することが、「和諍」の核心的な思想であり、実践です。

もし、こうした「和諍」の思想と実践がなかったならば、たぶん、三国統一後の朝鮮半島は、酷い困難に陥ったに違いありません。併合した新羅によって、併合された百済と高句麗の人々が下層民か奴隷になったに違いありません。しかし、統一後の新羅では、そのようなことは起こりませんでした。奴隷どころか、むしろ税金の徴収額を減らし、村ごとに貢納できるように保障しました。元暁の「和諍」が、そうした制度づくりにどう影響したかは不明ですが、彼を「和諍国師」と高めたことからみると、統一後の社会づくりにかなり影響を与えたに違いありません。

社会的経済に求められる「統合的ネットワーク」の真の意味も、そこにあります。異なる社会的経済組織——またはその事業——が溶融するが、だからといって一つにならず、あらゆる生命に貢献すること、それをもって、それぞれの生命が一心（自然）に戻り、新しい中心になること、そこに「統合的ネットワーク」の真の意味があります。もちろん、この過程で実際に溶融するのは、社会的経済組織ではなく、それの持つ力、つまり「資本」です。また、そんな「資本」を溶融して、あらゆる生命に貢献することは、その資本の「消尽」です。そして、こうした過程をもって新しく形成されるものも、「資本」です。前の資本が社会的経済組織に「備蓄された資本」であれば、後の資本は「増殖した資本」です。そして、「備蓄された資本」が「増殖した資本」に向かう過程で、「資本の消尽」があります。すなわち、本当の資本の増殖は、投資でなく消尽によって、生命集積としての資本の統合的ネットワークによって、もたらされるものです。

5 『モモ』から読み取る資本とその消尽

あらすじ

ドイツの作家ミヒャエル・エンデ（Michael Ende　一九二九－一九九五年）の『モモ』（一九七三年）という作品があります。「時間どろぼうとぬすまれた時間を人間にかえしてくれた女の子のふしぎな物語」という副題の付いた、有名な児童文学です。一見、子ども向けのファンタジーに感じられますが、大人が読んでもかなりの感動を与えられる作品です。

ある小説がファンタジーの形をとるのは、それなりに意味があります。ファンタジーは、現実から逃げたり空想を追ったりするものではありません。社会問題に強い関心を持つエンデの場合は、特にそうです。彼にとってファンタジーは、空想ではなく想像です。忘れ去った遠い昔のことを引き出して、計り知れない今の社会を理解するものです。「過去」と「現在」の話し合いを通じて[19]、今の社会が直面している問題の本質と、その解決の糸口を探ろうとするものです。私が、資本を語る本章を『モモ』をもって締めくくるのも、その中に資本と資本主義の本質、そして、資本が進むべき真の方向が潜んでいるからです。

まず、『モモ』のあらすじから簡単に紹介しましょう。

ある町に、今は廃墟と化してしまった円形劇場がありました。そこに、いつの間にか「モモ」という、貧しくて裸足の少女が住み着きました。そんな彼女を、町の人々はよく面倒みてくれました。住む家を設け、食べものを持ってきてくれました。するとモモは、まもなく町の人々になくてはならない存在になりました。彼女には、人の話をよく聞ける不思議な力があって、町の人々は、話す間に自分がどれだけ大切な存在なのかに気付くようになりました。

ある日、この町に灰色の紳士たちが現れました。彼らは、町の人々がいかに時間を無駄にしているのかを説き、時間を節約して彼らの「時間貯蔵銀行」に預ければ利子を乗せて払う、するとあなたたちの余生はより余裕が持てるようになる、と誘いかけました。町の人々は、誰もがその気になって忙しく働き、モモにはもはや、友だちが来なくなってしまいました。

灰色の紳士たちは、最後のターゲットとしてモモを脅かしました。しかし、モモは彼らの話に負けず、むしろ話している間に彼らの正体を知りました。脅威を感じた灰色の紳士たちはモモを殺そうとしましたが、時間の管理者であるホラ博士の助けで、危機を免れることができました。

しかし、円形劇場に帰ってきたモモには、相変わらず友だちがいません。灰色の紳士たちは、こうしたモモにホラ博士のいる所を教えれば、友だちを返すと脅しました。モモの後をつけた灰色の紳士たちは、ホラ博士の居所を知り、その家を囲みました。脅威を感じたホラ博士は、最後の手段としてあらゆる時間を一瞬止めました。

時間が止まると、灰色の紳士たちは慌て始めました。時間が新しく供給されないため、備蓄していた時間で延命するしかありませんでした。時間の花で灰色の葉巻をつくり吸ってきた彼らは、もう新しい葉巻をつくれなくなってしまいました。一人二人と煙のように消え、相手の葉巻を奪おうと争いました。そして結局は、最後の灰色の紳士も消えてしまいました。

この時、モモは、ホラ博士から受け取った時間の一本花で、それまで灰色の紳士たちが町の人々から奪い貯め込んだ「時間貯蔵銀行」の扉を開きました。すると、その中に閉じ込められていた時間が倉庫から出て、町の人々に戻されました。モモには再び友だちがやってくるようになりました。

廃墟と化した自然

『モモ』の主な舞台は、廃墟と化してしまった円形劇場です。そこに、どこから来てどこへ行くのかもわからない女の子がやってくることから、この物語は始まります。

私たちは通常、この円形劇場を「共同体」もしくは共同体の所有する「共有地（commons）」と理解します。そのために、円形劇場が廃墟と化してしまったことを、「共同体の崩壊」もしくは「コモンズの悲劇（the tragedy of the commons）」と理解します。しかし、そうした理解では『モモ』の本当の意味を半分しかつかめません。『モモ』の舞台である円形劇場は、「共同体」とか「コモンズ」ではなく、「自然」と「サクラム（sacrum）」のことです。したがって、そのような円形劇場が廃墟と化してしまったということは、「共同体の崩壊」とか「コモンズの悲劇」ではなく、「自然の没落」と「サクラムの悲劇」なのです。

『モモ』では、円形劇場のようすについて、次のように描いています。「人々が、お互いにとても違う言葉を使っていた、とても遠い昔に」建てられた都市の一部で、その周辺には、劇場のみならず、寺院・市場・広場なども一緒にあったと描いています。ここを読む時に私は、第二章で述べた古朝鮮の「神市」を思い出しました。違う言葉を使う共同体と共同体の間で、祭祀・祭り・交易を行った聖なる都市が、まさにこんな姿だっただろうと想像できました。

もし、円形劇場が共同体所有の共有地ならば、おそらくモモはそこに住み着くことができなかったでしょう。見知らぬ人が入り込むことを、町の人々は許さなかったはずです。モモが円形劇場に住むことができたのは、そこが昔から共同体も所有できなかった聖なる地、したがって、今は共同体からも排除された人々の空間だったからです。

共同体が崩壊した本当の原因は、自然が没落したからです。自然が没落し、その座を国家や資本が占めたから、共同体が崩壊したのです。したがって、共同体を再生し、コモンズを取り戻すためには、ひとまず自然とサクラムの再構築から始めなければならず、少なくともそれと並行しなければなりません。街の人々がモモの面倒をみてくれたためにモモの聞ける力が発揮でき、町の人々は自分の至高性を発見できたのです。自然の再構築なしに、共同体の再生ができないことを、エンデは『モモ』を介して語ろうとしたと思います。

「モモ」とは誰か

この円形劇場に、名前も知らない、どこから来てどこへ行くのかもわからない、「モモとか、ともかく、それに似た名前」の女の子がやってきました。生まれたのはいつかという質問に、彼女は「わかんない。いくらまえのことを想いだしても、いつでもあたしはもういたもの」と答えました。家族とか行くところがないのかという質問には、「ここがあたしのうちだもの」と答えました。年齢を尋ねる質問については、「百。百二」とためらいました。

これは、モモがどんな存在なのかを暗示する非常に重要な箇所です。モモは、ある日、突然現れた孤児ではなく、常に私たちとともにあった存在です。年齢を尋ねられてためらったのは、彼女の年齢は人間社会の年齢であって、人間社会の誕生とともに存在し続けてきたからです。エンデがモモの登場する場面に「もう一度」という副詞を付けたのは、彼女がどんな存在なのかを暗示するところでもあります。

あえて、経済学の言葉を借りて言えば、モモは「自然財」と言えるでしょう。彼女は国家に属する(国有地のような)「国有財」、共同体に属する(共有地のような)「共有財」、個人に属する(私有地のような)「私有財」ではない存在です。誰からも生まれていないから常に存在し、どこにも属していないから行くところもない、自然そのもので自然体です。ですから、彼女の家は当然、自然やサクラムとしての円形劇場です。自分の家に彼女が「再び」住み着いたのです。

こうしたモモを、町の人々は大事に面倒みてくれました。住む家を設け、食べものまで持ってきました。するとモモは、まもなく町の人々になくてはならない存在になりました。もちろんこれは、モモの持つ不思議な力、つまり聞く能力のためでした。何かの目的をもって聞くのではなく、ただ聞ける能力が彼女にはありました。おかげで町の人々は、自分のことを話すうちに、悩んでいる人は悩みが解け、引っ込み思案の人は勇気が湧き、けんかしている人々は仲直りできました。自分自身を発見でき、幸せを実感できるようになりました。

これもまた、重要な話です。廃墟と化してしまった自然の再生は、自然体に向かう人間の具体的なもてなしから始まります。神聖なる領域を保存するだけでは自然の再生ができず、自然体に向かう人間のもてなしによってのみ、自然は再生できます。自然の表象である異邦人へのもてなしが、人間とその社会の至高性を高めるのと同じです。

モモの持つ聞く能力も、示唆に富む話です。聞くことは、自分の持っている時間を消尽することで、消尽した自己を相手に贈ることです。モモが持っているものは、時間しかなく、モモができることは、その時間の消尽しかありません。そして、こうしたモモの時間の消尽によって、町の人々は、自己を発見し、幸せを実感できます。すなわち、モモの正体は時間の備蓄で、モモの行為はその備蓄した時間の消尽であり、モモの価値はそれをもって人間に生命の充満さと至高性を感じさせるところにあります。

時間は生命なり

こうしたモモと正反対にいるのが、灰色の紳士たちです。彼らは、自分の時間を消尽するモモと違って、他人の時間を奪って延命する存在です。しかしエンデは、「時間は生命なり（Zeit ist Leben）、その生命は自分の中に生きる（das Leben wohnt im Herzen）」と言っています。言い換えれば、時間は自分の中にいてこそ生命となり、自分から離れると生命ではなくなるわけです。紳士たちが灰色だった理由は、人から奪った時間、すなわち、死んだ生命をもって延命するからです。生命の息を吐く代わりに死の煙を吸っているからです。

エンデより二百年前に、アメリカのフランクリン（Benjamin Franklin 一七〇六－一七九〇年）が言ったとされる「時は金なり（Time is Money）」という言葉があります。彼は建国したばかりのアメリカ国民に向かって、次のように言いました。「毎日の労働で、十シリングを得ることができる者が、もし半日を散歩したり自分の部屋でのんびり過ごしたら、彼は五シリング支出したことになる。いや、捨ててしまったことになる」と。アメリカの百ドル紙幣に彼の肖像が描かれているのも、こうした彼の言葉こそが、資本主義の基本精神を代弁するものだったからです。

ベンジャミン・フランクリン

灰色の紳士たちが誘いかけたのも、基本的にはこの時間稼ぎです。より忙しく働いて、残りの時間を彼らの銀行に預ければ、利子が付いて戻る、ということです。人の預ける時間で延命する立場からみれば、それは当然な誘いかもしれません。しかし、その代わりに町の人々は、むしろ死の時間を生きねばならなくなりました。よりたくさんの時間を稼ぐために、「今ここ」で消尽してきた自分の時間を、自分から離して将来のどこかに積み始めました。そして、それから時間は、生命の時間から死の時間に変わりました。余裕を持つためによりたくさん働きましたが、戻ってくるのは忙しい日々だけでした。

『モモ』でいう「時間」は、とても重要な人間の存在概念です。それは、「時間は生命なり」からもわかるように、「生命」の別名です。「生命が自分の中に生きる」ということは、時間が自分から離れてはならないことと同じ意味です。なぜなら、人間の生は生命たる時間の流れであり、その流れの集積体として、生命たる人間がいるからです。

備蓄した時間は資本なり

また、『モモ』で言う「時間」は、とても重要な社会問題への提起でもあります。エンデは、NHKのインタビュー番組の中で、次のような言葉を残しました。

> 私が言いたいのは、現状では、選択肢はエコノミーの破局かエコロジーの破局か、この二者択一しかないということです。……この二者択一そのものから脱出するためには、何

を変えなくてはならないかということです。……そうすると、行きつくところは、この私たちの金融システムなのです。

（『エンデの警鐘』）

エンデは、交換と支払い手段としての貨幣は肯定しても、蓄蔵と増殖機能としての資本は否定しました。貨幣が資本に転化すること、つまり、利潤追求のために自己増殖する今の金融システムが、私たちの社会の最大の問題だと考えました。彼が地域通貨を高く評価したのも、それが自己増殖から離れて人間関係を活性化し、人間に自己発見と幸せをもたらす新たな金融システムだと思ったからです。

しかし、ここで私は、二つほどの疑問を抱きます。まず、彼が否定しようとしたのは、利潤追求のために増殖する資本と、それに寄生して資本の増殖を促す今の金融システムであって、本当は貨幣そのものではありません。金融システムと貨幣は、似たようで違う領域のものです。（地域通貨などをもって）貨幣を変えることは、資本とその増殖を促す金融システムを変える条件にはなっても、それが直接、資本と金融システムを変わらせることはできません。変わった貨幣をもって資本と今の金融システムを変えるということは、実現できない話です。

さらに、「資本」の中には利潤追求のために増殖する（貨幣集積としての）資本だけでなく、人間に寄り添って、人間関係を生き生きと繋ぎながら、人間に自己発見と幸せをもたらす（生命集積としての）資本もあります。いや、本来の資本は、そもそもそんな資本として誕生し、そんな資本を備蓄し増殖してきたからこそ、人間と社会が維持できてきたのです。すなわち、私たちに残された選択肢は、エコノミーの破局かエコロジーの破局かという二者択一ではなく、どのようにすればエコノミーとエコロジーを融合できるか、人間の経済活動を自然と生命の豊かなものにしていけるかなのです。

こうした面からみると、『モモ』で言う「時間」は、人間の存在概念としては「生命」で、社会の経済概念としては（「貨幣」ではなく）「資本」です。時間が人々から離れて、倉庫に積まれるようになったことは、資本が生命から貨幣に変わり、さらに貨幣集積としての資本になったことを意味します。灰色の紳士たちに誘惑されて、町の人々が忙しく働くようになったことは、こうした資本が権力になって、あらゆる人間関係を支配したことを意味します。そして、モモが時間の倉庫を開けて人々に時間を返したことは、こうした資本に再び生命を吹き込んで、生命集積としての資本に戻したことを意味します。

モモは、（生命集積としての）資本を擬人化した存在です。モモの正体は生命集積としての資本で、彼女の行為はその資本の惜しみない消尽、彼女の価値は（それをもって）人間に生命の充満さと至高性を取り戻すところにあります。資本を否定しようとしたにもかかわらず、資本の本来の姿について、エンデは知らず知らずに美しく書き記したわけです。

社会の危機と救いの道

こんなモモに比べて、灰色の紳士たちは、利潤追求のために増殖する（貨幣集積としての）資本です。それがわかり自分の正体がばれたために、紳士たちはモモを殺そうとしました。しかし、そうしたモモを、時間（生命）の管理者であるホラ博士が救ってくれました。そして、その時にモモは、ようやく今まで知らなかった本当の自分、つまり時間の真の意味がわかりました。生命が脅かされて、ようやく「時間（資本）は生命なり、その生命（たる資本）は自分の中に生きる」ということを、また、「時間（資本）は生命でなければならず、その生命（たる資本）は自分の中に生きねばならない」ということを、知ったのです。

これは非常に重要な箇所です。モモは、存在自体が自然であるため、自分が誰なのか知るわけがなく、知る必要もありません。しかし、自然から離れてその生命が脅かされてから、ようやくモモは自分が誰なのか、誰でなければならないのかがわかってきます。それはまるで、人類が自然から離れて社会をつくってから、ようやく自然体としての自分がわかってきたのと、また、人間が社会から切り離して経済をつくってから、ようやく社会的存在としての自分がわかってきたのと、まったく同じことです。そして、こうした自己認識が、自然体や社会的存在として、人間がどう生きねばならないのかの理解に繋がっていくのです。

灰色の紳士たちが、時間の根源地を囲むと、ホラ博士は、最後の選択として、すべての時間を一瞬止めました。すると、これ以上に人々から時間を預けてもらうことができなくなった紳士たちは、お互いの持っている時間を奪い合い始めました。一人二人と煙のように消え、結局は最後の灰色の紳士も消えてしまいました。モモは、ホラ博士から受け取った時間の一本花を持って、「時間貯蔵銀行」の扉を開きました。これまで灰色の紳士たちが町の人々から奪い集めた時間を、町の人々に戻しました。そして、その結果、町の人々は「できる限り短時間の中で、できる限りたくさんの仕事をやってきたことを止め、何をしても、それぞれが「自分の必要なだけ、自分の好きなだけ、時間を費やすように」なりました。

ホラ博士がすべての時間を止めさせたことは、経済的には恐慌、社会的には危機を意味します。資本の蓄積と増殖はもちろん、人と人のすべての関係も絶たれてしまうことを意味します。そして、その時になると、人間関係に寄生して資本を増殖してきた灰色の紳士たちは、お互いの持っている資本を奪うために殺し合います。激しい経済戦争が世界を混乱に包み、社会は存廃の岐路に陥ります。

『モモ』では、こうした殺し合いの結果、すべての紳士たちが消えた、と描いています。資本増殖に依拠する経済が終焉を迎えるわけですが、私は、こうした資本主義に対するエンデの終末論的予感より、その時に取ったモモの行為がもっと重要だと思います。自分の持つ最後の一本花で時間の倉庫を叩いて開け、すべての時間を各人に返した彼女の行動こそ、経済と社会を危機から救うものだと思います。

モモの持っていた最後の一本花は、彼女の資本です。また、その一本花で時間の倉庫を叩いて開けたことは、その資本の消尽を意味するものです。すなわち、彼女の持っていた資本の消尽が、人々の手に再び自己資本を取り戻させ、人々を再び自己資本の所有者にしたのです。町の人々が「自分の必要なだけ、自分の好きなだけ、時間を費やすように」なったことは、彼らが自己資本の真の所有者になったことを象徴的に表すものです。私たちの夢見る「各人はその能力に応じて、各人にはその必要に応じて！」（『ゴータ綱領批判』岩波文庫）とマルクスの言うような社会は、決して個々の資本家を国家という唯一の資本家に変えることでできるものではなく、人間が本当の自己資本の所有者になってからできるものです。もちろん、そのためにはまず、モモが最後の一本花を持って時間の扉を開いたように、自己資本の消尽が必要です。

消尽の主体

時間は生命であり、その生命の集積が資本です。もちろん、この資本は、人の中に生きてこそ生命の資本であって、人から離れると死の資本になります。言い換えれば、生命たる資本を蓄積し増殖する主体は、抽象化・一般化した人間の群れではなく、一人ひとりの人間であり、その連帯である、ということです。

資本主義を変えていく主体について、エンデは次のように話したことがあります。

ある日、私はこの問題で、当時のＳＰＤ（ドイツ社会民主党）の党首だったフォーゲル氏の個人的な会合に招かれたことがあります。話が終わって、フォーゲル氏が言うには、「あなたをＳＰＤ党の経済協議会のメンバーにしたい。今話したエコノミーとエコロジーの問題はわれわれも知っているし、われわれも考えている。しかし、資本経済の変革を党政綱に取り上げたら、大変なことになるだろう。われわれの党の支持者である労働者すら党に票を入れなくなる」。

これが民主主義の短所なのです。民主主義では、いつも理性が勝利するわけではなく、近視眼的な利が勝利をおさめることが少なくないのです。今日では、地中海やアルプスでバケーションができなくなると言えば、誰も票を入れません。この二つの面は互いに関連していて、絡み合っているのです。つまり、この経済システムを変革できないのは、私たちの民主主義ともかかわっています。ですから、この問題は政治を通じては解決できないものです。……問題の解決は、経済人自身がこの問題を理解すること、それ以外に道はありません。それも、倫理的姿勢からではなく、このままでは己の墓穴を掘ることになると理解することから、どうすれば自己破滅から抜け出せるか、考えることなのです。

（『エンデの警鐘』）

資本主義の真相を見つめ、それを乗り越えようとする人々にとって、『モモ』は大変重要なテキストです。エンデは、「この話を旅行中に偶然出会った名前も知らない人から聞いたのだ」と、『モモ』の後書きに書きました。また、「この話は過去の物語のようにみえるが、本当は未来に起きるものだ」と書きました。でたらめのように思えるこの物語が、四〇年以上過ぎた今も世界各地で読み続けられるのは、おそらくその未来がそれほど遠くないからでしょう。遠くないその未来を、誰かが準備しなければならないからでしょう。

そんな人々に、おそらくモモはこのように話してくれるだろうと思います。

違う考え方をするのではなく、違ったことを考えてください（Think different, not think differently）。違う考え方をするだけでは何も変わらず、本当に肝心な、違ったことを忘れてしまうから。それと、もう一つお願いがあります。蓄えようとしないで、使い捨ててください。蓄えようとすればするほど、使えるものがなくなってしまうから。でも、心配しないでください。天が必ず、あなたたち皆を食べさせてくれるから。

第四章　社会の構造と蘇塗

1 スウェーデンの事例

「人民の家」と「国民の家」

数年前に、「人民の家（Folkets Hus）」に関する国際フォーラムに招かれたことがあります。スウェーデンからその連合会の会長を招いて基調講演を行い、私もパネリストとして参加させていただきました。高い関心を反映したのか、全国各地から大勢の人々が参加し、熱い議論を交わしました。

「人民の家」とは、十九世紀末から二十世紀初頭にかけて、スウェーデンをはじめ、ヨーロッパ全域で同時期に複数生まれた[1]、一種の公民館運動です。当時は、国家と資本主義が次第にその支配力を強めていった時期で、人々はこの施設（「人民の家」）の中で、労働者・農民・女性などのための様々な活動を展開しました。今でも、スウェーデン各地に五百ヵ所以上の施設（「人民の家」）が自主的に運営されていて、社会的包摂と進歩的活動の拠点になっています。

スウェーデンと言えば、まず「福祉大国」という言葉が思い浮かびます。すべての子どもを皆の子どもとして育てる育児制度、患者である前にひとりの市民として生きられるようにする医療制度、いつでも誰でも十分な学びの機会が得られる教育制度など、世界で模索されているほとんどの福祉政策がスウェーデンから生まれたからです。そして、こうした福祉政策のほとんどは、よく知られているように、偉大な政治家ハンソン（Per Albin Hansson　一八八五－一九六四年）の「国民の家（Folkhemmet）」という福祉哲学があって、はじめて可能なことでした。ゆりかごから墓場まで、「国家はすべての国民のための良い家にならなければならない」[(2)]という福祉哲学があって、そうした政治政策化が可能だったのです。

もちろん、一人の政治家がいかに偉大でも、その哲学が直ちに政策になるわけではありません。また、一人の政治家の哲学は、実はその国の人々の集合的思惟と実践の産物でもあります。すなわち、スウェーデンが「福祉大国」になれたのは、「国民の家」という政治哲学があっての話ですが、その「国民の家」の哲学は、実はスウェーデンの市民の「人民の家」の実践があったからこそ、生まれたものとも言えます。

そのうえにもう一歩進んで、私たちは、「人民の家」と「国民の家」との違いについても、より丁寧に知っておかねばなりません。市民の実践と国家の政策は、たとえその趣旨が同じでも、めざすところと実践の方法が異なるものです。もしそれが同じであれば、市民の実践は国家政策の代役に留まってしまいます。「人民の家」と「国民の家」は、「人民」と「国民」の違いだけでなく、目標と方法の面でも大きく違います。

人の空間と関係

まず、言葉からその違いを探ってみましょう。

「人民の家（Folkets Hus）[3]」と「国民の家（Folkhemmet）」で、「人民」と「国民」は、本来、両方とも「folk」、つまり「人々（people）」のことです。政治的主体としての民衆を意味する「人民」ではなく、国家の構成員を意味する「国民」でもない、普通の平凡な「人々」のことです。すなわち、「人民の家」と「国民の家」の正確な訳は、両方とも「人々の家」です。

それでは、「家」の場合はどうでしょうか？　通常は、「人民の家」も「国民の家」もすべて「家」と訳しますが、本当はまったく違う意味の言葉です。「人民の家」の場合の「家」は、スウェーデン語では「hus」、英語では「house」、漢字語では「家屋」を意味しています。その一方で、「国民の家」の場合の「家」は、スウェーデン語では「hemmet」、英語では「home」、漢字語では「家庭」のことを意味しています。英語で「人民の家」を「People's House」、「国民の家」を「People's home」と訳するのも、こうした違いからです。

「家屋（house）」と「家庭（home）」の区分けは、非常に大事です。家屋は「空間」で、家庭はその中での「関係」です。「家に招待する」ということは、自分の住居空間に招くことで、「家の中が和やかだ」ということは、その空間の中の人間関係が良いということです。こうした違いを明確にしないと、市民の実践と国家の政策の違いが理解できないし、それぞれのめざすべき目標が入れ替わってしまうことになります。人民の「家」を「家庭」と理解すると、市民の実践が相互扶助を強化するということになります。国民の「家」を「家屋」と理解すると、国の福祉政策が福祉設備を整えるということになってしまいます。本当はその逆をめざしているのに、私たちに間違った理解を招きかねないのです。

要するに、「人民の家」と「国民の家」は、その対象が「人々」である点では同じです。しかし、「人民の家」が「人々の家屋（空間）」であるのに対して、「国民の家」は「人々の家庭（関係）」です。人でありながら、人としての扱いを受けていない人々を招待するために、市民が設けた特別な空間、それが「人民の家」です。それに対して、同じ社会の中に生きるすべての人々が、同じ家屋に住む兄弟姉妹のように、相互扶助できる和やかな関係をつくろうとする国の政策、それが「国民の家」です。

それでは、なぜスウェーデンの市民は、「人民の家」という、特別な空間を設けたのでしょうか？　そして、こうした市民の実践が、どのようにして「国民の家」という国の政策にまで繋がることができたのでしょうか？　これは、非常に重要な問いで、本章の主なテーマでもあります。

人の広がり、人へのケアー

パネリストとして参加した私は、「人民の家」から私たちが何を学ぶべきかについて、つまり、スウェーデンを福祉大国としてひたすらうらやましがるだけでなく、そうした国をつくった市民の実践から何を学ぶべきかについて、少し話しました。

まず、全国各地に五百ヵ所以上も設けられた「人民の家」は、その主人公が「人」です。いや、より正確に言えば、人でありながらも、人としての扱いを受けていない人々が、その家の主人公です。もちろん、その人々の具体的な姿は、時代とともに変わっていきます。

十九世紀末に「人民の家」を設け始めた初期には、労働者や農民などがその主人公でした。そして、徐々に消費者や地域住民にまで広がり、今は、子ども・青少年・移民者・ホームレスなどが主な主人公になっています。彼らを招待して人としてもてなすのが、設立以来の「人民の家」の役割です。

もう一つ大事なことは、この「人民の家」を市民とその連帯がつくってきた、ということです。人でありながらも、人としての扱いを受けていない人々が生きられるように、自分を人と自覚した人々の連帯が、特別な空間を設けたのです。そのために「人民の家」は、社会主義運動・労働運動・協同組合運動など、当時の様々な社会運動から強い支援を受けながらも、それに癒着したり支配されたりすることがありませんでした。そして、こうした姿勢を堅持したために、当時の社会運動はより成長し続けることができたのです。

もし、こうした広がりに市民の連帯が動き出さなかったならば、また、動き出してもそれに癒着したり支配されたりしたのであれば、おそらく「人民の家」はカルチャーセンターに終わり、当時の社会運動は一時的な階級運動に終わってしまったでしょう。そして、すべての人々を兄弟姉妹のように結ぼうとする「国民の家」の福祉政策も、たぶん、生まれなかったことでしょう。

最後に、私たちが「人民の家」から学ぶべきことは、その中での活動の内容です。「人民の家」をただの空間に終わらせない、その中での人々の活動です。そしてそれは、一言で言えば、「ケアー」と「コミュニケーション」の二つに集約できます。いや、より正確には、「ケアー」を通じた「コミュニケーション」と言えます。

設立当初から今まで、「人民の家」に招かれた人々は、国家はもちろん、家族からも排除された人々です。彼らに憩いと安らぎを与えることが、スウェーデンの市民が「人民の家」を設けた最大の趣旨です。市民と彼らとのコミュニケーションは、そうした活動から生じた結果です。すなわち、憩いと安らぎの時間を与えるからこそ、その空間に自分を置くことができ、他人とのコミュニケーションも始まるわけで、その逆ではないのです。

ところが、韓国ではそれを正反対に受け止めています。「人民の家」を地域の様々な社会運動のコミュニケーションの場として理解し、それを通じて、なんとかして力のある地域の政治勢力をつくろうと企てています。それがつくられれば、排除された人々への包摂も自ずとできる、と思っています。しかし、そのような受け止め方は大間違いです。「人民の家」は、何よりも「ケアーの時間」であって、「コミュニケーションの空間」ではないのです。コミュニケーションは、ケアーの結果として生まれたケアーされる側からの贈り物です。どんな状況にあっても、兄弟姉妹のように共に生きる関係をつくろうとしたスウェーデンの福祉政策は、こうした市民の実践、つまり、常に新しい人を見つけて、ケアーしようとしてきた「人民の家」の実践から生まれたのです。

これは、もちろん、自分勝手な解釈です。しかし、こうした私の解釈について、スウェーデンからいらっしゃっていた連合会の会長は、私の文書を自国内で回覧してもよいか、と尋ねてくれました。ですから、そんなに間違った解釈ではないような気がして、安堵した覚えがあります。

「馬韓（ばかん）」と「蘇塗（そと）」についての想像

私は、「人民の家」を知ってから、福祉大国スウェーデンの成り立ちがようやく理解できるようになりました。同時に、韓国の歴史ではこうした実践がなかったのか、私たちは何一つ憩いと安らぎの場を持てなかったのか、振り返ってみるようになりました。そして、その結果、遠い昔の三韓（一世紀から五世紀にかけて、朝鮮半島南部に存在した三つの韓――西部の馬韓・東部の辰韓・南部の弁韓――のこと）時代に、「馬韓（ばかん）」と「蘇塗（そと）」があったことに思いあたりました。せいぜい百済（くだら）に発展する前の氏族連盟と理解される馬韓が、実はスウェーデンのような福祉大国だったことを、また、せいぜい罪人の避難所と理解される蘇塗が、実は「人民の家」のようなケアーとコミュニケーションの空間だったことがわかってきました。そして、「人民の家」があってはじめて「国民の家」が成り立ったように、「蘇塗」があってはじめて「馬韓」という幸せな社会ができたことに気付きました。

もちろん今では、馬韓と蘇塗の痕跡はほとんど残っていません。馬韓は百済に吸収され、蘇塗は今その姿をほとんどなくしています。しかし、にもかかわらず私は、社会的経済が社会を再発見し再構築するためには、朝鮮半島で最も早く社会をつくった馬韓から、また、その馬韓を幸せな社会へと導いた蘇塗から学ばなければならないと思います。馬韓と蘇塗への想像をとおして、社会再生への道を開けなければならないのだと思います。

今から述べる私の馬韓と蘇塗論は、歴史学界での通説とは少しかけ離れています。それは、ある面、歴史的論証よりユートピア的想像、つまり原始への回想に近いものです。しかし、あらゆる運動は、想像と回想から始まります。歴史に息を吹き込むのは、論証ではなく回想で、その歴史が現在と未来に意味を持つのは、想像によるものです。韓国固有の仏教である「圓佛教（えんぶっきょう）」を創始した朴重彬（パクジュンビン）は、「原始反本していく世を追う回想」をもって大きな悟りに至り、「物質が開闢（かいびゃく）したから精神を開闢しよう」と言いながら、「貯蓄組合」と「防堰工事（一種の開拓共同体）」を試みました。誰もみたことがなく、記録にもほとんど残っていないことへの温かい回想が、社会的経済の未来を切り開くことを信じてやみません。

2 「馬韓」物語

『三国志』からの引用

馬韓と蘇塗に関する記録は、残念ながら、韓国の歴史書にはほとんど残っていません。中国の晋の時代に、陳寿という儒学者が編纂した『三国志』（魏・呉・蜀の三国時代の歴史を述べた歴史書。日本で一般に『三国志』と呼ばれている多くは『三国志演義』で、『三国志』を基に、明代の中国で著者による創作も加えられた大衆小説）に、その概略的な記録が残っているだけです。その記述を一部紹介すると、次のとおりです。

（馬韓の）風習には綱紀が少なく（其俗少綱紀）、国邑に主帥がいても（國邑雖有主帥）、邑落に雑居しているので（邑落雜居）、あまり制御できておらず（不能善相制御）、跪拝の礼が無い（無跪拜之禮）。……

常に五月下旬に種をまき終わると（常以五月下種訖）、鬼神を祭る（祭鬼神）。（その時に）皆が歌い踊り（羣聚歌舞）、酒飲に昼夜無休である（飲酒晝夜無休）。……十月の農作業が終わった後にも、またそれを繰り返して行う（十月農功畢亦復如之）。

鬼神を信じるので（信鬼神）、国邑で各一人ずつ立たせ（國邑各立一人）、天神の祭を主宰し（主祭天神）、その名を天君という（名之天君）。

また、それぞれの国には別邑が有り（又諸國各有別邑）、その名を蘇塗と為す（名之爲蘇塗）。大木を立てて（立大木）、鈴と鼓をかけ（縣鈴鼓）、鬼神を事とする（事鬼神）。亡人たちがその中に至ると（諸亡逃至其中）、皆が還らず（皆不還之）、好んで賊をつくる（好作賊）。其の蘇塗を立てる義は（其立蘇塗之義）、（佛教の）浮屠に似ているが（有似浮屠）、善悪の行いに異なりがある（而所行善悪有異）。

其の北方の（中国の）郡に近い諸国は（其北方近郡諸國）、まずまず礼の風習があるが（差曉禮俗）、其の遠く離れた処は（其遠處）、そっくり囚人や奴隷の群がりのようである（直如囚徒奴婢相聚）。

『三国志』は、三世紀頃に書かれた古い歴史書です。そのため、国邑・主帥・邑落・天君・別邑・蘇塗など、なじみのない言葉もたくさん出てきます。「馬韓」と「蘇塗」について具体的に説明する前に、このいくつかの言葉を借りて、馬韓の概略的な社会のようすを紹介します。

馬韓は、紀元一世紀から五世紀にかけて、朝鮮半島の中西部——今の京畿道・忠清道・全羅道一帯——にあった、大小五十余の国々によってつくられた「連邦制社会」です(4)。一つの国は、大きくて一万家族(5)、小さくて数千の家族で構成され、その大きさは半径二十キロ前後でした。また、それぞれの国の中には多数の「邑落」があり、その中で特に（政治経済的な首都に当たる）「国邑」と（特別な邑である）「蘇塗」が中心でした。「天君」はその国邑で天神への祭祀を主管する祭司で、「主帥」は各国の政治経済的な指導者でした。こうした基礎知識に基づいて、馬韓に関する上記の『三国志』の記述を一つずつ考察していきたいと思います。

「鬼神」の意味

まず、「常に五月下旬に種をまき終わると、鬼神を祭る。（その時に）皆が歌い踊り、酒飲に昼夜無休である。……十月の農作業が終わった後にも、またそれを繰り返して行う」という記述からです。

馬韓の国々では、毎年、種まきと収穫の後に、必ず鬼神を祭る風習がありました。もちろん、ここでの鬼神は、私たちが通常考えるような先祖の魂とか化け物ではありません。馬韓の人々にとっての鬼神は、今の言葉で言うと生命です。祖先とか化け物などは、その生命を擬人化したものです。

今から約二十万年前に、私たちの直接の祖先であるホモ・サピエンスがこの地上に現れました。もちろん、当時の地球には、ホモ・サピエンスだけでなく、様々な「ヒト属（Genus Homo）」が生きていました。ホモ・サピエンスは、少なくとも二十四種類に及ぶヒト属の一つにすぎず、個体数や身体条件の面からみても、他のヒト属（ホモ・エレクトスやネアンデルタール人など）より劣る存在でした。

しかし、こうした多数のヒト属のうち、ホモ・サピエンスだけが今まで生き残っています。

他のヒト属は、周期的に襲う寒さと獲物確保の難しさのなか、すべて絶滅してしまいました。それではなぜ、ホモ・サピエンスだけが生き残れたのでしょうか？　ホモ・サピエンスには、他のヒト属にはないどんな能力があったのでしょうか？

ある人は、火のおこし方を知り、そのために寒さに耐えられたことを生き残りの秘訣だと言っています。また、ある人は、鋭い道具をつくり、狩りに成功したから生き残ったと言います。寿命が長く、育児の期間も長かったために、知識を次世代に伝えられたことを原因にあげる人もいます。皆、それなりの意味がある解釈です。しかし、こうした能力は、結果であって、原因ではありません。ホモ・サピエンスだけに起きたある現象が、こうした結果を生み出したのです。ホモ・サピエンスにある変化が起きたために、その結果として、技術革新と情報伝達が可能になり、唯一生き残れるようになったのです。

宗教学者中沢新一によると、今から約五万年前に、ホモ・サピエンスの脳に革命的な変化が起きました。それまで地球を支配してきたネアンデルタール人が、大きな脳を持ちながらも、異なる機能領域の間を繋ぐ連結回路が十分に発達していなかったのに比べて、ホモ・サピエンスは、小さい脳を持ちながらも、脳の各領域を横断的に接続するニューロン・ネットワークを発達させました。そしてその結果、連想・比喩・対応などの思考能力を持つことができ、異質な領域や違うものの間に同一性を見出すことができました。

何がきっかけで、ホモ・サピエンスの脳にこんな革命的な変化が起こったのか、それは未だに不明なままです。確かなことは、この変化によって、ホモ・サピエンスだけが唯一、獲物と自分を物質的に区分しながら、両者を繋ぐ物質的なもの以上のことがわかるようになった、ということです。あらゆる生き物の中から、物質的なもの以上のこと――通常は「心」とか「魂」などと呼ばれるもの――を感じられるようになった、ということです。岩に獲物を描いたり、仲間を葬儀したりすることによって、彼らの魂を祭ったのは、ホモ・サピエンスがはじめてです。それによって、ホモ・サピエンスは、自然をより深く理解し、自然を擬人化して再び自分と関係させることができたのです。先ほど述べたホモ・サピエンスの様々な能力――火の管理・道具の制作・知識の伝達など――はすべて、こうした脳の革命的な変化によって生じたものです。今の私たちが「自然信仰（animism）」と簡単に片付ける、こうした革命的変化が、最も遅く出現したにもかかわらず、ホモ・サピエンスを今まで生き残らせたのです。

馬韓の人々が五月と十月に必ず鬼神を祭った、と言われる「鬼神」が、まさにこうした「自然（anima）」です。播いた種や収穫した作物の中に込められた物質的なもの以上のこと、祖先から自分たちに引き継がれたうちの物質的なもの以上のことです。ホモ・サピエンスが、魂を称えるために岩に獲物を描いたり仲間を葬儀したりしたことが、一つの制度化された儀式として、馬韓での鬼神への祭祀に受け継がれたのです。要するに、馬韓の人々が五月と十月に祭った鬼神は、今の言葉で言うと生命（たち）で、生命の宿った生命体（たち）です。祖先が鬼神の表象として現れたのは、それが生命の擬人化したもので、なおかつそれとの関係が憶えられるものだったからです。

「天神」の意味

ところが、ここで、私たちは一つの疑問を抱きます。『三国志』には、「鬼神を信じるので、国邑で各一人ずつ立たせ、天神の祭を主宰し、その名を天君と言う」といった文句が出てきます。鬼神を信ずるなら、鬼神を祭るべきで、実際に馬韓では、五月と十月にその祭祀が行われていました。しかし『三国志』では、鬼神を信じるので、天神を祭った、と言っています。種播きと収穫の後に鬼神を祭るだけでなく、国全体をあげて、天神を祭ったと言っています。なぜでしょうか？　なぜ、鬼神だけでなく、天神もまた祭ったのでしょうか？　天神は誰で、鬼神とはどう違うのでしょうか？

人間が、自然から離れて共同体（国）をつくるためには、必ず自然（生命）に関する共通の意識と共同の儀式が必要です。そしてこの自然（生命）は、共同体の皆が共有し実感できる、地理的で具体的なものでなければなりません。種播きと収穫の後に行われた祭祀は、たぶんこうした共同体（国）の地理的・具体的な自然（生命）を祭るためのものだったと思われます。すなわち、鬼神とは地理的・具体的な生命であって、それを祭ることで共同体（国）がまとめられたと思われます。

しかし、このように大事な各共同体の生命は、時として他の共同体との出会いを妨げたりもします。他の共同体と出会うときに、自分らの信じる生命が他の共同体の信じる生命とぶつかる場合も少なくないからです。ある共同体が、その地理的特性を反映した鬼神を持つのは当然のことですが、それらを繋ぐ何かの普遍的・超越的な鬼神が登場しないと、共同体と共同体の関係を平和に維持できなくなります。馬韓での「天神」は、まさにそうした鬼神でした。「鬼神」が、各共同体の地理的・具体的な自然（生命）であるならば、「天神」は、それらの共同体を横断する超越的・普遍的な自然（生命）でした。そして、こうした「天神」の登場は、馬韓だけではなく、人類史に共通するものです。

先ほども申したように、今から約五万年前に、人類（ホモ・サピエンス）の脳に革命的な変化が起きました。そして、その結果、人類には火の管理・道具の制作・知識の伝達などが可能になり、周期的に襲う寒さと獲物確保の難しさのなかでも生き残ることができました。他のヒト属と同様に、狩猟と採集をしながら生きていましたが、他のヒト属と違って、人類だけがその獲物から物質的なもの以上のことを感じ、自分の中にそれを再び消化・理解することができたのです。

そうした人類の生き方に、今から約一万年前、再び大きな変化が起きました。個体数が増え、全世界にその生きる場を広げるなか、従来までの狩猟と採集では獲物の確保が難しくなりました。そこで人類は、最後の氷河期が終わり、地球の温暖化が進むなか、それによって生じた大量の水と広大な牧草地を利用して、農耕と牧畜を発明しました。

従来の狩猟と採集に比べて、農耕と牧畜は驚異的な技術革新でした。以前に比べて生産力が著しく増え、おかげで人類が物質的にとても豊かになったからです。しかし、その一方では、新しい難問にも出会いました。農耕と牧畜によって森林枯渇や土壌浸食などの自然破壊が起こり、限られた土地をめぐる定着民と移住民の間の葛藤が生じました。特にユーラシア大陸に起きた移動型の牧畜民（＝遊牧民）の大移動は、世界各地で農耕の定着民と牧畜の遊牧民の間に深刻な衝突を呼び起こしました。そのままであれば、せっかくの技術革新が人類を破滅に至らせるという危機的な瞬間でした。

このころ同時期に、世界各地で驚くべきことが発生しました。中国では、孔子や老子をはじめ諸子百家が登場し、インドでは、ウパニシャッドから釈迦に至るインド哲学が生まれました。パレスチナでは、エリヤからイザヤに至る預言者たちが現れ、ギリシャでは、ホメロスからプラトンに至るギリシャ哲学が出現しました。人類の精神史に光彩を放つほとんどの思想が、驚くべきことに、この時期にすべて出現しました。

この時期を指して、ドイツの哲学者ヤスパース（Karl Jaspers 一八八三－一九六九年）は、世界史の軸がつくられたという意味で「枢軸時代（axial age）」と呼んでいます。科学哲学者広井良典は、五万年前に起きた「心のビッグバン」に並ぶ「精神のビッグバン」と呼んでいます。宗教学者中沢新一は、五万年前の変化を「流動的知性の発生」とし、この時の変化を「第一次形而上学革命」と呼び、次のように言っています。

> いままでは、自分たちの大脳の中で生起している流動的知性の働きの中に、メタモルフォーゼをおこなう横断的な強度（この強度の本質を「多」と表現することができるだろう）を見出してきた人類が、その流動的知性の奥に、なにものにも限定づけられることのない、ど

こにも領域化されることのない、どんな特定の性質にも染まることのない、完全に静謐にして、おそるべき力をみなぎらせた実無限を発見し、それを「一（いっ）」であるものとして表現しはじめたのである。

（『緑の資本論』）

名前はどうであれ、この時期に出現したあらゆる精神的覚醒は、地理的・具体的な生命を超える、普遍的・超越的な生命の発見を意味します。そして、こうした普遍的・超越的な生命が登場したために、部族や氏族のような「群れとしての人間」を超える「普遍的な人間概念」(6)が登場できたのです。そして、その結果として、人類は、部族や氏族の違いを越える共通の社会規範を持つことになり、（掠奪のような）暴力的な交易を卒業して、（祭天を介した）平和的な交易を始めることになったのです。(7)すなわち、ホモ・サピエンスが「心のビッグバン」を契機に「人類とその群れ（共同体）」を生んだとすれば、今度は「精神のビッグバン」を契機に「人間とその社会」を生むことになったと言えます。

この枢軸時代に東北アジアに出現したのが、「天神」つまり檀君（だんくん）思想です。今は、神話としてしか伝わっていませんが、天神（檀君）思想とその血肉化儀式としての祭祀があってこそ、異なる部族や氏族を横断する普遍的な生命と人間概念を生むことができ、かつ、それを媒介に社会をつくることができたのです。

そして、ここで注意すべき点は、普遍的な天神が出現したとしても、それは鬼神と対立しなかったということです。東北アジアでの天神は、地理的・具体的な生命（たち）の超越的・普遍的な概念であって、鬼神の上に君臨したり支配したりするものではありませんでした。天神のあらゆる活動は、鬼神を媒介に、鬼神の現れとして表出する、と当時の人々は思いました。馬韓の人々が鬼神を信じるにもかかわらず祭天を行ったのは、こうした考えがその基礎にあったからです。もちろん、これは馬韓だけでなく、東北アジアの全域に共通するものでした。東北アジアでの「祭天」、つまり「天への祭祀」は、通常、「祭天祀地」つまり「天（天神）と地（鬼神）への祭祀」の略語でした。高句麗(こうくり)では朱蒙(チュモン)（高登神＝天神）と河伯(ハベック)（夫餘神＝地神）の祭祀が、百済では天神（太陽神）と水神（地母神）への祭祀が、常に同時に行われました。

これは、東北アジアで「社会」というものがどのように生まれたのかを示唆する、とても重要なことです。マルクス主義者は、通常、生産力の発達した氏族や部族が周辺を統合するなかで「国家」が生まれた、と言っています。しかし、そのような見解は、「国家」の起源には当てはまっても、「社会」の起源には当てはまりません。「国家」が登場するはるか前に、「社会」が先につくられたことを見落としてはなりません。

「社会」は、ある氏族（部族）による他の氏族の併合によってではなく、氏族と氏族の結び合いから生まれたものです。その結び合いのことを、神話ではよく「性交」とか「結婚」と描き、東北アジアで最も古い社会だった古朝鮮は、桓雄(ファンウン)（＝遊牧民・天神）と熊女(ウンニョ)（＝定着民・鬼神）の交合によってつくられました。すなわち、少なくとも東北アジアでは、「国家」以前に「社会」が先にあり、その「社会」は、統合とか併合によってではなく、結び合いや交じり合いを通じて生まれたのです。馬韓という社会が、それぞれの地理的・具体的な鬼神たちをそれぞれの共同体が祭りながらも、その間に何の差別もなかったことは、このように「社会」発生の起源が「国家」と違ったからです。

祭祀と祭りの意味

それでは、なぜ馬韓の人々は、五月の種播きと十月の収穫の後に、鬼神を祭ったのでしょうか？　また、その聖なる祭祀の際に、なぜ皆がそろって、歌ったり踊ったり飲んだりしたのでしょうか？

馬韓は、朝鮮半島南部で、最も早く農耕を始めた社会です。種播きと収穫は、そのような馬韓にとって、一年の始まりと終わりを告げる、とても重要な作業です。その作業に共同体の全構成員が参加し、また、その収穫物が共同体に属する場合、その作業はなおさら重要です。ですから、皆が集まって、お互いの努力を称賛し、無事に終わったことを祝うのは、当然のことです。しかし、それだけでは、祭りの理由は説明できても、祭祀の理由は説明できません。祭祀を行い、その祭祀のついでに祭りを行った、ということを説明するためには、人以外のもの、人の群れ（共同体）以外のものへの観点を持たなければなりません。

種を播いたり収穫したりする作業は、確かに人とその共同体の仕事です。しかし、そのときの種は自然で、その種を育てるのも自然です。また、それが育ってできたものも自然です。すなわち、農耕では、その主体・過程・結果のすべてが自然です。自然が自分を育て、自分を増やす、そんな自然な成り行きが農耕です。人間は、その始め（種播き）と終わり（収穫）に、少しだけ関与し、自然による自然な成り行きを見守るだけです。

そして、重要なことは、本当に自然が自ずと生長し、その結果を生んだか否かではなく、人間がそう信じて生きてきたことです。すべての過程を自然の営みとみなし、その営みに人間は少しだけ関与すると思ってきたことです。そんな思いが、種播きと収穫という骨折り（人間労働）を慰安するための祭りではなく、自然の生長を祈願し、生長した自然に感謝するための祭祀として、現れたのです。種をまいたのは人間ですが、その種が順調に生長することを祈願して、また、収穫を行ったのは人間ですが、その収穫をもたらした自然の成り行きに感謝して、まず祭祀が行われたのです。

祭祀の際に、飲酒と歌舞が何日も繰り返して行われたことも、今の目でとらえてはなりません。飲酒と歌舞は、単なる遊戯とか芸能ではありません。祭祀で酒を飲むことは、古今東西に共通する慣習です。そして、この飲酒は、単なる酒飲みではなく、自然からの福を飲むこと、つまり「飲福」です。自然からの贈与を願って、また自然からの贈与に感謝して、人間の捧げた供物をその人間が再び供養すること、それが祭祀の際の飲酒の本当の意味です。それによって、人間は、祭祀の対象である生命を迎え入れ、その生命と一つになることができます。

祭祀の際に、歌舞が行われるのも、同じ理由からです。祭祀での歌舞は、単なる歌とか踊りではなく、生命を招く「招魂」です。生命を招くための人間の声が「歌」で、人間の動きが「舞」です。もちろん、そうした歌舞によっても、人間は、生命を迎え入れ、迎え入れた生命と一つになります。今はその意味がなくなっていますが、「芸能」に当たる英語「エンターテインメント（entertainment）」の中には、本来、「接待」という意味が込められていました。

檀君の歴史を記録した『檀君世記』（十四世紀の著名な儒学者・李嵒著）によると、「神市以降に天に祭祀する度に、国中の人々が皆集まって、一緒に「於阿歌」を歌いながら、その大きな徳を称賛し、お互いに和合を高めた」としています。また、「その歌を楽しく歌いながら祖先に感謝し、神人が四方（世界）の和を求める儀式を挙げ、それが「参佺の戒律」となった」としています。ここでいう「参佺」とは、鬼神（生命）と一つになることを意味し、それが戒律になったとは、社会共通の規範になったことを意味します。

於阿歌

オア（於阿）オア（於阿）
祖先の大きな恵みと高い功徳
永遠に忘れまい

善心は大きな弓なり、悪心は標的なり
一人一人の善心が一つになると
矢が的を突き抜け

邪悪な心さえ溶ける
一人一人の心が一つになると
大きな弓が堅固になり
わが国には数千年の恩恵となり
（『檀君世記』）

祭祀の際の踊りについて、『三国志』では、「数十人が共に立って、互いに沿って地を踏み、手足を低く高くして、互いに応える」と描いています。当時の祭祀に、老若男女のすべてが参加して一緒に踊ったこと、そして、その踊りのようすが、地を踏み手足をあげながら、地神と天神を招いたことがわかります。韓国の慶尚道で五月に行われる「地神祭り」、婦女子らが手に手を取って踊る民族円舞の「カンガンスルレ」などは、すべてここから由来したものと思われます。

あらゆる芸能は、その起源が祭祀に由来しています。天神と鬼神に祈願し、感謝するための集団的な儀式から、歌や踊りなどのあらゆる芸能が生まれたのです。そして、歌ったり踊ったりする時には、必ず食べさせねばなりませんし、食べねばなりませんでした。祈願と感謝の意を込めて、神々が食べるように拵(こしら)えねばならないし、拵えたものはすべて食べ尽くさねばなりませんでした。食べ尽くせば尽くすほど、祭祀の意味は大いに増すからです。馬韓の人たちが昼夜を問わずに飲酒と歌舞を続けたのは、そんな理由からでした。アメリカ・インディアンの「ポトラッチ（potlatch）」も、こうした祭祀を起源とするもので、「ポトラッチ」の本来の意味は、「食べる」「消費する」、そして「蕩尽する」ことでした。

祭祀の功利的機能

『三国志』では、こうした祭祀に「群聚した」、つまり、「たくさんの人々が群がり集まった」と描いています。しかし、ここで注意すべきことは、祭祀に参加した「群がり」の範囲です。「群がり」が単に共同体（氏族や部族）の全構成員を指すものだろうか、ということです。結論から言いますと、共同体の構成員が参加するだけでは、祭祀としての意味を持てないのです。祭祀はそもそも、共同体の人々の労働を慰安するためではなく、生命からの贈与を祈願し感謝するためのものです。ですから、祭祀の主催者は共同体の全構成員であっても、それに招かれるのは鬼神（生命）でなければなりません。鬼神を招待してもてなすのが祭祀であって、共同体の構成員のために祭祀を行ったのではありません。

しかし、残念ながらその鬼神は、見ることも感じることもできないのです。見ることのできる鬼神は異邦人で、感じることのできる鬼神は先祖です。すなわち、祭祀の目的は鬼神を招待してもてなすことですが、実際にはその表象である異邦人や祖先を招待してもてなしたものです。そしてそれは、馬韓の人々にとって異邦人や祖先が、鬼神つまり生命を代表する、生命の

「換喩（metonymy）」だったことを意味します。生命の空間的換喩が異邦人で、時間的換喩が祖先だったわけです。遠く離れていても、実は自分たちと深く結び付いているすべての生命、すでに逝き去っても、実は自分たちの中に生き続けているすべての生命、それらの表象が異邦人と祖先だったのです。

祭祀とは、そのような生命たちを招いてもてなすための儀式でした。異邦人や祖先たちを招いて、何日も一緒に、歌ったり踊ったり飲んだりしながらもてなす行事でした。したがって、祭祀に「群がり集まった」と言うとき、その中には単に共同体の人々だけではなく、異邦人や祖先たちが含まれていました。そして、その祭祀のために、馬韓の人々は、すべての富を消費し、何も残さなかったのです。モースが言ったように、ここでの消費は「消費」よりむしろ「破壊」に近く、「消費と破壊の限度がなかった」のです。

そして、重要な点は、こうした消費と破壊によって、むしろ富の維持と増殖ができた、ということです。馬韓の人々が使い果たした富は、翌年の農耕に必要な最小限を除いた「余糧」でした。食べ残した食糧ではなく、先取りした食糧です。そんな余糧のすべてを、彼らは祭祀と祭りで蕩尽しました。そして、そうした蕩尽によって彼らは、一方では余糧が生命から離れて「剰余」に変わることを防ぎ、他方では生命として生き続けながら、よりたくさんの生命を生み出せるようにしました。富の蕩尽は、消極的には私的蓄蔵を防ぐものですが、積極的には富を殺して再び増殖させるものだったのです。

もう一つの重要な点は、こうした蕩尽をもって「社会的包摂（social inclusion）」が行われた、ということです。先ほども申したように、祭祀に招待される鬼神は、見ることも感じることもできません。見ることができ感じることができるのは、鬼神の表象である異邦人と祖先です。彼らを招待して、親交を交わしながらもてなすこと、それをもって異邦人との平和な関係と共同体同士の平和な関係を保つこと、そこに鬼神と天神への祭祀の功利的機能があったわけです。

三つ目の重要な点は、こうした生命とその表象に向かうもてなしが、共同体内部の相互性を強めさせ、至高性を高めさせた、ということです。祭祀の際に、招待する側と招待される側は、決して一つになれず、一つになってはならないのです。祖先と異邦人のために十分なもてなしをするためには、もてなしの主体ともてなされる客体が、画然と区別されねばなりません。真心をもって接待し親交しても、接待する側は主催者として、接待される側は客として、お互いがあり続けていなければなりません。モースが言ったように、「人々は兄弟のように親交を結ぶが、同時に異邦人の状態のままでいる。……お互いに親しくなっても、同時にお互いに対立する」関係を保たなければならないのです。

こうして対立しながら親交するなか、はじめて共同体内部の内なる相互性と至高性が生まれます。モースの言葉を借りれば、「お互いに親しく過ごし、またお互いに対立するなかで、人々は極めて多様な美的状態に移り」ます。生命への祭祀、祖先や異邦人に向かうもてなしが、馬韓社会の内なる人間関係と美意識をつくり出すのであって、その逆ではありません。

最近の韓国では、「社会統合」とか「包摂国家」という言葉がよく使われています。しかし、

「社会統合」の本当の意味は「社会的包摂」であり、その担い手は「国家」ではなく「社会の人々」です。国家がその国民を一つに統合することではなく、社会の人々がその外にある人々を抱きしめること、抱きしめて歓待することです。共同体的で社会的に蓄蔵した富を、社会の外に向かって蕩尽することをとおして、内なる人間関係の相互性と至高性を高め、外なる平和な関係を築くことが、「社会的包摂」の本当の意味です。

「自己」に向かう歓待

韓国の著名な人類学者趙恵貞(チョヘジョン)は、韓国の伝統社会の核心的な価値として、「奉祭祀」と「接賓客」の二つを取り上げたことがあります。時間的には祖先を祀り、空間的には客をもてなしたことこそ、韓民族の道徳的偉大さであり、それを回復することが、現代社会の諸問題を解決する糸口になる、と言っています。彼女のこうした話は、私利だけを追求してきた私たちにとって、大変示唆に富むものです。自分の存在を可能にした、時間の連続性と空間の関係性を知り、それに向かって、祭祀・接待すべきことを強調した彼女の話は、大変重要なものです。

しかし同時に、私たちは、祖先を祀り、異邦人をもてなす本当の意味について、より深く考える必要があります。祖先や異邦人に象徴される他人、祭祀や接待に象徴される歓待が、果して他人に向かう歓待に留まるものなのかについて、より深く考えるべきです。馬韓での祭祀と祭りが、実に馬韓社会の相互性と至高性を高めたように、他人に向かう歓待が、実は自分に向かうものではないのか、ということです。

祭祀と接待の対象は、言うまでもなく祖先や異邦人です。そしてこれらはすべての生命を象徴するものです。つまり、人間は古代から、祖先を生命全体を表す時間的な換喩とし、異邦人を空間的な換喩としてきました。そして、その祖先と異邦人への祭祀と接待が、結局は、今を生きる自分、将来を生きる次世代の生命に向かう祭祀と接待なのだと理解してきました。

朝鮮初期の儒学者李陌（イミャク）（一四五五－一五二八年）は、「凡（およ）そ祭祀とは、生命を表象するものから始まって、生命に誠意を尽くすこと」と言いました。人間が祭祀の時に、「神位を立て、お膳を設け、供物を捧げるのは、生命と直接会うため」であり、「過去を覚え、その恩に報いることは、実は今の生を大切にし、その旨を後世に伝えるため」と言いました。李陌のこうした話は、祭祀の対象が生命で、その目的が過去の生命との出会いにあり、それによって得られるものが現在と将来の生命たる世界にある、ということを明らかにしたものです。生命に対する祭祀と接待が、結局は自分と自分の子どもたちに対する祭祀と接待である、ということを明らかにした話です。

東学の二代教主崔時亨（チェシヒョン）も、まったく同じことを言いました。祭祀が徐々に各家庭の先祖を祀る形式的なものになっていくなか、彼は、「天地は父母なり（天地父母）」、つまり、父母への祭祀は本来天地（生命）への祭祀である、と祭祀の意味を確かめました。また、これからは祭祀の時に「その神位を我に向けて設けるべし（向我設位）」、つまり、自分と自分の後を継ぐ者たちを祀るべきである、と祭祀の方向を改めました。儒教の儀式に取り囲まれていた当時の人々にとってはとても革命的な話でしょうが、まったく彼の言ったとおりです。祖先と異邦人に向かう祭祀と接待は、実は、今を生きる自分とその後を継ぐ人々に向かう祭祀と歓待なのです。過去から受け継がれた今の尊い生命を、次世代に受け継がせることです。

労働に関する評価

先ほど私は、外に向かう生命（祖先と異邦人）への歓待が、馬韓社会の内なる人間関係をつくり出すのであって、その逆ではない、と言いました。今村仁司の言葉を借りれば、「相互行為が聖なるものをつくったのではなく、聖なるものにより相互行為がつくられた」とも言えます。それでは、外なる祭祀と接待によって、はたしてどんな内なる相互性が馬韓社会にもたらされたのでしょうか？　その事例を、労働に関する評価の側面から探ってみたいと思います。

『三国志』には、「常に五月下旬に「種播きが終わる（下種訖）」と、鬼神を祭る。……十月の「農作業が終わった後（農功畢）」にも、またそれを繰り返して行う」と描かれています。しかし、そこで一つの疑問が生じます。原本の「下種訖」を「種播きが終わる」と訳すのは正しいでしょうが、「農功畢」を「農作業が終わった後」と訳して本当に正しいでしょうか？　漢字の「功」は、通常、成果や業績のことを指します。したがって、「農功」は「農作業」ではなく「農作業の成果や業績」と訳するのが正しく、「農功畢」は「農作業が終わった後」ではなく「農作業の成果や業績に関する評価が終わった後」と訳すのが正解です。一般的にも、十月の収穫感謝祭は、農作業はもちろん、その評価まで終えた後に行われるのが普通です。

馬韓は、いわゆる原始共同体社会です。そして、そうした原始共同体社会について、私たちは通常、共同所有・共同生産・共同分配・共同消費の社会と理解しています。生産手段を共同に所有したから、当然、生産も共同で行い、共同に生産したから、当然、分配と消費も共同で行った、と理解しています。しかし、こうした理解は、マルクスに由来する大きな間違いです。マルクスは、原始共産制社会に憧れながら、その所有と生産のあり方のみに関心を注ぎ、共同消費を共同所有と共同生産の当然の結果とみました。

しかし、そんな解釈はまったく間違ったものです。原始共同体社会で、生産と所有は消費に収斂されていました。消費を共同で行ったために、むしろ生産を共同に行いました。所有も同じで、消費を共同で行ったために、すべてのものを共同に所有しました。そして、こうした関係は、今も本質的に変わりません。今も、消費のあり方によって生産と所有のあり方が決まり、その逆ではありません。

そのうえで、共同生産で本当に肝心なことは、所有のあり方ではなく、労働のあり方です。資本が足りないから、共同労働をするしかなかったのではなく、労働に関する考え方とその評価のやり方が今と違ったから、共同生産が維持できたのです。それでは、はたして当時の馬韓社会では、どのように労働を評価したのでしょうか？

現代社会では、通常、成果をもって、労働を評価するのが一般的です。成果を生み出すまでのプロセスがどうであれ、生み出した成果だけが重要です。そして、その成果のほとんどは数値に表れるため、成果に対する反対給付も、計量できる報酬として支払われます。生み出した成果が同じではないために、報酬も当然違ってくるし、違った報酬によって、社会的身分までもが違ってきます。成果の違いが、反対給付の違いと社会的身分の違いにまで広がるのが、現代社会の特徴です。

それに比べて、馬韓のような原始共同体社会では、今とは随分違うあり方で労働を評価しました。どれだけの成果を生み出したかよりも、どれだけの誠意をもって農作業に臨んだかのほうが重要でした。自然の状況と変化に対するきめ細かい配慮、共に働く仲間への温かい関心、丁寧で用意周到な労働の姿勢、それによって得られる自己満足と達成感、等々が、その人の労働を評価する重要な基準でした。要するに、現代社会が成果をもって労働を評価するのに比べて、馬韓では過程をもって労働を評価しました。労働過程に臨むその人の姿勢[8]、そこから得られる審美的なやりがいなどが、結果より大切でした。

もちろん、当時の馬韓人が、「労働」をこのように評価できたのは、「生産」に関する意識が今と違ったからです。生産を、人間の労働である以前に、自然（生命）のプロセス（活動）と理解し、したがってその結果も当然、人間労働の成果である以前に、生命からの贈与と受け止めたからです。人間は、ただそれを一時的に占有・利用するだけで、生命の庇護と所有の下に、すべての人間が存在していると考えたからです。

馬韓のような原始共同体社会でも、当然、個々人の生産性に差があったに違いありません。しかし、そうした生産性の差が社会的承認の差にまで広がらなかったのは、生命の贈与から誰も排除されてはならないと考えたからです。原始共同体社会で、共同生産したものを共同分配・共同消費できた本当の要因も、実はここにあります。

生命の観点

高麗(こうらい)時代に編纂された格言集『明心宝鑑』には、「天は禄の無い人を生まず（天不生無禄之人）、地は名の無い草を育てない（地不長無名之草）」という名句があります。あらゆる人を天が養い、あらゆる生命に存在価値がある、という意味です。

財政学者神野直彦は、「分かち合いを構成する三つの原則」として、まず「存在の必要性の相互承認」をあげています。どのような人間も、社会にとって掛け替えのない存在であること、どのような人間でも、相互にその存在を必要としていること、こうした認識から真の分かち合いが始まると言っています。(9)

これはとても大事な話です。しかし同時に、人間同士の真の相互承認が、「天」と「地」を介してのみ可能である、ということを忘れてはなりません。あらゆる人間に、その状況に沿う福禄を与え、あらゆる生命が、その存在価値を表出できるようにするためには、経済の観点ではなく社会の観点、社会の観点ではなく生命の観点に立たなければなりません。そのようにせず、経済の観点で人間を扱い、社会の観点で生命をとらえると、福禄に不公正が生じ、存在価値に差別が生まれます。

かつてマルクスは、『ゴータ綱領批判』の中で、生産力の発展が、資本主義の敵対的生産関係を解決するための条件を生み、それによって、資本主義は、社会主義の過渡期を経て、共産主義に移行する、と予測しました。そのときになると、「能力に応じて働き、労働に応じて受け取る」社会主義社会を経て、「各人はその能力に応じて、各人にはその必要に応じて！」の共産主義社会に変わる、と言いました。そして、そのためには、プロレタリア独裁が過渡的に必要だ、と主張しました。

しかし、こうしたマルクスの予測は、完全に外れてしまいました。マルクスの予想した以上に生産力が発展したにもかかわらず、資本主義は未だに健在です。必要に応じて受け取るどころか、労働に応じて受け取ることも、未だにできていません。いや、むしろ能力に応じて働きたくても、働ける場を見つけられないのが、今の状況です。プロレタリア独裁に成功した国々も、その例外ではありませんでした。それらの国々では、必要に応じて受け取るどころか、むしろ、ひどい迫害と空腹だけが人々に負わされました。

その原因について、未だに生産力が十分に発展していないからだ、と言う人もいます。しかし、そのような言い訳は、現実からかけ離れた弁明にすぎません。生産力は、今まで人類が経験したことがないほど、十分に発展しています。問題の本質は、生産力の未発展ではなく、どのような生産力なのか、という生産力の性格にあります。資本主義が未だに健在で、その弊害がより深刻である理由は、生産力が「社会的」ではなく、したがって、その発展の恩恵が一部の人々（＝資本家）に偏っているからです。一方、生産力を社会化したにもかかわらず、プロレタリア独裁の国々が、ひどい迫害と空腹に終わっている理由は、生産力に対する彼らの考え方が「脱社会的（生命的）」ではなく、したがって、その発展の恩恵が一部の社会（＝党）に牛耳られたからです。

「各人はその能力に応じて、各人にはその必要に応じて！」の社会は、生命の観点から人間をみることによって、生命に向かうなかでこそ、もたらされるものです。人間が、すべての人に生きる福禄を与えるのは、天を介してであり、すべての草にその名を与えるのは、地を介してです。天と地を介して、ようやく、すべての人と生命に対する人間の相互承認と共同責任が生まれます。生命の観点を抜きにした社会と経済は、いかにその生産力が発展しても、馬韓のような社会には到底及ぶことができません。

3 「蘇塗」物語

「蘇塗」はどのようなところか

そろそろ、「蘇塗」の話に移りたいと思います。「蘇塗」とは、馬韓の各国を構成する多数の邑落（ゆうらく）のうち、政治経済的な首都に当たる「国邑（こくゆう）」と並ぶ、大変特別な邑（むら）のことです。そして、その蘇塗についての今までの見解は、そこが祭祀の場であった、というのが一般的です。しかし、本当に蘇塗は祭祀の場だったのでしょうか？『三国志』では、「（馬韓の人々は）鬼神を信じるので、各国邑で一人ずつ立たせ、天神の祭を主宰し、その名を天君という。また、それぞれの国には別邑が有り、その名を蘇塗と為す。大木を立てて、鈴と鼓をかけ、鬼神を事とする（事鬼神）」と描いています。つまり、祭天を行った場所は、蘇塗ではなく、国邑です。蘇塗は、祭天の場ではなく、鬼神を事とする場です。「鬼神を事とする（事鬼神）」を、祭祀ととらえるのは大きな間違いです。

馬韓に関する『三国志』の記述の中には、「鬼神」の言葉が頻繁に出てきます。馬韓の各国を描くときには、「鬼神を祭る（祭鬼神）」とか「鬼神を信じる（信鬼神）」と言い、蘇塗を描くときには、「鬼神を事とする（事鬼神）」と言っています。つまり、鬼神を信じて祀ったのは、蘇塗に限らず、馬韓全体のことで、蘇塗に限って言えば、鬼神を事としたことです。それでは、「鬼神を事とする」とはいったい、どんなことを意味しているのでしょうか？

先ほども申したように、馬韓ではすべての人が鬼神を信じ、すべての邑で鬼神を祭りました。少なくとも年に二回は、鬼神を招待してもてなす、いわゆる宗教的行事を行いました。しかし、馬韓の人々は、それだけで十分とは決して思いませんでした。年に二回鬼神を招待するだけでは、彼らの真意が伝わらず、鬼神と一体であることの証明ができない、と考えました。

そこで設けられたのが、「蘇塗」です。宗教的行事だけでは不十分と思ったために、毎日の仕事が鬼神を招待してもてなすことである特別な場として、蘇塗を設けたのです。すなわち、蘇塗で「鬼神を事とした」というのは、毎日の仕事が鬼神を招待してもてなすことであった、という意味です。もちろん、ここでの鬼神は、自然とか生命の別名です。要するに「蘇塗」とは、生命を招待してもてなすことを毎日の仕事とする場で、そのために馬韓の人々が設けた、非常に特別な邑だったのです。(10)

「神がかり」と「聞き」

『三国志』には、この蘇塗に「大木を立てて、鈴と鼓をかけた」と書かれています。それでは、なぜ大木を立て、その上に鈴と鼓をかけたのでしょうか？　歴史学界で一般的に言われているように、祭祀のための聖なる地であることを知らせるためだったのでしょうか？

「大木」は、神話学では一種の「宇宙樹（cosmic tree）」です。檀君神話に登場する「神檀（壇）樹」、つまり、天神の桓雄（ファンウン）と地神の熊女（ウンニョ）がその下で交合したと伝えられる木も、宇宙樹の一つです。今の教会の尖塔も、基本的にはこの宇宙樹の変わった形です。そして、古今東西を問わず、この大木は、宗教的には「神の降臨（descend）」と「神がかり」を、社会的には「時空間の統合（integration）」を象徴するものです。降臨と統合は、その方向が上下か左右かの違いがあるだけで、基本的には同じ意味合いの言葉です。今、ここに神がかりを願うことは、今、ここに時空間の統合を願うことです。

李陌（イミャク）の書いた『太白逸史』には、「三神（檀君神話に登場する風伯・雨師・雲師）の教えを刻んだ標識には、「一神が降りて満ちあふれたために、その性が通じ、その光が明るく、この世に理化が在り、人の間に弘益をもたらす」と書いてある。蘇塗を設けた志はここにある」としています。蘇塗が神の降臨によってでき、蘇塗の目的が降臨した神の志を現世に実現するところにあることを、よく表したものと言えます。

こうした趣旨は、大木を立てた位置からも確認できます。大木は、（古代社会のすべての聖域でもそうであったように）蘇塗の真ん中ではなく、入り口に立てられました。そして、ある空間の入り口は、一つの空間の終わりであると同時に、他の空間の始まりでもあります。異なる二つの空間は、入り口を介して繋がります。[11] 言い換えれば、蘇塗の入り口に大木を立てた趣旨は、蘇塗の内と外を区分けすると同時に、繋げるためです。蘇塗の神聖さを外に示すためではなく、外の世界を蘇塗の内に呼び込むためです。

ここで、一つ注意せねばならないのは、聖なる空間がはたしてどこなのか、蘇塗の内と外のうち、どこがはたして聖なる空間なのか、ということです。一般的には、蘇塗とその内を聖なる空間と考えます。外に向かって蘇塗の神聖さを示すために、蘇塗の入り口に大木を立てたと理解しています。しかし、それは間違った解釈です。蘇塗からみれば、聖なる空間は蘇塗の内ではなく、外です。聖なる外を内に呼び込むことによって、ようやく蘇塗が聖なる空間になる、ということです。歴史学界では、聖なる蘇塗を俗なる外に示すための標識として、その入り口に大木を立てたと言いますが、本当はまったくその逆です。

それは、大木の上に「鈴と鼓をかけた」理由からも、よくわかります。大木の上に、鈴と鼓をかけた理由についても、歴史学界では、祭祀に使う用品を吊り下げることによって、聖なる蘇塗を外に示すためだ、と言っています。しかし、大切な祭祀用具を平気で外に吊り下げるような、そんな非常識な人はいません。大木を入り口に立てた趣旨が、外の世界を蘇塗に呼び込むためだったように、その大木の上に鈴と鼓をかけた趣旨は、外の音を蘇塗の人々が聞くためだったのです。

鈴と鼓は、すべて「音」と関連するものです。古代社会でのあらゆる関係は、音を鳴らすことから始まり、飯を一緒に食べることによって強まりました。馬韓の人々が祭祀で歌ったのは、音を出して、鬼神（生命）を招待するためでした。そして、その場合には、必ず鈴と鼓が使われました。鈴を鳴らして、鼓を叩きながら、招待の意を鬼神に送り届けました。つまり、人間が音を出して生命に聞かせるために、祭祀では鈴と鼓が使われたのです。

そのような聖なる用具を、蘇塗の入り口に吊り下げるわけにはいきません。たとえ同じ物を吊り下げたとしても、それを蘇塗の神聖さを示すため、と解釈するのは理屈に合わないことです。冒頭にも話したように、蘇塗は祭祀の場ではなく、鬼神を事とする場だったからです。蘇塗の入り口に鈴と鼓を吊り下げたのは、祭祀の時のように、人間が音を出して生命に聞かせるためではなかったのです。

　関係の始まりである「音」には、相反する二つの行為が伴います。関係を強めさせる「飯」に、「食べる」行為と「食べさせる」行為があるように、「音」にも、「出す」行為と「聞く」行為があります。祭祀で鈴を鳴らしたり鼓を叩いたりしたのは、内の人間が音を出して、外の生命に聞かせるためです。そして、その場合の鈴と鼓は、大事に保管すべき貴重品であって、決して吊り下げたりするものではありません。それに対して、蘇塗の入り口に吊り下げた鈴と鼓は、外の生命が音を出して、内の人間に聞かせるためのものです。蘇塗の外にある生命から音を出してもらって、その音を蘇塗の人々が聞くためです。音を出してもらうことで、生命との関係が始まり、その生命を招いて飯を食べさせることで、関係を強めるというのが、蘇塗の「鬼神を事とする」仕事だったのです。

　自然には言葉がなく、異邦人の言葉はわからないものです。その自然が、音を出すために振るのが鈴で、その異邦人が、音を出すために叩くのが鼓です。鈴は、まるで風鈴（ふうりん）や牛鈴（カウベル）のようなもので、鼓は、まるで朝鮮の申聞鼓（しんぶんこ）（朝鮮の初期に、民の悔しさを王が直接聞いて、解決するために、宮の外の門楼の上につけた太鼓）のようなものです。姿はあっても、蘇塗の人々にその音が聞こえない自然は、鈴を振って、自分を表しました。音はあっても、蘇塗の人々にその意味がわからない異邦人は、鼓を叩いて、自分を伝えました。すなわち、蘇塗の人々からみれば、鈴は異種の生命の音を聞くためのもので、鼓は同種でもその意味がわからない生命の音を聞くためのものだったのです。

広大な時空間を、今ここに統合させるには、大木を立てるだけでは済みません。目にみえる形で関係を結ばねばならず、その関係は当然、相手の声を「聞く」ことから始まります。世俗のものですが、例えば「官庁」の本業も「聞く」ことです。「官庁」の「庁（廳）」は、「聞く（聽）所（广）」という意味です。もちろん、同じ「聞く」でも、官庁と蘇塗には大きな違いがあります。官庁が、同じ空間に住む同質なものの声を聞く所だとすれば、蘇塗がその入り口に鈴と鼓を吊り下げた理由は、他の空間に住む異質なものの声を聞くためでした。蘇塗が「鬼神を事とする」空間、つまり生命を招待してもてなす空間になったのは、その始まりにこうした「聞き」があったからです。

逃亡者の盗賊？

『三国志』では、この鈴を振り、鼓を叩いた人を「亡逃」と言っています。そして、彼らが「（一度）蘇塗の中に至ると、皆還らず、好んで賊をつくった」と言っています。その影響なのか、蘇塗は罪を犯した人の逃げ場で、そこの人々は皆盗賊になった、という理解が一般的です。しかし、本当に蘇塗は罪を犯した人の逃げ場で、その役割は単に彼らを避難させることだったのでしょうか？　そして、逃げ込んだ彼らは、やがて盗賊になるしかなかったのでしょうか？

『三国志』の「亡逃」を、韓国では「逃亡」、日本では「亡者」と訳しますが、それは間違いです。「亡逃」は「亡びて逃げる」ことで、「逃亡」は「（何らかの罪を犯して）逃げる」ことです。つまり、同じ「逃げる」ことでも、その原因を『三国志』では「亡び」によるとし、それを韓国では「法律違反」と説明します。日本の解釈も韓国と似ていて、蘇塗のような「避難所」とか「アジール」のことを、どんな罪を犯した人もここに来ると罪を赦免される場所、と理解します。しかし、本当にそうでしょうか？　蘇塗に逃げ込んだ人々は、本当に罪を犯した罪人だったのでしょうか？

『三国志』の他のところにも、「亡逃」という言葉がよく出てきます。そして、それは主に、軍隊に徴兵され、命を失いそうになった時の「逃げ」として、描かれています。『三国志』より先に書かれた『史記』でも、遠征に連れていかれて生命の危険が及んだ時に、逃げたり自殺することと、書かれています。国家の立場からみれば、これは当然、罪になるのでしょう。しかし、当事者としてこれは、生きるか死ぬかの差し迫った問題で、決して犯罪ではありません。さらにこの「亡逃」は、戦場から逃げることに留まらず、人間なら、誰でも、いつでも出合う状況のことです。貧困に苦しみながらなかなか乗り越えられないとき、障害や病気を持ちながら誰も面倒をみてくれないとき、深刻な束縛と差別のなかで誰も味方になってくれないとき、人間は、誰でもそこを脱して逃げようとします。

特に現代社会では、「亡逃」がもはや特定の人々の問題ではなく、皆の問題となっています。

韓国の場合、これ以上の高度経済成長が不可能になりつつあるなか、貧困はもはや誰にとっても現実です（二〇一五年を基準に、全世帯のうち、十三・三パーセントが絶対的貧困に、十六・七パーセントが相対的貧困に、陥っている）。高齢社会を経て超高齢社会に向かうなか（韓国は二〇〇〇年に高齢化社会となり、二〇一八年に高齢社会に突入。そして、二〇二六年には超高齢社会に突入する見通し）、病気や障がいはもはや皆の将来です。そして、こうした暗い現在と未来を、私たちはもはや、無縁と一人世帯で生きていかねばならなくなっています（二〇四五年には一人世帯が三十六・三パーセント、夫婦だけの世帯が二十一・二パーセントに増え、その代わりに、夫婦＋子ども世帯は十五・九パーセントに激減する見通し）。韓国の自殺率（二〇一六年を基準に十万人当たり二十五・六人）が、この数年間ＯＥＣＤ諸国のトップを記録しているのは、こうした「亡び」からの逃げ場がなく、結局は、この世を去るしか方法がないからです。

「亡逃」は、韓国で訳すような「罪を犯して逃げる」「逃亡」ではありません。また、日本で訳すような「亡びた人」「亡くなった人」を指す「亡者」でもありません。蘇塗に入り込んだ人々は、生きるか死ぬかの状況に差し迫られた人々で、かつ、それでも生きようとする人々です。そして、そうした人々を抱え込んで、共に生きようとしたのが蘇塗です。

同じく、蘇塗に入り込んだ人々が「好んで賊をつくった（好作賊）」とした際の「作賊」も、「盗賊」とは違う意味です。「作賊」とは、「盗賊」よりむしろ「反逆」に近い意味の言葉です。『三国志』の他のところでも、「作賊」は（後漢を滅ぼした黄巾賊のような）反逆として描かれています。他の文献――南宋末期に王応麟（一二二三－一二九六年）が編纂した『困学紀聞』――でも、同じく反逆の意味で使われています。国家権力を否定し、その財産を奪ったために、国家の立場からは盗賊団と見られた面もありますが、「作賊」の本当の意味は、体制に逆らう「造反」のことです。

それでは、なぜ『三国志』を書いた中国の歴史家は、蘇塗の行為を「作賊（反逆）」と描いたのでしょうか？　なぜ、ひとたび蘇塗に入り込むと、誰もが還らなくなったのでしょうか？

もし蘇塗が、亡びて逃げた人々を救済し、社会に復帰させたならば、それは反逆どころか、賞賛されたに違いありません。しかし、蘇塗はそうはしませんでした。蘇塗は、そこに入り込んだ人々を教化し、社会復帰させる対象とみるのではなく、新しい社会の主役とみました。彼らが蘇塗の中で自分を亡ぼした社会とまったく異なる社会をつくり出せるように、蘇塗の人々は、全力を尽くして助けました。そのために、蘇塗でのこうした行為は、既存の体制に逆らう謀反と見られるか、少なくとも既存の体制に害を与える危ないものと見られました。

亡逃への対応

日本の江戸時代に「縁切寺」というものがありました。女性からの離婚請求が認められなかった当時、この寺に駆け込むと、約二年の調停期間を経て、離婚を成立させてくれました。夫から逃げ切れなくなった場合でも、履いていた草履を敷地内に投げ込むだけで、保護を受けられました。当然、夫は妻の同意なしにこの寺に入ることができず、連れて帰ることもできませんでした。そして、この寺に住む間、彼女たちは僧侶たちと同じ待遇を受けました。また、離婚が成立した後に僧侶になるか否かはまったく彼女たちの選択に委ねられました。

江戸時代に、こうした権限を持つ寺は、二ヵ所しかありませんでした。しかし、それ以前は、社会通念上、ほとんどの寺院がその権限を持っていました。国家権力が強まる前までは、すべての寺院が、世俗から離れた一種の「蘇塗」で「公界（くがい）」でした。歴史家網野善彦によると、公界は公的（public）な空間ではなく、国家権力や社会一般からも離れた空間のことです。私なりに言うと、「国有地」でも「共有地」でもなく、「公有地（自然の空間）」だったのです。女性は、一度そこに入って数年間過ごすと、夫との縁から逃げることができました。女性だけではありません。社会から見捨てられた大勢の人々がそこに駆け込んで、既存社会との縁を切って新しい縁をつくりました。要するに、寺院とはそもそも、絶縁と無縁の空間で、新縁と公縁の空間だったのです。

これは日本だけのことではありません。韓国でも、「蘇塗」がなくなった後、各地の寺院がその役割を引き継ぎました。既存の社会から見捨てられた人々がそこに入り込んで、新しい縁と職をつくりました。日本では、その職名を「役者・連歌師（れんがし）・算置（さんおき）・遊女」などと呼び、韓国では「才人（チェイン）・廣大（クァンデ）・社堂（サダン）・樂工（アッコン）・巫女（ムニョ）・娼妓（チャンギ）・禾尺（ファチョク）・白丁（ペクチョン）」などと呼びました。芸能・占い・葬儀・屠畜・売春などの分野に集中していた彼らの生業は、確かに既存の世界からは賤業と見られましたが、その中で彼（女）らは、本当に自由で平等に生きました。彼（女）らこそ、蘇塗の末裔だったに違いありません。

しかし、同じく蘇塗の後を継ぎながら、正反対の態度を取った場合もありました。資本主義と産業革命の始まった十九世紀に、ヨーロッパ各地には「救貧院（hospital）」という保護施設が設けられていました。そこで教会は、国王やブルジョアたちから援助をもらって、農村から都市に流れ込んだ浮浪者と貧乏人たちを治療し、社会に復帰させました。

一見有難くみえる救貧院ですが、その中では残酷な行為が平然と行われました。救貧院で行われた治療の中には、悪霊が乗り移ったとして身体を切断したり、臓器を取り出したりする場合さえありました。また、教化の目的で強制労働を強いたり、それにしたがわないと拷問や体罰を加えたりする場合もありました。聖と俗を区画して、聖なる至高性を占有していた教会の目からみれば、病気は罪で、怠惰は神聖に対する冒涜で、貧困はそれに伴う罰でした。こうした不道徳で潜在的な犯罪者群を、人並みの労働者へと飼い慣らし、社会復帰させるというのが、教会の使命でした。

今村仁司によると、貧困を罰と考え始めたのは近代に入ってからです。それ以前は、貧困こそ救いの保証でした。貧しい人はその貧しさのために救われ、金持ちは貧しい人に施すことによってのみ救われる、と考えられていました。しかし、こうした貧困意識が近代に入ってからまったく変わりました。貧困の原因は怠惰で、怠惰は神聖への冒涜であり、したがって、怠惰による貧困は当然の罰であるとみなされました。そして、その罰から救われるためには懸命に労働するしかなく、強制労働が救いの一つの方法として強いられました。「貧しい人（le pauvre)」は「人間の屑（le misérable)」に変わり、その中でも矯正不可能な人は社会から完全に排除されました。

人権蹂躙が横行したこの救貧院について、当時の浮浪者と貧乏人たちは、街を徘徊し、飢餓に陥っても、そこに入れられることは頑強に断りました。強制的に連れ込まれてからは、逃げることばかりを考えました。彼らの立場からみて救貧院は、救援より監禁に近い施設でした。近代の「病院（Hospital）」の歴史は、こうした宗教的慈善と強制的更生の奇妙な遭遇から始まり、国王とブルジョアたちは、これら救貧院での矯正のおかげで勤勉な労働者を養成し、産業革命に成功することができました。

救貧と防貧、そして「活貧」

縁切寺と救貧院は、同じく蘇塗を引き継ぎながらも、まったく異なる態度を展開したものです。そして、その原因は、「亡逃」をどうみるかが異なっていたからです。亡びて逃げ込んだ人々の事情を、矯正の対象とみるのか、新しい社会づくりの原動力とみるのかによって、まったく違う対応が生まれたのです。

「貧困」を例にあげて、より具体的に考えてみましょう。十七世紀に、韓国の許筠（ホギュン）が書いた『洪吉童伝（ホンギルドン）』という小説があります。そして、その中には、「活貧党（ファルビン）」という集団の名前がよく出てきます。二十世紀に、東学革命に加担した農民たちが、日本軍と官軍によって殺戮された後につくった団体の一つも、この「活貧党」です。そして、私たちは普通、この「活貧党」を「貧しい人を活かす党」と理解しますが、そのような理解は文法的にも間違いです。

賀川豊彦は、はじめはスラム街に入って貧民救済運動を展開し、後にその活動分野を協同組合運動に変えました。その理由について賀川は、貧民救済運動の目的が「貧しい人々を救う」

「救貧」にあるとすれば、協同組合運動の目的は「人々が貧しくなることを防ぐ」「防貧」にある、としました。賀川の言葉を借りれば、「救貧」は「貧困を救う」ことで、「防貧」は「貧困を防ぐ」ことです。貧しい人々を救うだけに留まらず、貧しさそのものを防ぐことがより大事ということです。

同じ脈絡で言えば、「活貧」は、「貧しい人を活かす」のではなく、「貧しさ（貧困）を活かす」ことです。また、「活貧党」は、「貧しい人を活かす党」ではなく、「貧しさを活かす党」です。もし、「貧しい人を活かす党」という趣旨ならば、「活貧党」ではなく、「活貧者党」というのが正しいのです。

貧しさを活かす？　本当に奇妙な話です。皆が貧しさから逃れることに必死なのに、貧しさを活かすなんて、本当におかしな話です。しかし、もう少し考えてみれば、それは正しい話になります。「救貧」や「防貧」での貧困と「活貧」での貧困は、まったく違う貧困なのです。前者の貧困が強制的掠奪がもたらした結果であるならば、後者の貧困は自発的喜捨が生み出した結果です。「救貧」が強制的掠奪から人を救うもので、「防貧」が強制的掠奪そのものをなくすことであるならば、「活貧」は自発的貧困をもって、貧富の格差がないまったく別の世界を切り開くことです。

同じ趣旨でイエスは、「貧しい人々は幸いである（Blessed are you who are poor）、神の国はあなたがたのものである（for the kingdom of God is yours）」と言いました。ここで言う「貧しい人々」とは、精神的で倫理的な意味――通常、「心の貧しい」と言われるような――ではなく、実用的で字義的な意味のものです。文字どおりに貧しい人々で、彼らの切り開く新しい世界が神の国である、という話です。

驚くべきは、小説の中でしか登場しなかったこの「活貧党」が、二十世紀に東学徒によって、実態として現れたことです。東学研究者朴孟洙(パクメンス)によると、「活貧党は京畿道(キョンギド)・忠清道(チュンチョンド)・慶尚道(チュンチョンド)・全羅道(チョルラド)などでつくられ、連合体をつくって連携しながらも、(基本的には)独自に活動」しました。「普段は十～三十人、または四十～五十人単位で動き、馬に乗って銃と刀で武装し、集団で両班(ヤンパン)(朝鮮の官僚)富豪・官庁・寺院などを襲撃して、その財貨を奪いながら、奪ったものは、貧民や零細商人などに分け」ました。そのために「活貧党の闘争は、民衆から大きな歓迎を受け」ました。

当時の朝廷は、当然、この活貧党を盗賊団とみなしました。しかし、たとえ彼らが貪吏(どんり)(私利を貪る役人)や両班富豪の財産を奪ったとしても、彼らの正体を盗賊とみなすのは間違いです。それは、奪われた側の視点であって、分けてもらった側の視点ではありません。分けてもらった民衆の側からみると、彼らは、命がけで取得した労働の成果を惜しみなく分けてくれる、とてもありがたい集団だったに違いありません。

東学の「有無相資」

注目すべきは、こうした活貧党の誕生の底に、初期東学の活貧精神があったことです。一八六〇年に東学が胎動するや、瞬く間に、その教勢が全国に広がりました。それに脅威を感じた尚州（サンジュ）地方のある書院（朝鮮中期から普及した儒学の私学機関）は、他の書院に、その弊害を知らせようと、次のような通知文を書き流しました。「（東学では）貴賤が同じく、等位で差がないため、白丁（ペクチョン）（身分制度で最下層の人々）や酒屋たちが集まる。男女の区別のない帷薄（いはく）（寝室を囲むしきりのことで、男女の淫らな行為を言い回した言葉）を立てるため、寡夫や寡婦たちが集まる」と。亡びた人々が蘇塗に入り込んだように、当時の東学に、大勢の差別された人々が集まったのです。

そのうえに通知文では、「（東学徒は）財とお金を好んで、金持ちと貧乏人がお互いに資するため（有無相資）、貧しい人々が喜ぶ」と書きました。「財とお金を好んだ」という表現は、書院の儒学者たちの考えが反映されたもので、文字どおりに理解してはいけません。正しい理解については後述しますが、まずは「金持ちと貧乏人がお互いに資する（有無相資）」ことをどう理解すればよいか、考えてみたいと思います。

「有無相資」は、通常、「金持ちと貧乏人がお互いに助け合う」ことと解釈されています。しかし、そうした解釈は、むしろ東学の本来の趣旨を歪めかねないものです。「有無相資」の「有無」は、確かに「（財貨の）有る者と無い者」です。しかし、「有無相資」の「相資」は、彼ら同士の包括的・抽象的な「助け合い」より、具体的・経済的な「やりとり」のことです。

例えば、朝鮮の他の文献でも、「有無相資」は、物やお金の具体的な「やりとり」として使われています。国境付近の官庁から朝廷に送られたある上疏の中には、「有無相資するという口実で、国境周辺の人々が密かに行き来している」という報告があります。また、十九世紀末に、朝鮮から日本に派遣された国費留学生について、「それぞれ平均一元五十銭の奨学金を与えると、有無相資して、学業の中断を防げる」と報告しています。そして、朝鮮前期の儒学者金安国（キムアングク）は、家訓の四番目に「親族間の和睦」を取り入れ、「普段はお互いに和睦し、艱難の時は有無相資してお互いに救済すると、怒ることも争うこともない」と言っています。つまり、「有無相資」は「金持ちと貧乏人がお互いに助け合うこと」より、「有る者と無い者がお互いにやりとりすること」と言えます。「助け合い」の具体的な方法として「有無相資」があり、「有無相資」をとおして「助け合い」が確実なものになるわけです。

もちろん、ここでの「やりとり」は、代価なしの「やりとり」です。代価を望まずに、財貨をやりとりすることとです。それをとおして、現在の困難を乗り越え、将来の困難に備えるものです。平常時には、財貨を積んで資本を造成し、災害時には、それをお互いにやりとりすることです。ヨーロッパで社会的経済の主な担い手――結社（association）・協同組合（co-operative）・共済組織（mutual）――としてあげられる「共済組織」は、まさにそれの現代版です。当時の儒学者が、通知文の中で「（東学徒は）財とお金を好んで」と書いたのは、こうした平常時の有無相資を皮肉って言ったものです。

災害時の有無相資については、東学の崔時亨（チェシヒョン）の書いた「戊子通文」に詳しく載っています。一八八八年の戊子（ぼし）年に、朝鮮の各地は大飢饉に襲われました。そんな悲惨な状況の中で崔時亨は、東学の人々に向かって、次のように有無相資を訴えました。「そもそも、私たち道人は、「淵源を同じく受けた（同受淵源）」ために、兄弟と等しい。兄飢えて、弟満腹であってはならず、兄寒くて、弟暖かくであってはならない。無極な大源を一緒に取り戻し、生命の生き生きとする成功事例を楽しくつくろう」と。

いくら東学の仲間でも、血の一滴も混じっていない他人同士です。そうした他人を兄弟とみるのは、同じ淵源を受けたものと認めるからです。生命の観点で他者をみるから、他者は自分の兄弟で、二人の間に格差があってはならないのです。本当の有無相資は、そこから出てきます。淵源からすべての人間をみて、それを取り戻すための実践を楽しく展開しようと、崔時亨は強調しています。こうした歴史があったからこそ、東学が無惨に踏みにじられた後でも、活貧党のような自発的な貧困の集団が生まれたのです。

蘇塗の存在意味

今昔を問わず、社会の中には、当然、亡びた（困窮に陥った）人がいます。崔時亨も「戊子通文」の冒頭に、「凡（およ）そ、毎年飢饉が起きるのは、天にありふれたことで、家の中に貧富（の差）があるのは、人にありふれたこと」と言っています。問題は、亡びたことではなく、亡びても逃げ場がないことです。しばらくは逃げられても、すぐにまた、追い出されることです。

馬韓でもたぶん、同じだったと思われます。いくら生命を信じ祀っても、何らかの理由で、当然、亡びる人が出てきただろうと思われます。しかし、馬韓の人々は、そうした人々のために、亡びた人々の逃げ場として、各地に蘇塗という特別な空間を設けました。そこに逃げ込んだ人々が、新しい縁と職をつくって生きられるように、惜しみなく支援しました。亡びた生命に対する、馬韓人の全面的な承認と伴走があったために、一度蘇塗に至ると、誰も還らなくなりました。

『三国志』を書いた中国の儒学者陳寿は、こうした蘇塗の風景をからかって、「そっくり囚人や奴隷の集団のようだ」、蘇塗を立てた趣旨は「浮屠（ふと）（仏教が広がる前に、仏陀やその集団を指した中国の言葉）に似ていても」、そこでの行為は「善悪の行いに異なりがある」と言いました。しかし、蘇塗を立てた馬韓人の趣旨は、元々そこにありました。自分たちの住む現世とはまったく異なる世界をつくること、少なくともそうした空間を設けることに、蘇塗を立てた彼らの本来の趣旨がありました。

そして、そのような蘇塗があったために、そこにまったく異なる反逆の世界と空間をつくることができたために、そんな蘇塗を設け、そんな蘇塗人を支援したために、むしろ馬韓の人々は自分たちの社会をより良くつくることができました。現代社会での被差別部落などと正反対に、蘇塗に駆け込んだ人々を最も高めたために、馬韓は真の人間社会になり、馬韓の人々は最も尊くなりました。

蘇塗の衰退

韓国の固有語に「마실（マシル）」という言葉があります。普通は「邑（むら）」のことを指すもので、それに「行く」という意味の「가다（カダ）」を付けると、日常生活から離れて、他所に遊びに行くことを意

味します。男尊女卑の封建時代に、日常の生活に疲れ果てたお婆さんたちが、どこかへ遊びに行く場合、この言葉がよく使われました。彼女たちにとって「マシルカダ」は、疲れ果てた自分を癒す、唯一の自由時間だったに違いありません。

ここで大事なのが、彼女たちの行ってきた「マシル」とはどのようなところだったのか、ということです。「マシル」の「マ」とは、「邑」の意味です。慶尚道の馬山（マサン）は、馬を飼った山ではなく、山の上の邑です。日本植民地時代に、「マ」の音を「馬」の漢字に当てただけで、馬山は昔から、馬の飼育とは何の関係もない地域です。また、「マシル」の「シル」とは、「すそ」や「岸」の意味です。今も、服・山・海・谷などの前後にその言葉がよく付きますが、それは、ある物や地域の端っこを指すものです。要するに、「マシル」とは、邑であることは間違いありませんが、通常の邑とは異なり、邑の端っこにある、したがって、通常とは違う世界と対面できる、そんな邑だったのです。

古今東西を問わず、端っこの邑は、いつでも巫女・白丁・商人などの居住地でした。国家がその体制を整えてから、その居住地は被差別部落となり、そこの人々は賤民となりましたが、元々、そこは聖なる邑で、そこに住む人々は聖なる仕事に従事していました。彼らの行った祭祀・葬儀・屠殺・交易などの生業は、人間と生命、生者と死者、人間と家畜、邑（共同体）と邑（共同体）を繋ぐ、聖なる仕事でした。お婆さんたちが、「マシルカダ」と言いながら市（いち）や占い師を訪れたのも、そこが、蘇塗を引き継ぐ自由空間だったからです。

西洋では、こうした空間を「アジール（Asyl）」または「アサイラム（Asylum）」と呼んでいます。両方とも「侵すことのできない聖なる場所」という意味のギリシャ語（「Asylon」）から由来したものです。「アサイラム」と言えば、通常は精神病院のことをよく思い浮かべますが、これはたぶん、精神病院の起源が、そもそも男らしさの支配する世界で、女らしさを自由奔放に表出するような人々、つまり、アニマが取り付いたとする危険な人々の収容施設にあったからです。

名前はどうであれ、聖なる行為の行われる、聖なる邑だった蘇塗は、国家の支配力が強まるにつれ、大きく変わりました。ほとんどの蘇塗は、賤民の被差別部落に貶められ、一部だけが、聖域・自由領域・避難所・無縁所などの特定場所に縮まりました。そして、近代に入ってからは、被差別部落解放のためということで、邑としての蘇塗はすべてなくなり、特別場所に切り縮まっていた蘇塗も、治外法権の在外公館くらいが残されることになりました。

近代の始まりは人間の平等からです。賤民を下敷きにする身分制がなくなったこと、彼らの被差別部落が解放されたことは、確かに近代がもたらした大きな成果です。しかし、その代価として、蘇塗の人々は神聖さを奪われ、平凡な人間にならざるを得ませんでした。平凡な人々は行くところを失い、自分を癒すことも、至高性を感じることもできなくなりました。人間は皆が平等になり、平等に俗なる時間に縛られることになりました。

時間への転換

もちろん、邑や場所としての蘇塗がほとんどなくなったとしても、その中での関係までがなくなったとは言い切れません。蘇塗は、空間としては消えても、時間としては今に引き継がれています。

柄谷行人は、アジールのことを「氏族社会が国家に変わるときに、抑圧された（氏族社会の）交換様式A（＝互恵）が回帰したもの」と言いました。そして、国家の抑圧にもかかわらず、災害時に突然流動的に現れ、市場での商品交換や国家の再分配に代わる新しい交換様式をつくり出す、と言っています。アジールを交換様式の一つとみたのは、逆に言えば、蘇塗が（国家の抑圧によって）「空間（邑）」から「時間（関係）」に変わったことを言ったものです。そして、災害時にそれが市場の商品交換や国家の再分配に代わる新しい交換様式をつくり出すということは、その時間としての蘇塗が持つ変革性を評価したものです。

実際に韓国では、邑としての蘇塗はなくなっても、その中での関係は「花郎（ファラン）」（新羅時代の青少年の民間修養団体、または、その中心人物を指す言葉で、新羅の三国統一に決定的な役割を果たした）に受け継がれました。統一新羅の碩学崔致遠（チェチウォン）（八五七－九〇〇年）によると、花郎は、蘇塗の歴史に学びながら、儒・仏・道の教えを包括し、すべての生命に接して、共に生きようと実践する集団です。(12) 日本植民地時代の歴史家申采浩（シンチェホ）（一八八〇－一九三六年）も、花郎の由来を蘇塗祭壇の武士集団にみています。(13)

この花郎が、高麗時代以降に仏教が国教になってから、寺院に属する「香徒（ヒャンド）」（仏教徒たちの結社）と

「社長（サジャン）」（寺院に属しながらも、僧侶でも俗人でもない人々の結社）に受け継がれました。また、そうした香徒と社長が、仏教を弾圧した朝鮮後期に入って、「トゥレ」（労働の協同組織。日本の結いに当たるもの）や「契（ケ）」（生活全般にわたる協同組織。現代の結社一般に当たるもの）に受け継がれました。二十世紀初に日本から協同組合が入ってきますが、短期間のうちに協同組合が朝鮮全域に広がったのは[14]、こうした「蘇塗」から「トゥレ」や「契」に受け継がれる、延々とした歴史があったからです。

以上のことからみて、柄谷行人の話の中、アジールが空間から時間に変わった、ということは正しいのですが、時間としてのアジールが災害時に突然流動的に現れる、という話は間違っています。蘇塗を受け継いだ花郎は、戦争の時だけに出没する軍事組織ではなく、日々心身を修養し、祭祀を奉じ、歌や踊りを楽しむ、一種の青年結社でした。花郎を引き継いだ香徒は、仏教の信徒組織から始まりましたが、次第に日常の各分野にまで広がり、朝鮮中期になってからは村ごと家ごとの契に発展しました。契を引き継いだ協同組合もまた、災害時に突然流動的に現れるものではなく、日常の生活の中にいつも根を下ろしているものです。災害時にその役割をより大きく発揮できるのは確かですが、それはむしろ、日常の中で新しい交換様式を追求してきたからです。

蘇塗に関する歴史学界の一般的な見解も、柄谷とあまり変わらないものです。彼らにとって蘇塗は、国家の設立の初期段階で、国家がまだその影響力を十分に発揮できなかったときに、一時的に出没したものにすぎません。そのため、天を祀ったり、社会的弱者を保護したりした蘇塗の機能も、国家体制が整ってからは、すべて消えてしまったとみています。しかし、そうした見解は、目にみえるものだけを認め、みえないものは認めない、むしろ目の眩んだ見方です。蘇塗を正しく理解するには、実証の目ではなく想像の心から見取らねばなりません。

以上、蘇塗のことをまとめますと、次のようになります。蘇塗は、決して祭祀の場所ではなく、生活の空間でした。そこに逃げ込んだ人々は、罪を犯した人ではなく、生きるために必死な人でした。蘇塗の中で彼らは、盗賊になったのではなく、新世界を切り開きました。そして、こうした彼らを、馬韓の人々は惜しみなく支援しました。そのように蘇塗を支援し続けたために、馬韓は生命に満ちた社会になれたのです。

そして、一番大事なのは、そんな蘇塗が、空間としては消えても、時間としては未だに引き継がれている、ということです。その延々と流れ続ける歴史のなかに、形や名前は変わっても、社会をつくり、自然に帰そうとする、人間の努力があるということです。そうした努力が、今の私たちを在らしめ、今の私たちに受け継がれているということです。社会的経済のすべての実践は、それを知るところから始まらなければなりません。

4 二元化社会と蘇塗

古代史の変遷

歴史学界では、韓国の古代史が〔群れ社会→氏族（部族）社会→君長国家→古代国家〕と発展してきた、とみています。これはたぶん、人間の歴史が〔群れ社会（Band）→部族社会（Tribe）→族長社会（Chiefdom）→国家（State）〕と発展したとみるマルクス主義人類学の見解を、ほぼそのままなぞったものでしょう。そして、多くの歴史家は馬韓を「君長国家」に入れています。国史編纂委員長を務めた金政培（キムジョンベ）は、「（馬韓を含む）三韓は、人口からみても、また、天君と蘇塗に象徴される祭祀機能の重要性からみても、君長段階の特徴と合う面が多い」と主張しています。

しかし、こうした時代区分と各時代の呼び名に、私はあまり賛成できません。それは、せいぜい千年にも及ばない国家の歴史に、数千、数万年も続いた人間の歴史を引きずり込むものにすぎません。朝鮮半島に人が住み始めてから数万年間、私たちの祖先は「群れ（band）」の一員として生きてきました。また、その後の数千年間は、「社会（community）」の一員として生きてきました。国家が誕生した後も、その内部には、様々な社会がかなりの自律性をもって機能し、国家は、戦争や遠隔地交易など、社会の外部関係においてのみ現れました。外から「コリア」と呼ばれ始めた高麗時代まで、いや、高麗に継ぐ朝鮮の中期までにも、朝鮮半島の中には自分を「コリアン」と思う人がほとんどいませんでした。

こうした面からみると、馬韓を「君長国家」と位置付けるのは大きな間違いです。馬韓は、「国家」ではなく「社会」でしたし、まして「君長（天君）」の支配する「国家」ではありませんでした。初期国家の特徴（階層の発生、多数の人口、余剰の持続的創出、地縁に基づく構成員関係、強制力を持った政府、中央政府、共同のイデオロギーなど）がいくつか見られるからといって、馬韓を君長の支配する国家とみるのは間違いです。馬韓での君長（天君）は、世襲の身分ではなく、選出される役割でした。『三国志』では、「各国邑で一人ずつ立たせ」「その名を天君と言う」と書いています。そのうえ、馬韓での政治経済的な権力は、天君より、むしろ主帥にあったのです。馬韓がそれ以前の（氏族とか部族の）時代と区分けされるのは、「君長国家」（君長が支配する国家）だったからではなく、「君長社会」（君長を中心にまとまる社会）だったからです。

古代史を時代区分するときに、「群れ」や「氏族（部族）」の後に「社会」を付けて、「群れ社会」とか「氏族（部族）社会」などとよく言いますが、これもまた間違いです。馬韓が誕生する以前は、「群れ社会」ではなく単なる「群れ（band）」で、「氏族（部族）社会」ではなく単なる「氏族（部族）」でした。「群れ」の規模が大きくなっても、氏族（部族）はまだ「社会」ではありませんでした。

人間が社会をつくったのは、自然から離れ、自然を対象化してからであり、こうした人（群れ）が再び他の人（群れ）を対象化してからのことです。もちろん、この場合の「離れ」は、完全な外的独立化を意味する「疎外」ではありません。自然から離れながらも、自然に帰ろうとする人間の努力、他人（群れ）を対象としつつも、他人とつきあおうとする人間の努力、その両者があいまって、それ以前にはなかった「社会」という制度を新しくつくり出したのです。

要するに、朝鮮半島の南部で、「社会」と名付けられるものの始まりは、馬韓をはじめ三韓時代からです。この時になってようやく、人間は自然から離れ、自分の共同体と他の共同体を区別するようになったのです。そして、その離れから自然に戻り、その区別から他の共同体とつきあうために、一つの共同体の中に「宗教」と「政治」に象徴される祭政分離を生み出したのです。もちろん、ここでの「宗教」は、今の制度になってからの宗教と違って、人間のすべての日常と非人間との繋がりのものです。ここでの「政治」もまた、今の制度になってからの政治と違って、人間のすべての日常の相互的な繋がりのものです。そして、この宗教と政治に二元化したものが、再び他の共同体の宗教と政治に二元化したものと重層的に繋がるなか、「社会」というものがつくられたのです。本章の冒頭で、馬韓を「社会連邦」ではなく「連邦制社会」と呼んだのは、こうした二元化したものの重層的関係によって、ようやく馬韓という社会がつくられたと考えるからです。

「内的統一の状態」と「統一に向かう実践」

マルクスは、自分の望む共産主義社会の原型を「原始共産制社会」——本当は「社会」ではありませんが——から探りました。その社会では、皆が同じ仕事——獲物を収集するための狩猟や採集——をしたために、支配・被支配の階級分化がなく、収集した獲物をその場で食べ分けたために、富の蓄積と私有財産もありませんでした。資本主義のほとんどの弊害が、労働の専門化と階級の分化、富の蓄積と私的所有によるものと考えたマルクスから見れば、この時こそ、最も古き良き時代だったに違いありません。

しかし、今から一万年ほど前から、そうした人間の生活に大きな変化が起きました。狩猟や採集が牧畜や農耕に変わるにつれ、共同体（氏族・部族）内部に分化が生じました。獲物の収集は食料の生産に、獲物の即時消費は食料の備蓄に、皆の同一労働は専門労働——生産・消費・政治・宗教など——に徐々に変わりました。人間疎外の原因となるほとんどの要素がこの時に生まれ、マルクスの憧れた原始共産制社会は徐々にその幕を閉じました。

マルクスの憧れた原始共産制社会は、彼の批判した資本主義社会、つまり、「内的に独立していない二つの過程の外的な独立化が一定の時点に到達している」社会と違って、その「外的な独立化」が進んでいない社会です。そして、韓国の歴史では、檀君（だんくん）の時代がそれに当たります。当時は、政治と宗教を象徴する主師と天君が、檀君一つに統一されていたのです。

それに比べて馬韓の時代は、内的に独立していなかった「二つの過程」が外的に独立し始めた時期です。この時期から、政治と宗教を象徴する主帥と天君が、檀君一つから分かれ、政治と宗教というそれぞれの領域をもって、人間の生活に交差し始めています。もちろん当時の分かれは、まだ時間的なものであって、空間的なものにまで区画されていませんでした。主帥と天君はその役割が分かれても、主帥は人々の中に混じって生き、天君は人々の中から選ばれました。自然から離れても完全に離床しておらず、外化しつつあっても、疎外にまではなっていませんでした。

マルクスの憧れた原始共産制社会は、この「二つの過程」が内的に独立していなかった時代です。そして、そのような社会に憧れることは、外的な独立化が一定の時点に到達した今日の資本主義社会では、それなりに重要です。しかし、憧れを憧れで終わらせないためには、内的に独立していなかった「状態」より、外的に独立化しつつありながらも、内的統一に向かう「実践」のほうが、より重要です。一方では、生き残るために自然から離れて社会を発明しながらも、他方では、それによって生じる疎外を防ぎ、再び自然に帰ろうとする人間の実践が、はるかに重要です。私が、馬韓と蘇塗のことをこれほど長く話したのは、韓国の歴史において、この時期から外的に独立しつつあるものの内的統一に向かう実践が本格的に始まったからです。

重要なのは、内的に統一していなかった（意識のない）「状態」ではなく、その統一に向かう（意識のある）「実践」です。外的に独立しつつあるものの内的な統一に向けて、独立しつつあるもの同士が、それぞれどのような行動を取り、どのような関係を結ぶか、それのほうがより大事です。馬韓の事例からみれば、政治と宗教を象徴する主帥と天君が、それぞれどのような行動様式をもって、俗なる時間と聖なる時間を表出したのか、また、この二つの時間が、人間の生をめぐってどのように交差・関係したのか、そしてその結果、人間とその社会をどのように内的な統一に導いたのか、それを探るのがより大事です。

「天君」と「主帥」の行動様式

まず、政治と宗教を象徴する主帥と天君のそれぞれの行動様式からです。主帥の行動様式は、天君に比べてはっきりとしています。『三国志』の言葉を借りれば、それは「制御」です。『三国志』では、主帥が制御しなければならないのに、「邑落(ゆうらく)に雑居しているので、あまり制御できていない」と評価しています。私たちは普通、「制御」のことを否定的にしか考えませんが、「制御」なしに社会の維持はできません。「制御」を否定的にみるのは、「制御」のせいではなく、「制御のみ」のせいです。「制御のみ」では、「制御」の「制御」ができず、「統制」や「統治」に変わるからです。

そうした主帥に比べて、宗教を象徴する天君の行動様式ははっきりしていません。『三国志』では、天君の役割――「天神の祭を主宰する」こと――については言及していても、その役割をどのように行ったかについては何も触れていません。

かつて、日本植民地時代の歴史家申采浩(シンチェホ)は、「蘇塗」のことを、上古時代に東アジア全域に広がった自然信仰の名称「スドゥ」と読むべく、その指導者は「檀君」であったと言いました。

蘇塗の起源が自然信仰（animism）にあったという話は、馬韓の鬼神が「自然（anima　生命）」で、蘇塗の仕事が「鬼神を事とする」ものであったこととも通じるものです。彼の話で私が特に注目するのは、蘇塗の指導者が檀君であった、ということです。馬韓の天君が、実は古朝鮮の檀君の後継者であった、という話です。

「檀君」と言えば、通常は、桓雄（ファヌン）と熊女（ウンニョ）の間に生まれ、古朝鮮という国を開いた政治指導者と理解されています。しかし、その檀君は、「王儉（ワンゴム）」という名前の初代の檀君に限ってのことです。古朝鮮には、紀元前二三三三年から一三六三年までの約一五〇〇年間、合計四十七人の檀君がいました。そして、初代の檀君・王儉の建てた「国」とは、「国家」ではなく、共同体と共同体の間に生まれた（原始）「社会」でした。すなわち、「古朝鮮」とは「社会」の名称で、王儉とその後を継ぐすべての「檀君」は「社会指導者」でした。

それでは、檀君はどのようにして社会指導者としての役割を果たしたのでしょうか？　檀君の始まりは、桓雄の息子である王儉からです。王儉をはじめ、すべての檀君の任務は、父の桓雄の遺志を受け継ぐことです。そして、父の桓雄がこの世に降りてきた志は、檀君神話に伝えられるとおり、「弘益人間」と「在世理化」です。つまり、王儉を始め、すべての檀君の任務は、父の桓雄の「弘益人間」と「在世理化」という遺志を受け継ぐことです。あらゆる檀君たちが、祭天などの国の大会の時に、絶えずその言葉を言い続けたのも、父から受け継がれた遺志を常に心に刻むためだったのです。

面白いのは、檀君神話を書いた数多くの歴史書が、父の桓雄について語る場合には、必ず

「弘益人間」の次に「在世理化」を書き、王儉以降の檀君を語る場合には、必ず「在世理化」の次に「弘益人間」を書いたことです(15)。その理由はたぶん、桓雄とその遺志を継ぐ檀君との出生の違いによることが大きいでしょう。すなわち、桓雄は、天から降りてきたために、まずは降臨の目的(=「弘益人間」)が先にあって、それに向かう具体的な実践(=「在世理化」)がその後に続きます。それに比べて、王儉以降のすべての檀君は、はじめから地上で生まれたために、まずは具体的な実践が先にあって、それをもってめざす目的がその後に続きます。

こうした順序の入れ替わりは、「弘益人間」と「在世理化」の解釈の違いをも引き起こしています。すなわち、古朝鮮を国家とみて、桓雄を国王の始まりとみるすべての正史では、「弘益人間」を「広く人間に利をもたらす」もの、「在世理化」を「この世を治め教化する」もの、と言っています。それに比べて、古朝鮮を社会とみて、檀君を社会指導者の始まりとみるすべての野史では、「在世理化」を「この世が自ずと化する」もの、「弘益人間」を「人(共同体)と人(共同体)との間に広く益をもたらす」もの、と言っています。

「広く人間に利をもたらす」ことと「人と人との間に広く益をもたらす」ことは、似たようでまったく違う話です。まず、その対象が、抽象化した「人間一般」と具体的な「人間関係」という面で大きく違います。次に、その人間にもたらすものが、「利」と「益」である面で大きく違います。「利」は、共同労働から生じた「禾(稲)」に「刂(刀)」を突き刺すこと、つまり「余剰の剰余化」のことです。それに比べて「益」は、空の「皿」に「氵(水)」を注いでこぼれ落ちるようにすること、つまり「余剰の贈与化」のことです。

ともかく、大事なのは「在世理化」をもっての「弘益人間」です。そして、その中でも特に、「在世理化」の中の「理化」をどのようにとらえるかが重要です。なぜなら、それこそ、王儉以降のすべての檀君、檀君を受け継いだすべての天君の行動様式だからです。

通常の正史では、この「理化」を「教化」ととらえます。国王を桓雄と同様の降臨の存在と高めたため、桓雄の社会理念が国王の国家理念に収斂されたわけです。しかし、古朝鮮から三韓に至る、檀君から天君に至る数千年間、朝鮮では、「理」と「氣」が相反せず、「理化」は「気化」と同じ言葉でした。そして、それは、道徳的な概念ではなく、（東学の言葉で言うと）「天主造化」（生命の自然な営みのこと）と同じ概念でした。

日本植民地時代の歴史家崔南善（チェナムソン）は、この「在世理化」が農耕に深く関連するものと言っています。桓雄と共に天から降りてきた「風伯（プンベク）・雨師（ウサ）・雲師（ウンサ）」は、すべて自然と関連する名前です。彼らの主宰した「人間の三百六十余の事」は、すべて自然の運行と関連するものです(16)。すなわち、「理化」とは、自然の運行をよく理解し、それに順（したが）って生きることです。そして、その結果としてもたらされるのが、すべての生命関係を豊かにする「弘益人間」です。

朝鮮初期の儒学者李陌（イミャク）は、この「理化」を「無為の自治」で「無言の自化」と言いました。「人が自ずと天に順う（人自順天）」と、「神市の太平な世（神市太平之世）(17)」が開かれる、と言いました。あらゆる人々が、それぞれの姿をもって、自然に順って生きることが「理化」で、檀君とその後を継ぐ天君の役割は、それを助けるところにあったのです。

関係様式

馬韓は、朝鮮半島南部で最も早く農耕を始めた社会です。そして、農耕の開始は、人の群れが自然から離れ、自然や他の群れを対象と見始めたことを意味します。もちろん、その場合の「離れ」は、完全な外的独立化、つまり、特殊な「外化」を意味する「疎外」ではありません。自然や他の群れから離れても、自然から独立せず、他の群れと対立しなかったのが、当時の「離れ」です。

そして、そのような「離れ」を可能にしたのが、馬韓における二元化構造です。檀君一つから、政治を象徴する主帥と宗教を象徴する天君が分かれ、それぞれが「制御」や「理化」という行動様式をもって、人間の生活に交差したためです。自然から離れても、自然に戻ろうとし、他の群れを対象と見ながらも、平和な関係（交易）を持ったために、人間の生活は内的な統一に向かったのです。（グリーンコープの行岡の言葉を借りれば）「疎外の往路」をたどるなか、「疎外の復路」を求めたために、（韓国の詩人金芝河の言葉を借りれば）「商品化」とともに、「脱商品化」による「再商品化」を図ったために、馬韓という社会が維持できたわけです。

ここで、もう一つ大事な問題が残ります。二元化したもの同士が、どのようにして人間の生活に交差したのか、どのように関係し合って人間の社会を内的な統一に向かわせたのかです。もし、主帥の「制御」によって天君の「理化」が制御・収斂されれば、それは国家による社会の統制・統治です。マルクスが批判した資本主義社会の基本問題、つまり、労働の専門化が階級の分化を引き起こすことになります。逆に、天君の「理化」によって主帥の「制御」が制御・収斂されれば、それは群れによる人間の統制・統治です。マルクスが望んだ原始共産制社会の現代版である、一党独裁による共産主義国家に戻ることになります。

先ほども申したように、李陌（イミャク）は「理化」について「人が自ずと天に順う」ことと説明しました。これはたぶん、一人の儒学者として、孔子の影響を強く受けたものと考えられます。実際に孔子は、『礼記』「礼運」の中で、「大きな順いとは（大順者）、生を養って死を送り（所以養生送死）、日常に鬼神を事とするもの（事鬼神之常也）」と説明しています。自然の理に順って生きることを、孔子は「大順」、李陌は「理化」と呼んだのです。

大事なのは、その次の孔子の言葉です。孔子は、そんな「大順」に至ると、「事が大きく積もりながらも詰まることなく（事大積焉而不苑）、並行しながらもすれ違わず（竝行而不謬）、細く行いながらも失うことなく（細行而不失）、深いながらも通じ（深而通）、茂ながらも隙間なく（茂而不間）、繋がりながらも干渉せず（連而不相及）、動きながらも害を与えない（動而不相害）」と言っています。それは、言い換えれば、お互いに相反する者同士が、「積む」と「詰まる」、「並行する」と「すれ違わない」など、相反するような関係で結ばれることによって、ようやく「大順」に至ることができる、という話です。新羅時代の僧侶元曉（ウォンヒョ）も、相反するもの同士が溶融して、あらゆる生命に貢献していく際には、その間が「開いて閉じ（開合）」「与えて取り（与奪）」「立てて壊す（立破）」ことで結ばれる、と同じことを言っています。

「並行する」とは、馬韓の例から見れば、天君の「理化」と主帥の「制御」がともに行われることです。物理学的に言えば、収斂とともに拡散が、統一とともに散逸が、同質化とともに異質化が行われることです。現代の物理学では、こうした並行によって、生命世界に低エントロピーが盛り上げられる、と言っています。円仏教（えんぶつきょう）を創始した朴重彬（パクジュンビン）は、特にこの「並行」を強調して、「これからは……霊肉双全・理事並行の方法で、すべての過程を定める」と言いました。「霊肉双全」とは、霊と肉の相互完成を意味し、「理事並行」とは、精神開闢（かいびゃく）と物質開闢の同時並行を意味します。

「すれ違わない」とは、天君の「理化」と主師の「制御」が交差しないこと、つまり、お互いに侵犯したり干渉したりせず、それによって、似通ったり害を与えたりしないことです。主師の「制御」が天君の「理化」を収斂・統一・同質化しないばかりか、天君の「理化」が主師の「制御」を拡散・散逸・異質化しないことです。「理化」と「制御」が交差するのは、人間の生活をめぐってのみです。二つは、それぞれの個性を保ちながら、「弘益人間」と「生を養って死を送る」ことをめぐって交差します。

　実際に馬韓では、天君と主師という二つの行動、それぞれの「理化」と「制御」という二つの行動様式が、並行しながらも交差しない関係で結ばれました。天君の「理化」と主師の「制御」は、「弘益人間」という共通の目的をめぐって並行に交差しました。いや、むしろ馬韓の人々により大きな影響を及ぼしたのは、主師の「制御」ではなく、天君の「理化」でした。普通の人から立てられた天君が馬韓を代表し、彼による「生を養って死を送る」蘇塗での仕事がより大事でした。主師は、それを維持し持続できるようにするところに、その主な役割がありました。『三国志』を書いた儒学者の目からみて、それは当然、「綱紀が少なく、制御できず、跪拝の礼が無い」ようにみえたのかもしれません。しかし、そのような社会であったがために、むしろ主師は邑落に雑居し、普通の人々と混じって生きることができました。

韓国の詩人申東曄（シントンヨプ）が書いた「散文詩一」というものがあります。

> スカンジナビアとか何かというところでは、美しい夕日に、大統領という職業を持つおじさんが、花リボンをつけた娘の手を率いて、デパート通りに歯ブラシを買いに行くそうだ。……空に行く道端には、黄色の夕焼けに染まった夕日の大統領という肩書きの紳士が、自転車のお尻にマッコリ瓶を載せて、三十里の田舎道、詩人の家に遊びに行くそうだ。

朴正熙（パクチョンヒ）の軍事独裁時代（一九七五年）に発表されたこの詩が、その娘の朴槿恵（パククネ）元大統領を弾劾に導いた二〇一六年の「ろうそく集会」の時に再び愛唱されました。韓国の民衆が「自転車に乗る大統領」を待ち望んだからですが、馬韓での主師はまさに詩人の夢見た「自転車に乗る大統領」だったわけです。

社会的経済の内なる二元化構造

しかし、初期社会のこうした姿は、残念ながら今はほとんど消え去っています。国家が社会を制御・収斂するにつれ、天君の「理化」は主師の「制御」に制御・収斂されました。国家の成立段階では、主師が天君を任命し[18]、国家の強化段階では、天君の祭祀がシャーマンの厄払いのように蔑視されました[19]。そして、近代になってからは、主師から今度は資本が分かれ、天君の「理化」と主師の「制御」がその資本の「利潤」に収斂されました。

社会的経済の最大の目標は、そんな国家と資本による統制と収斂から、社会を再発見・再構築することです。もちろん、ここでいう社会の再発見とは、国家と資本が生まれる前の原始共産制社会に戻ることではありません。原始共産制社会は、厳密に言えば「社会」ではなく、「群れ」です。社会の再発見とは、こうした内的に独立していなかった状態への回帰ではなく、外的な独立化が一定の時点に到達している今の社会に代わる、新しい社会を構築することです。要するに、次元の変わった社会の再構築をもって、既存の社会と国家や資本に代えることです。

そのような社会を再構築するためには、まず、社会的経済自らが、社会にならねばなりません。そして、そのためにはまた、社会的経済自らが、馬韓のような二元化したものを持たなければなりません。馬韓が、天君と主師にその行動を二元化し、「理化」と「制御」にその行動様式を二元化したように、社会的経済もまた、運動の「理化」と事業の「制御」にその行動と行動様式を二元化し、お互いに並行しながらもすれ違わないようにして、人間の生活をめぐって関係させねばなりません。

ヘンダーソン（Hazel Henderson）というアメリカの未来学者がいます。彼女は、今の社会を産業社会と名付け、その生産的構造を三段ケーキに喩えました。まず、その第一段に「母な

産業社会の全生産構造（アイシング付きの段ケーキ）

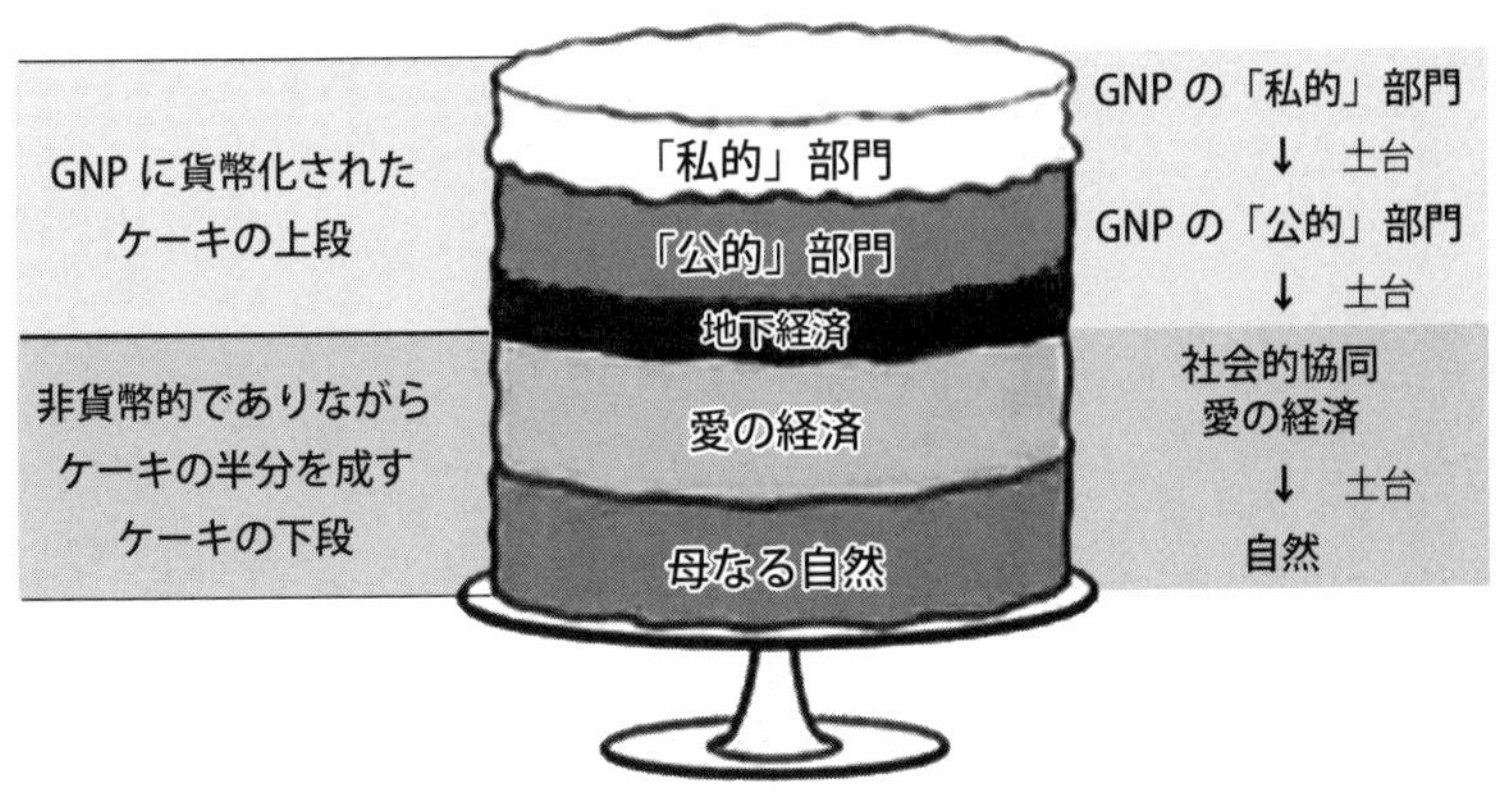

（出典　http://hazelhenderson.com/the-love-economy/　翻訳版）

る自然（Mother Nature）」があります。そして、その上に、「社会的協同（Social Cooperative）」という第二段が、また、それらの上に、GNPの「公的部門（Public Sector）」と「私的部門（Private Sector）」という第三段が載せられています。もちろん、すべてのケーキと同じで、産業社会もまた、下の段がなければ上の段は成り立ちません。「母なる自然」の土台の上に「社会的協同」があり、それらの土台の上にGNPの「公的部分」と「私的部門」があって当然です。しかし、今の産業社会では、こうした土台の関係がひっくり返っています。土台を土台と認めるどころか、上段による下段の支配と搾取が一層増しています。産業社会の崩壊が間近なのは、そのためです。自然と社会を崩しながら、これ以上に産業社会は維持できなくなっています。

そうした問題を乗り越えようと、彼女は「社会的協同」の役割を強調しています。「社会的協同」がGNPの「公的部門」と「私的部門」に対抗しなければならない、と主張しています。しかし、こうした彼女の主張は、半分だけ妥当なものです。「社会的協同」がGNPの「公的部門」と「私的部門」に対抗するだけでは、今の産業社会を乗り越えることができません。「社会的協同」が本当に産業社会を乗り越えるためには、先決すべき課題があります。

まず、「社会的協同」の内部が、二元化構造を持たなければなりません。GNPの「公的部門」と「私的部門」に対抗するだけでなく、「母なる自然」に向かう行動を持たなければなりません。また、その二つの行動が「制御」と「理化」という、それぞれの行動様式を持たなければなりません。そしてそのうえに、「母なる自然」をめぐって、「弘益人間」や「生を養って死を送る」といった共通の目的に向かって、並行しながら交差しなければなりません。彼女の言う「社会的協同」は、本書で言う社会的経済の別名です。そして、名前はどうであれ、人間の連帯が今の産業社会を乗り越えられるのは、その中にこうした二元化構造と関係を持ちながら、母なる自然に向かうことによってです。

しかし、残念ながら今の社会的経済では、そのような構造と関係があまり見当たりません。運動と事業に分かれていても、両者の行動様式には大した差がありません。労働の性格と投下する時間に応じて、非専門的で短時間の労働を運動と貶めるだけで、実際のやり方は両方とも主師の「制御」です。そのために二つの関係は、仕方なく並行しても、いつもすれ違っています。運動は事業を眺めるだけで、事業は運動の効率性だけを求めています。社会を再構築しようとすることとは、ほど遠い他人事になっています。

最近、グリーンコープでは、「運動の上に事業を進める」とよく言われています。これは、未来へのスローガンではなく、今の実態を表したものです。運動が生き生きとしているために、事業もうまくいっている、ということです。もちろん、それは簡単にできるものではありません。何事も丁寧に説明せねばならず、場合によっては至難な討議も伴います。そのために、『三国志』で馬韓を記述したように、綱紀が少ない、制御できないようにみえるかもしれません。しかし、「会議は説得の場ではなく、説明の場であり」（グリーンコープ）、「政治は真理の領域ではなく、意見の領域（Politics is not a realm of truth but of opinion）」（政治学者ハンナ・アーレント）です。至難な討議に伴う混沌とした非平衡の状態が、むしろその内部に新しく自発的な秩序をつくり出します。生き生きとした生命の気運は、時には混沌に見えても、本当はそこから真の新しい社会がつくられるのです。

二元化したもの同士の重層的結合

再度強調しますが、馬韓は「社会連邦」ではなく、「連邦制社会」です。いくつかの社会が連邦したものではなく、いくつかの国々（共同体）が連邦して社会をつくったものです。

馬韓の中には、五十余りの国々がありました。そして、それぞれの国の中には天君と主帥があり、天君と主帥による二元化したものの関係がありました。馬韓のそれぞれの国が、「群れ」

から「共同体」に飛躍できたのは、こうした二元化したものの関係のおかげでした。

しかし、ある国が群れから共同体になったとしても、その共同体がすぐに社会になるわけではありません。共同体が社会になるためには、共同体内部の二元化したものが、他の共同体の二元化したものと再び結ばれなければなりません。「社会」とは、共同体の中から生じるものではなく、共同体と共同体の間に生まれるものです。

社会的経済の場合も同じです。社会的経済が一つの社会になるためには、まずその内部で運動や事業の二元化したものを持たねばならず（＝共同体の形成）、それが再び他の運動や事業の二元化したものと重層的に結合せねばなりません（＝社会の形成）。もちろん、それは、一つの社会的経済組織の場合も、異なる社会的経済同士の場合も同じです。一つの社会的経済組織は、その内部の異なる運動と事業同士の重層的な結合によって、また、異なる社会的経済同士は他の社会的経済との重層的な結合によってのみ、ようやく社会になることができます。

社会的経済の重層的結合には、大きく分けて二つの類型があります。まず、比較的簡単で早く現れるのが、「事業の協同」です。資本主義のグローバル化によって多国籍企業との競争が激化するなか、世界の協同組合が一九六六年に新しく「協同組合間協同」[20]の原則を取り入れたのも、基本的にはこの「事業の協同」を図るためでした。馬韓の国々が連邦制をつくり、代表の主帥を選任して防衛・外交・交易などを担当させたのも、まずはこうした「事業の協同」のためでした。

しかし「事業の協同」は、競争力を強めることには意味があっても、そればかりでは生命に満ちた社会にはなれません。主師の役割だけを強化させ、国家による社会と自然の支配に導く恐れもあります。「事業の協同」だけではなく、「運動の連帯」が必要になってきます。

馬韓が生命に満ちた社会になれたのも、実は主師による「事業の協同」だけではなく、天君による「運動の連帯」があったからです。馬韓では、各国の天君の中から馬韓全体を代表する天君を選び、彼に各国の鬼神を繋ぐ馬韓全体の天神への祭祀を任せました。社会形成のために必要な共通の規範と儀礼（＝社会形成の条件）は、このようにして整いました。そして、選ばれた天君は、人の上に君臨するのではなく、蘇塗の指導者として、常に社会の最も低いところにいる人々と一緒にいました。社会形成に伴って起こりかねない差別と格差（＝社会形成による弊害）の問題を、真っ先に立って解消していきました。

世界の協同組合が、一九九五年に新しく「コミュニティへの関与」[21]の原則を取り入れたのも、実はこの「運動の連帯」を図るためでした。協同組合が「協同組合間協同」をもって対外の競争力を強めたにもかかわらず、むしろその内部では人間がいなくなり、その内部から排除される人々が出てきたからです。「協同組合間協同」が「事業の協同」を主な目的としたものならば、「コミュニティへの関与」は「運動の連帯」を主な目的としたものです。

同じ結合でも、「事業の協同」と「運動の連帯」は、その趣旨・目的・方向に大きな違いがあります。前者が、対外の競争力を強め、社会を維持させることにその趣旨があるとすれば、後者は、対内の人間関係を繋ぎ、社会を創出することにその趣旨があります。前者が、社会の成員が必要とするニーズを効率的に提供するところにその目的があるとすれば、後者は、社会から排除された人々を社会的に包摂するところにその目的があります。そのために、前者が、社会成員の共通の関心事（時間）に向いているのであれば、後者は、異なる成員の異質の関心事（時間）に向かっています。

馬韓であれ社会的経済であれ、人の群れが共同体となり、その共同体が再び社会になり得るのは、こうした二元化したもの同士の重層的な結合をとおしてです。馬韓が開かれながらも安定的な社会になり得たのは、各国の中に、天君と主帥に象徴される二元化したものがあり、それがそれぞれの行動様式を持ちながら緊密に関係し、馬韓全体に向かって、他の国々と再び重層的に結合したからです。社会的経済も同じです。社会的経済が定常開放系として維持できるのは、その中に、運動と事業が分かれ、分かれた運動と事業が各自の行動様式を持ちながら緊密に関係し、地域社会に向かって、他の社会的経済と再び重層的に結合するときです。それが基礎にならなければ、次章で言う地域社会の創出は空想にすぎなくなります。社会を再発見し再構築するためには、とりあえず、社会的経済そのものが社会になっていかねばなりません。

なぜ蘇塗が必要か

経済学者ハイエク（Friedrich Hayek　一八九九－一九九二年）は、市場社会に生きる人間に対して、「人間の情報認識能力には限界があり、その範囲内でしか、自己組織化できない」と言っています。ニュートン的決定論に縛られた過去の人間が、自由を奪われる代わりに安心できる世界で生きたのに比べて、市場社会を生きる今の私たちは、自由を得た代わりに非決定的な世界に放り出されています。一人ひとりが意味のある存在となり、決定できる自由は得られましたが、一方では、自分が決定し責任を負わなければならない、そんな不安な世界に生きています。

おそらく、今ほどではなくても、馬韓の人々も同じだったでしょう。自然から徐々に離れて農耕を始め、今まで経験したことのない社会をつくっていくなか、彼らもたぶん、少なからぬ事を決定せねばならず、そのためにたくさんの情報を必要としたと思われます。もちろん、当時の情報は、今のように文字ではなく、神話を介して伝わりました。祖先の言葉である神話から、新しい社会を想像するしかありませんでした。

しかし、あいにく、神話は難しい情報伝達の手段です。神話に込められた祖先の言葉は、叙述より比喩に近いものです。そのうえ、そこから新しい社会を想像することは、まったく自分たちの責任です。今も昔も、人間はそれほど大した存在ではなかったため、幾人かは神話の比喩からみえないものの想像ができても、大半の人々はみえなければ想像できなかったはずです。そのために、重要な儀式のたびにいつも「神市」の神話を語ったとしても、それに留まらず、神話を介して伝えようとした祖先の遺志を、神話の比喩から幾人かが想像したものを、皆の目にみえる形で表す必要があったと思われます。

馬韓の蘇塗は、まさにその神話の、神話の比喩から想像したものの実体です。自然から徐々に離れて、農耕を始め社会をつくっていくなか、神話を介して想像した新しい社会のようすを、天君などが中心になって、皆の目にみえる形で表したものです。蘇塗は、檀君時代に「祭天の場所[22]」だったのが、三韓時代に「生活空間（＝邑）」に変わったものです。単に「生活空間」に変わっただけではなく、普通の生活空間に比べて、聖俗の関係がひっくり返った生活空間です。蘇塗では、人間の屑と見捨てられた人々が主人公で、彼らの無用と見られた労働が価値を持ちます。命を生かし（「生命」の本来の意味です）、鬼神を事とする蘇塗では、（天君の）「理化」が満ち溢れ、（主帥の）「制御」がそれを持続可能にしています。おかげで、蘇塗の中では、社会から排除された人々が温かくもてなされ、金持ちでなくても、自分らしく幸せに生きることができます。

重要なのは、こうした想像の実体があったために、それを維持しようと人々が努力したために、馬韓社会が内的統一に向かい、そこでの俗なる生が聖なる方向に近づいていったことです。最も低いものを最も高めたために、人々の間で差別と格差がなくなり、内なる相互扶助と外なる歓待、つまり、定常開放系としての社会が維持できたことです。

もちろん、こうした事例は、二千年前の蘇塗に留まりません。スウェーデンの「人民の家」は、現代版の蘇塗です。「人民の家」があったために、それを設けて維持してきた市民の努力があったために、すべての国民を「ゆりかごから墓場まで」同じ家族のようにもてなされる、福祉大国スウェーデンができたのです。また、こうした事例は、国家レベルに留まりません。日本のグリーンコープは、二〇一〇年に「抱樸館[23]」（「素を見（あらわ）し、樸（荒木）を抱く（見素抱樸）」という老子の言葉から由来した名称）というホームレスのための自立支援施設を設け、その施設を維持しようと、組合員の皆さんが惜しみなく支援しています。生協の中で、組合員主権が貫かれ、運動の上に事業がよりうまく進められるようになったのは、ある面では「抱樸館」に駆け込んだ人々からの返礼かもしれません。

『三国志』では、馬韓の人々を「人性が強く勇敢で、……衣は布袍を着て、足は革を履く。……一日騒がしく呼び合いながら、力仕事に就いても、痛く感じない」と書いています。まるで囚人や奴隷の国のような馬韓が、どうして経済的な繁栄と審美的な幸福を同時に達成できるのか、当時の中国の儒学者の目からみると、ずいぶん不思議だったに違いありません。そんなにたくさんの富を福祉に使いながら、どうしてスウェーデンが世界一の豊かな国になり、どうしてグリーンコープの事業が成長し続けるのか、今の私たちが不思議に思うのとまったく同じです。しかし、人間の社会とは、本来そんなものです。最も低いところに一緒に降りる間に、真の幸せが訪れ、そうした人々に向かって、天はよりたくさんの福（富）を授けるものです。

第五章 地域社会に向かう社会的経済の進化

1 資本主義の未来

低成長の危機

今、韓国をはじめ世界経済は、長期にわたって低成長の罠にはまっています。二〇〇〇年代に入って、世界経済の平均成長率は二パーセント台に落ち、世界の工場と呼ばれる中国も六パーセント台をやっと超えるくらいです。韓国も例外ではなく、一九六〇年代から八〇年代にかけては年間平均十パーセント台の成長を続けてきましたが、二〇〇〇年代に入ってからは五パーセント台に止まり、さらに近年になっては三パーセント前後に落ちています。

もちろん、成長率の鈍化は、最近だけのことではありません。韓国をみても、一九七九年のオイルショック、一九九七年の通貨危機、そして二〇〇九年の金融危機の時に、深刻な低成長を経験したことがあります。しかし、以前の二つに比べて、金融危機以降の低成長は、そのようすがかなり異なります。以前の低成長が、さらなる高度成長のための一時的な息抜きだったとしたら、金融危機以降の今の低成長は、どんな手段を講じてもなかなか抜けられない構造的なものです。

一九七九年のオイルショックは、ある面では「産業化」を通じて高度成長を遂げてきたこ

朝鮮戦争以降の経済動向

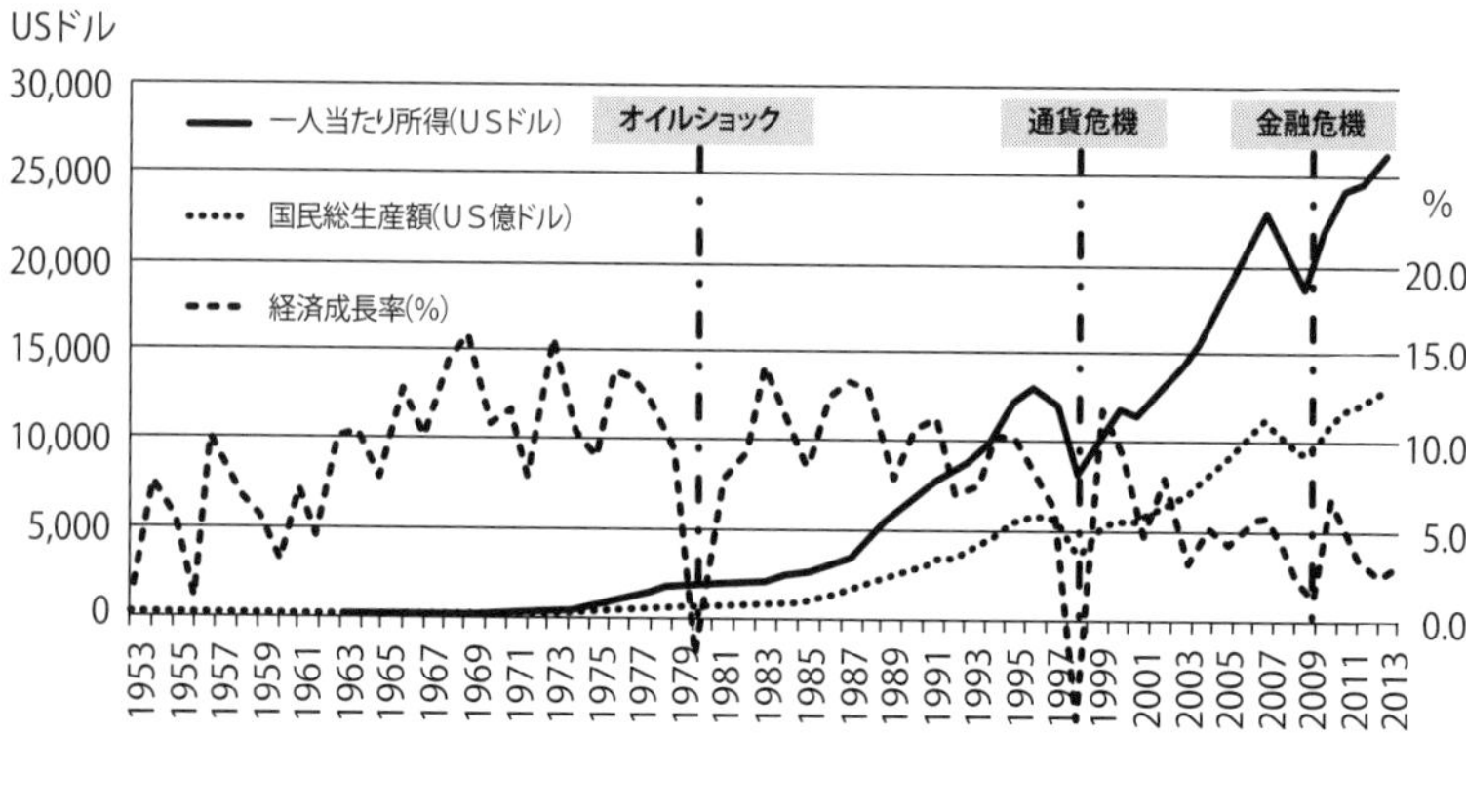

との結果でした。国の基幹産業を第一次産業から第二次産業に変え、そのおかげで経済成長し続けてきた結果として、生じたものです。そして、そうした危機を韓国は、国内から世界へ市場を拡大することによって、つまり、さらなる「市場化」をもって、なんとか乗り越えることができました。

また、一九九七年の通貨危機は、ある面では、こうした「市場化」によるものでした。国内から世界へ市場を拡大したために、世界市場の少しばかりの変動によって、大きなダメージを受けたことの結果でした。そして、その危機も、韓国は、労働の流動化と資本の自由化を強いる世界資本への参入によって、つまり、さらなる「資本化」をもって、なんとか乗り越えることができました。

そして、二〇〇九年の金融危機は、ある面では、こうした「資本化」によるものでした。商品市場だけでなく資本市場への参入をさらに強めたために、アメリカから生じた資本の損失を、何の罪もない韓国の人々が背負ったものです。そして、もっと深刻なのは、今度は、この危機からなかなか逃れられそうにないことです。

世界金融危機以降に、各国の中央政府は、足並みをそろえて様々な対策を講じています。実質金利をマイナスに落としたり、税金を使って多様な景気浮揚策を打ち出したりしています。しかし、そうした努力にもかかわらず、効果はなかなか現れません。世界経済は相変わらず、低成長の罠にはまっています。今の低い成長率は、もはや一時的な「変曲点（inflection point）」ではなく、構造的な「臨界点（critical point）」のようにみえます。

空間の拡大

今の低成長を、一時的な変曲点にみるのか、構造的な臨界点にみるのかは、実は空間の大きさにかかっています。オイルショック後に市場を国内から世界に拡大し（＝地理的空間の拡大）、通貨危機後にその市場での交易品を商品から資本に拡大したように（＝物的空間の拡大）、新しい空間で新しい交易品が見つかると、成長は再び続くからです。

生物学から生まれながら経済学の分野でも広く使われる言葉に、「ロジスティック曲線（logistic curve）」というものがあります。それによると、あらゆる生命は、定められた空間の中で生成と発展を続けますが、その生長が空間の収容範囲に近づくと、生命の生長は鈍化し、遂に収容範囲を超えると、むしろ減少します。経済の長期的動向も同じで、空間の収容範囲に近づくと、経済成長率は落ち、それを超えると、むしろマイナス成長します。要するに、空間の制約が、生命と経済の成長を鈍化させたり（＝低成長）、減少させたり（＝マイナス成長）するわけです。

その時に、生命と経済の成長を続けさせるためには、新しい空間を探し求めなければなりません。飽和状態にある空間から出て、新しい空間で新しい餌を探し求めなければなりません。資本主義の場合も同じです。資本主義の歴史を一言で言うと、新しい空間で新しい餌を探し求めて、常に空間を拡大してきたものと言えます。空間の飽和と制約がもたらした成長の変曲点を、地理的・物的・媒介的な空間の拡大をもって乗り越えてきたものと言えます。

ロジスティック曲線

M 個体数

T 時間

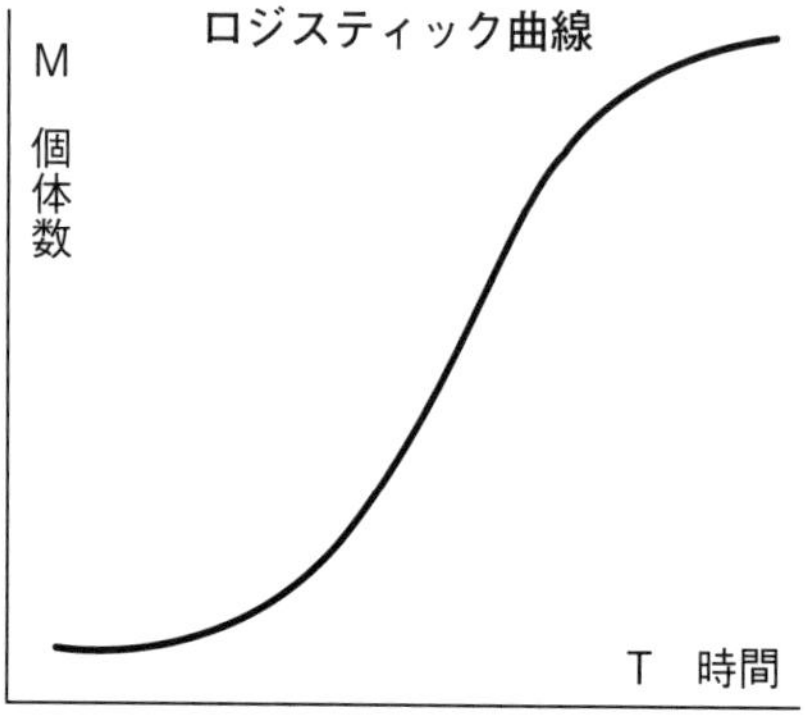

資本主義の歴史は、商業資本主義から始まったと言われています。そして、この商業資本主義とは、今まで国内市場に限られていた商品売買の空間を全世界に地理的に拡大したものと言えます。海をわたって世界各地に市場を拡大した大航海時代を経て、ようやく資本主義は、全世界を自分の空間に持つことができ、全世界を舞台に商品流通を繰り広げることができました。

産業資本主義は、こうした地理的空間が飽和状態に到るや、今度は餌そのものを拡大したものと言えます。一部に限られていた商品を、産業革命を介して、人間のすべての生産物にまで、やがては人間そのもの（奴隷と賃労働者）にまで拡大したのが、産業資本主義です。おかげで資本主義は、空間の地理的拡大のうえにさらなる物的拡大ができ、再び成長を謳歌できるようになったのです。

しかし、こうした地理的・物的に拡大した空間も、やがてはまた飽和状態に到ってしまいました。そこで資本主義は、それまで商品売買のみを媒介してきた貨幣を、すべての人間関係を媒介する商品として流通させ始めました。地理的・物的な空間の拡大に次いで、今度は、媒介的な空間を拡大しました。商品交換よりむしろ資本交換から餌を獲得することができ、金融資本主義の誕生を告げたのです。

ここで、もう一つ大事なことがあります。資本主義は、自分の力だけでは空間を拡大できません。経済における資本主義の空間拡大は、政治における民主主義からの支援なしには成し遂げられません。古代ギリシャのポリス（都市国家）以来、ほとんどの民主主義は経済利害と強く結び付き、政治的な一人一票は経済的な一ドル一票と離れられなかったのです。いや、ある面では、資本主義と（通説的な）民主主義は、同じ考え方を基盤に、同じ方向に向かうものです。現在の一部を未来の皆に等しく施そうとする民主主義は、現在の限られた空間を未来に等しく平らに広げようとする資本主義と、あまり変わらないものです。この二つの通俗的な平等と拡大志向を基盤に、経済的な資本主義と政治的な民主主義の奇妙な組み合わせから、「近代」が生まれたのです。

通俗的な平等志向の代表事例として、最近、韓国でよく言われる「普遍的福祉」というものがあります。すべての子どもたちに、無償で学校給食を与えることなどが、それに当たります。しかし、それは「公平」であって「公正」ではありません。その人に合った異なる扱いをすることではなく、等しく皆を平らにすることです。そして、こうした間違った平等観の底には、人間を（マルクスの言った）「経済的範疇（資本家・土地所有者・労働者）の人格化」した存在としてしかみないことがあります。

それに対して行岡良治は、人間が「資本家の一人」「土地所有者の一人」「労働者の一人」から「ひとりの資本家」「ひとりの土地所有者」「ひとりの労働者」に解放されるべく、この間の矛盾・対立を人間的に解決しなければならない、と主張しています。これはとても大事な話です。経済的な利害関係に従属した民主主義を超えて真の民主主義に向かうためには、そうした人々の連帯しか方法がないからです。

空間の飽和

ともかく、こうして拡大を繰り広げた資本主義が、今はこれ以上に拡大できなくなってきています。未知の地と言われたアフリカを含めて、資本主義の影響の及ばないところはほとんどありません（＝地理的空間の飽和）。大衆消費社会を支えてきた今までの中間層が、高齢化と格差のためにその購買力を失っています（＝物的空間の飽和）。ＩＴ技術の著しい発展は、むしろ一億分の一秒単位で投資しなければ、利益が得られない状況をつくっています（＝媒介的空間の飽和）。

要するに今は、商品が溢れても売るところがなく、資本が溢れても投資先がない、そのような資本主義空間の飽和状態に到っています。先進国の政策金利と国債利回りがゼロに近づいているのは、ある面、資本の増殖を目的とする資本主義が終焉に向かっていることを、国家自らが認めていることです。

もちろんある人は、今後の資本主義が空間より時間の拡大をもって成長するだろう、と言うかもしれません。確かに今の資本主義にはそういう面があります。「将来にこれくらいの利益が出せる」という期待が、今の資産価値を決め、市場では、その将来価格を過剰に計上して、最大の利益を出しています。

しかし、そうした利益は、実は未来が享受する利益の先取りです。期待と離れて損失が出たら、それを未来に押し付けるものです。平均十年に一度の周期でバブルの清算が行われるのは、その損失をそれ以上に未来に押し付けることができないからです。バブルを清算するために罪のない人々を犠牲にすることも問題ですが、幸いにその危機から免れても、後でその損失を背負わなければならない次世代の子どもたちが心配です。

また、ある人は、「第四次産業革命」が資本主義に新しい空間を設けさせるだろう、と言っています。韓国でも最近、「第四次産業革命」が流行りの言葉で、人工知能（ＡＩ）・情報通信（ＩＣＢＭ）・人工光合成（ＡＰ）・宇宙開発（ＳＥ）などの技術に投資すれば飽和状態の資本主義空間が拡大でき、もう一度経済成長ができるだろう、と言われています。

もちろん、私は、それらの技術について、否定したくはありません。そうした技術が実現できれば、人間の生活もより良くなるだろうと思います。しかし、だからと言って、それが空間の飽和状態に到っている資本主義の危機を解決することはできないはずです。第四次産業革命は、たとえ資本主義の空間を人間と地球から生命と宇宙に広げることはできても、資本主義の終焉を押し止めることはできないはずです。

資本主義以前のすべての社会では、富の蓄蔵は自然（宇宙）からの贈与であって、自然を相手に利益を収得した結果ではありませんでした。また、富を蓄蔵する目的も現在と未来のためであって、現在と未来を犠牲にするものではありませんでした。自然と祖先のおかげで自分が生きるから、今度は自分も自然と子孫のために生きなければならないという思いが、生命の転移と進化をもたらしたのです。時間を次世代にまで拡大して成長し続ける資本主義、空間を宇宙にまで拡大して成長し続ける資本主義は、どんな場合でも起きてはならず、結局は人類を淘汰と絶滅に導くはずです。

空間の分割

資本主義の真相を理解するうえで、もう一つ大事なのが空間の分割です。これまでに資本主義が成長し続けたのは、空間の拡大のみならず、実は空間の分割があったためです。資本主義のことを簡単に言えば、安く買って高く売ることで利益を生み出す制度です。つまり、資本主義が成立するためには、安く買って高く売る「周辺」と、そこから利益を生み出す「中心」に、一つの空間が分かれていなければなりません。ある空間を中心と周辺に分けて、その壁が崩れたら——それを物理学では「空間の均質化」と言います——、新しい空間で新しい周辺をつくるというのが、空間拡大の本当の目的です。

あらゆるタイプの資本主義は、空間の分割と周辺からの利益収集をもって、中心の成長を遂げてきました。はじめは、一国の中に周辺をつくって利益を収集してきましたが、やがてその周辺がなくなると（周辺と中心が均質化すると）、今度は国外に目を向けて、世界各地に周辺をつくってきました。資本主義のグローバル化とは、結局、世界を先進国と発展途上国に分けて、発展途上国といわれる周辺の国々から中心の先進国に向けて富を収集してきたものです。

しかし、資本主義のグローバル化が広がれば広がるほど、全世界は資本主義に均質化し、周辺はだんだんなくなってしまいました。発展途上国を挟んで繰り広げられる先進国の角逐（かくちく）戦は、次第に発展途上国からの利益収集を困難にさせていきました。そして、こうした問題を解決しようと、資本主義は再び国内に目を向けました。今まで均質化されていた国内に新しい周辺をつくり、そこから利益を収集し始めました。

その結果として生まれたのが、労働市場の柔軟化と、それによる非正規職の量産です。金融危機の端緒となったアメリカのサブプライムローンは、こうした国内の周辺から利益を収集しようとしてきたことから生じた問題です。世界各国が直面している格差問題も、世界レベルでの資本主義が均質化するにつれ、発展途上国に代えて、国内に周辺をつくってきたことが主な原因です。しかし、残念ながらこのような国内の周辺からも、富の収集がだんだんできなくなってきています。格差に伴う周辺の貧困は、むしろ資本増殖の餌としての機能を失わせています。

そのうえに、これ以上の経済成長を不可能にするもう一つの構造的な要因として、少子高齢化の問題があります。今、ほとんどの先進国が直面している少子高齢化の問題は、資本増殖のための消費そのものを、停滞・減少させています。少子化による人口減少は、消費する人数の絶対的な減少を意味します。人口の高齢化は、延命に必要な減価償却内の最小限の消費を意味します。経済成長が、減価償却を超える消費によってもたらされることを考えると、今後見込まれる世界レベルの人口減少と高齢化は、(1)これ以上の経済成長が不可能になってきていることの兆しです。

こんな状況の中で、第四次産業革命をまるで救世主であるかのように騒ぐのは、とんでもない話です。厳密に言って、産業革命とは、その社会の技術的基盤であって、それがその社会をつくったのではありません。石器時代には打製と磨製の石器が、農耕時代には鋤(すき)があったように、産業資本主義の時代には蒸気機関(=第一次産業革命)と電気(=第二次産業革命)があり、金融資本主義の時代にはコンピューター(=第三次産業革命)があっただけで、それが産業資本主義と金融資本主義の社会をつくったわけではありません。それをまるで、ある技術によって新しい社会がつくられ、したがって今までの社会問題も解決できると騒ぐのは、結果をもって原因を説明する誤った考えで、意図を持った嘘つきの話です。

百歩譲って、第四次産業革命の技術的可能性を認めても、それが資本主義を蘇らせるわけではありません。なぜならそれは、資本主義の空間を人間と地球から生命と宇宙に拡大することはできても、拡大した空間を中心と周辺に分割することはできないからです。生命と宇宙は、安く買えるところにはなっても、高く売れるところにはなれません。値上がりを続ける原材料価格と廃棄費用を下げることはできても、利益をもたらすのは結局人間なのに、その人間が今、格差と高齢化のために消費を減らしています。少子化と人口減少のために消費の絶対量が減っています。第四次産業革命によってどれだけ安く生産ができても、所得がないのに消費することはできず、消費する人がいないのに消費が増えるわけはありません。

そのような問題を解決するため、世界各国では様々な消費刺激策と景気浮揚策、出産奨励策などを打ち出していますが、効果は今一つです。国境を越えて資本が自由に行き来するなか、各国によるこうした積極的財政政策は、効果をもたらすべきところには及ばず、むしろ資本の利益として収集されています。自分の成長のために必要だった空間の分割が、むしろ資本主義そのものを窮地に追い込んでいます。

成長の臨界点

世界経済は今、低金利・低インフレ・低成長という三低の罠にはまっています。低金利とは、お金はあっても投資先がないことです。低インフレとは、価値の増殖、つまり付加価値があまり生まれないことです。こうした低金利と低インフレの繰り返しが、長期的な低成長をもたらしています。

しかし、もっと深刻なことは、この状況がもはや一時的ではないということです。どんな手段を講じても、なかなかその罠から抜け出すことが難しいのです。最大利益を追求してきた資本主義がその終焉を迎え、第四次産業革命は単なる幻想にすぎないのです。今の長期低成長が、一時的な変曲点ではなく、構造的な臨界点だということです。

成長の臨界時点で、人間のできることは自己調整しかありません。持続的な生存のために、定められた空間に合わせて自らを調整するしかありません。そして、こうした自己調整には、二つの選択肢があります。一つは、柔らかく平和的に「軟着陸（ソフト・ランディング）」することで、もう一つは、強制的で暴力的に「硬着陸（ハード・ランディング）」することです。できれば軟着陸したいのですが、それが適時適切に行われない場合、世の中は生殖能力の低下や殺し合いなどに襲われ、過酷な硬着陸を強いられます。

特に、生殖能力の低下は大きな問題です。それは、単なる生物的な「不妊」だけでなく、社会的には「少子化」を意味します。成長の臨界時点で、軟着陸への具体的な計画と実践が示されないとき、またその結果として、軟着陸への希望よりも硬着陸の危機感が大きいとき、若い世代は、その過酷な硬着陸を生き残るために、また自分の子どもを苦しませないために、出産を諦めます。韓国の合計特殊出生率が（二〇一八年）〇・九八人という世界で最も低くなった原因も、実はここにあります。こうした数値を、親世代は社会崩壊の原因とよく非難しますが、それこそまったくの逆ギレです。今の極端な少子化は、成長の臨界点で取らざるを得ない若い世代の生存戦略であり、本来、親世代が支払うべき成長の代価を、子世代が立て替えているということなのです。

軟着陸は、一見柔らかく平和的にみえても、実は革命的な大転換を伴います。生命は、定められた空間の中で生長しつつ、その空間が飽和状態に到ると、空間の受容範囲に戻ろうとします。そして、その時には、必ず生命の自己変化を起こします。いや、自己変化をもって空間の飽和を克服してきた生命が、私たち人間です。定常状態に向かう人間の軟着陸は、空間の飽和がきっかけになりますが、それを成し遂げるのは、生存の意味を改める人間の思惟と実践によるものです。残念ながら「ロジスティック曲線」は、この点をおろそかにしています。それは、環境とその中で生きる生命との関係を解明した点では大きな意味を持ちますが、一方、生命の進化、つまり、生命の自己変化に伴う環境と生命の新たな関係についてはあまり説明していません。

人類の歴史を超長期的にみると、こうした軟着陸は、これまでに二回ほど起こりました。一回目の軟着陸は、厳しい氷河期だった五万年前に起き、その時に、「心のビッグバン」という自己変化を成し遂げたホモ・サピエンスによって、自然が知られるようになりました。二回目の軟着陸は、氷河期が終わり、農耕と牧畜が始まった一万年前に起き、その時に、「精神のビッグバン」という自己変化を成し遂げた人間によって、社会がつくられるようになりました。そして、今の私たちは、三回目の軟着陸の時期を迎えています。これまでの人類史を踏まえて、

「もう一度のビッグバン」という自己変化を成し遂げ、今までとは違う新しい社会をつくり出すべき時期にきています。

「もう一度のビッグバン」が具体的にどういうものなのか、私たちにどのような自己変化が求められているのかなど、私には十分に理解できません。第一章の「社会的人間」で少し触れただけで、その全体像が解明できたとは言えません。しかし、私は、自己変化した人間によって、今までとはどう違う社会がつくられるか、ホモ・サピエンスが「心のビッグバン」をもって自然を発見したように、人間が「精神のビッグバン」をもって社会を発明したように、今後の私たちが「もう一度のビッグバン」をもってつくろうとする新しい社会の見通しについては、ある程度の確信を持っています。空間の無限の拡大と、周辺からの収集をもって成長してきた資本主義社会を超えて、新しい人間が新しい地域社会をつくっていかないと、人間の持続的な生存自体が不可能であることはわかっています。

資本主義社会に対する切迫した危機感と、軟着陸に向かう人間への信頼を込めて、本書の最後を「地域社会の創出」という展望を述べることで仕上げたいと思います。

2 なぜ地域社会か

社会的経済への期待

今、韓国のみならず世界各国では、これまで以上に社会的経済への期待が高まっています。なぜこんなに期待が高まっているのか、社会的経済にいったい何を期待しているのか、その内容をいくつかにまとめますと、おおよそ次のとおりです。

まず、「主体の拡大」があります。社会的経済は、どんな時代や状況から生まれようとも、常に周辺の人々に関心を持ち、彼らが主体になって人間らしく生きられるために努力してきました。しかし、そうした努力にもかかわらず、今の状況はより深刻です。格差の広がりによって、周辺の人々の生活は一層厳しく、これまで社会的経済を支えてきた中間層まで、その周辺に追い落とされようとしています。こうした歴史と現況を反映して、今後の社会的経済は、周辺の人々に、より関心を注ぐべきです。私が第一章で結社に基づく相互扶助と歓待を強調したのも、そんな理由からです。

次に、「領域の拡張」というものがあります。ここで言う「領域の拡張」は、単に事業の多角化を意味するものではありません。「主体の拡大」によって現れた周辺の人々の新しいニーズに、今までなかった新しい事業をもって応える、というものだけではなく、その事業の具体的な取り組みとして、互恵と商品交換に加えて再分配を含ませる、ということです。第二章で社会的経済による互恵・商品交換・再分配の再融合を論じたのも、そんな理由からです。

最後に、社会的経済に寄せられる最も大きな期待として、「地域社会の創出」というものがあります。これは、一言で言えば、市民自らの結社に基づいて、自治体など行政とも協力しながら、市民の内外に向かって「市民的公共圏」を構築することです。もちろん、ここで言う「市民的公共圏」とは、ドイツの哲学者ハーバーマス（Jürgen Habermas 一九二九年－）が言うような、国家（政治権力）の外側に位置しながらそれをチェックする集団、また、自由な意思に基づく諸個人の非国家的・非経済的な結社による意思決定のための言説、ということだけに留まらず、意思決定にも参加できない「無口な人々の言説」に耳をすますことです。二十一世紀に入って、資本主義のグローバル化による弊害が一層強まり、国家レベルではなかなか対応し切れないことがわかってから、社会的経済による地域社会の創出への期待は、さらに大きく寄せられています。

資本主義世界との違い

それでは、どんな地域社会を望んで、人々は社会的経済に期待を寄せているのでしょうか？社会的経済によって創出される地域社会は、既存の資本主義世界とどう違うものなのでしょうか？　両方とも「空間」であることは間違いありませんが、中身が全然違います。

まず、二つはその出生地が異なります。先ほども申したように、資本主義世界は空間の中心から生まれたものです。中心から生まれ、周辺から利益を収集しながら成長し、やがてその空間全体を自分のものにするのが、資本主義世界です。それに対して、社会的経済の創出する地域社会は、空間の周辺から生まれたものです。周辺から生まれ、周辺の自立と周辺との連帯を求めて実践し、さらにその実践と実践を繫いでつくり出すのが、社会的経済による地域社会です。一言で言えば、社会的経済による地域社会は、資本主義世界の不平等と不公正な「カオスの縁(ふち)(edge of chaos)」から生まれたものです。

これは、とても大事な点です。社会的経済による地域社会は、資本主義の縁から生まれながらも、それに取って代わる新たな秩序をつくろうとします。資本主義を肯定してそこから胎動しても、資本主義を否定してそれに取って代わろうとします。そんな資本主義に対する肯定と否定の間から、資本主義を肯定しながらも否定に向かうなかから、社会的経済に、生命への意識と生命に向かう実践が生まれます。

次に、二つは成長過程が大きく異なります。資本主義世界は、市場経済という特殊な制度が地理的・物的・媒介的に拡大したものです。特定の空間だけにあった特殊な市場経済システムが、全世界に向けて、すべてのものと関係に対して、同心円的に広がったものです。それに対して、社会的経済が創出する地域社会は、人間の生が相互作用し、相互作用したものが再び相互作用するなかで、成長するものです。すなわち、資本主義世界が、市場経済システムの同心円的な拡大によるものであるとすれば、社会的経済による地域社会は、人間の生の放射状の多重結合によるものです。

放射状の多重結合は、層位を異にする重層的な構造を生み出します。柄谷の言葉と考え方を借りて言えば、まず「アソシエーション（結社）」があり、それらの放射状の結合によって「可能なるコミュニズム（地域社会）」が生まれ、またそれらの放射状の結合によって「世界共和国」が生まれます。それぞれの相互作用（＝アソシエーション）が、それぞれの地域の中で繋がり（＝可能なるコミュニズム）、再び世界レベルで繋がると（＝世界共和国）、新しい交換様式（＝交換様式X）に基づく新しい社会がつくられる、ということです。

こうした彼の説明はとてもわかり易いのですが、残念ながら一つ肝心なものが抜けています。「アソシエーション」から「可能なるコミュニズム」へ、また「可能なるコミュニズム」から「世界共和国」への結合は、結局人間がつくるもので、また人間に還るべきものです。第一章で僧肇（そうじょう）の話をもとに述べたように、すべての相互作用は人間一人ひとりがつくるもので、その相互作用が価値を持つのは一人ひとりの人間をつくるからです。それを明確にしないと、社会的経済による地域社会は、資本主義世界の分割にはなっても対案にはなれません。

最後に、二つは同じ空間でありながらも、空間形成の目的が異なります。資本主義が空間を拡大するのは、資本の利益を収集するためです。資本による、資本のための、資本の「領域」を確保するためです。それに対して、社会的経済が地域社会を創出するのは、生命を生かすためです。人間を含めて、生命による、生命のための、生命の「関係」を育むためです。

「領域」と「関係」はまったく違うものです。「領域」が空間の区画であれば、「関係」は交易の範囲です。資本主義世界は、一つの空間を中心と周辺に区画し、区画した周辺から利益を収集して、できるものです。利益の収集ができなくなると、再び新しい空間で新しい周辺を区画するものです。それに対して、社会的経済の創出する地域社会は、お互いに食べさせ合う交易の範囲で、それが重層的に結び付くものです。何を食べさせ合うか（＝交易の対象）によって、交易の範囲が異なっていき、それらを重層的に結合して、できるものです。したがって、資本主義世界が開放的にみえても本当は閉鎖的な空間であるのに対して、社会的経済による地域社会は、閉鎖的にみえても本当は開放的な空間です。社会的経済が、人間の生を多面的・多岐的に繋ぐのも、こうした食べさせ合う交易の範囲を重層的につくるためです。

まとめますと、資本主義は、空間の分割と周辺からの利益収集のために空間を拡大しますが、社会的経済は、周辺の自立と周辺との連携のために関係を構築します。資本主義世界が市場システムの同心円的な拡大によってもたらされたのならば、社会的経済による地域社会は、人間の生の放射状の多重結合をもってつくられるものです。資本主義世界が資本利益の収集のために資本の「領域」を必要とするならば、社会的経済が地域社会を構築する理由は、人間を含むすべての生命を生かすために、生命の多重的で重層的な「関係」を必要とするからです。

資本主義世界は、内に不平等で外に閉鎖的な空間です。それに比べて社会的経済が創出する地域社会は、内に非平衡で、外に開放的な関係です。「不平等（inequality）」と「非平衡（non-equilibrium）」は、まったく違う言葉です。「多様性」とは、平面的な多彩さとともに、立体的な非平衡を意味します。生命のあらゆる関係は、非平衡であるからこそ、活気と活力が湧いてきます。問題は、非平衡ではなく、不平等です。非平衡を不平等に仕立てる資本主義が問題なのです。非平衡であるために、むしろそこにある生命を尊く奉る社会、非平衡が不平等にならないように、平等な人間の連帯が活気と活力を注ぐ社会、そのような社会こそ、社会的経済が創出する地域社会の真の姿です。

ある人は、社会的経済によってつくられる地域社会の特徴を、「生態的」とか「環境にやさしい」などと言います。しかし、環境問題に関心を持ち、環境にやさしい商品を取り扱うという意味での「生態的」は、もはや社会的経済の専有物ではありません。そのような生態的行為は、人間に違う記号の消費を誘惑し、違う持ち主の資本を蓄蔵させるだけです。実際に、今の「生態的」のほとんどは、資本利益のために、形を変えた商品として売られています。社会的経済が関心を持たねばならないことは、生態ではなく、生命です。社会的経済が取り扱わねばならないものは、環境にやさしい商品ではなく、生命に満ちた関係です。

また、ある人は、社会的経済によってつくられる地域社会を、まるで資本主義世界を細分化したものであるかのように言います。拡大した資本主義世界を小さく空間分割することが、資本の力の及ばない空間を構築することで、それがまるで、社会的経済によってつくられる地域社会であるかのように言っています。しかし、そうした考えでは、地域社会はつくれません。先ほども述べたように、社会的経済によってつくられる地域社会の真の価値は、地理的・物的・媒介的な拡大によってもたらされた資本主義世界の中、世界的規模で、人間の全生活領域にわたって、生命集積としての資本の助けを借りながら、周辺と連帯して、新しい秩序を創出することにあります。

地域社会の定義と、空間による時間の支配

アメリカの社会学者ヒラリー（G. A. Hillery）によると、「地域社会」には九十四の異なる定義があり、それぞれの定義の中にはまた、十六の異なる概念があるようです。そのすべてを取り上げることはできませんが、私はおおむね次のように地域社会のことを定義したいと思います。「同じ空間に住みながら、構成員同士が生産・消費・労働・教育・福祉・遊び・祭祀などの分野で一定の連帯を形成し、帰属意識を持つ集団」と。また、そんな定義の中から私は、「同じ空間に住む」という「空間」、「一定の連帯を形成する」という「時間」、「帰属意識を持つ」という「情緒」の、三つの概念を取り出したいと思います。

武田桂二郎

「地域社会」と言えば、私たちは普通、地理的空間だけを思い浮かべます。しかし、「地域社会」という言葉の中には、「地域」と共に「社会」が、つまり、空間概念と共に時間概念があります。グリーンコープ連合の初代会長を務めた武田桂二郎（一九二五－一九九四年）は、「生命活動の展開される空間的な場が地域で、時間的な場が生活である」と言いつつ、生まれたば

かりの生協運動が地域創出に向かうべきことを訴えました。武田の言う「時間」とは「生産・消費……などの分野」のことで、「時間的な場」とは「（それらの分野で）一定の連帯を形成する」ことです。人間の生を生命の活動とみたこと、地域を空間だけではなく時間としてとらえ、生命活動の時間的な展開を生活とみたこと、さらにその時間の繋がりをもって新しい地域社会の創出を試みたことなどは、今にしても大変先駆的な見解だったと思われます。

ともかく、空間と時間が結合しないと、人間は生きられません。それにもかかわらず、私たちが地域社会を地理的空間としてのみ理解するのは、これまで空間が時間を支配してきたから、つまり、地域社会の中で人間関係のほとんどが拘束されてきたからです。どこで生まれ、どこに住むかによって、その中での仲良し関係が、義務づけられてきたからです。

そして、こうした空間中心の概念は、実は自然との関わりから起因したものでした。狩猟と採集の時代、人類には獲物を探して移動する空間だけがあって、時間は、その中に埋め込まれていました。獲物の豊富なところを探し求めていった人間の群れにとって、随時に変わる自然の時間概念も、内なる他人との関係概念も、まだありませんでした。

こうした空間の中から、人類は徐々に時間を切り離していきました。そして、切り離したその時間を再び空間と結合させて、農耕と牧畜（遊牧）を発明しました。もちろん、同じ結合でも農耕と牧畜（遊牧）では、結合のやり方が違いました。農耕では発見した時間を「決まった」空間と結合させましたし、牧畜（遊牧）では「変わる」空間と結合させました。農耕では、決まった空間の随時変わる時間に順って耕しましたし、牧畜（遊牧）では、決まった時間に合う空間を探し回りました[2]。そして、こうして生まれた複数の結合のあり方が再び結合するなか、つまり、「空間と時間が重層的に結合して」から、社会というものが生まれました[3]。

しかし、こうして生まれたほとんどの社会では、農耕が中心でした。農耕と牧畜（遊牧）が出会うと、ほとんどが農耕に同和され、遊牧的牧畜も家畜の飼育という農耕的牧畜に変わりました。そのために、数千年間、人間にとって、空間はほとんど決まっているもの、時間はそれに合わせなければならないものでした。今の私たちが地域社会を空間中心に考えるのも、こうした人類史によるものです。

家族と職場の崩壊

都市化と産業化が進むにつれ、空間中心の地域社会が崩れたようにみえても、実は農村から都市にその場所を移し変えただけのことです。人間には、職業選択と家族結成（結婚）の自由が与えられましたが、一度入った職場と一度結んだ家族は一生続き、両方を行き来しながら、大部分の時間を過ごしてきました。伝統社会では分かれていなかった生産と消費が、近代社会に入ってから職場と核家族に分かれても（厳密には単純な「分かれ」ではなく、「分かれによる支配」、つまり職場での生産による家庭での消費の支配）、私たちはつい最近まで、二つの堅固な連携（具体的には、経済的な終身雇用・福祉手当・社内福利と情緒的な家族ぐるみのつきあいの連携）によって、都市の中で空間中心の地域社会をつくってきました。

しかし、こうした空間中心の地域社会が、今は自発的であれ強制的であれ、ほとんど残っていません。一度入った職場で一生働く人はほとんどおらず、一度結んだ家族が一生続くと思う人も多くありません。大半の職場での雇用は、終身雇用と年功序列から契約雇用と成果年俸に変わり、家族の主な構成員も、四人から二人か一人に変わっています。

こうした変化は、今まで人類が経験したことのないものです。人類は、地上に出現してから最近まで、一度も一人で生きたことがありません。生涯をサル研究に専心した霊長類学者河合雅雄は、他の霊長類に比べて人間の持つ特徴を、家族という社会をつくり、その家族を介して外部世界と関係したことと言いました。メスが育児を担当するのは哺乳類に共通するものですが、オスが育児に参加し、それによって家族という社会がつくられたのは、人類だけだ、と言っています。

もちろん、時代の変化に伴い、家族の範囲と名称も随分変わってきています。原始時代では氏族、古代では部族、封建時代では大家族に、その規模がだんだん縮まり、それによって名前も変わっています。近代に入ってからは、核家族へとさらに縮まり、それだけでは生存に必要な生産と消費の完結ができないため、核家族（＝消費共同体）の外に家族のような職場（＝生産共同体）をつくって、その足りない部分を補いました。すなわち、今まで人類は、家族を単位にして、あるいは家族のような関係をつくることによって、生きてきたのです。

しかし、こうした構造が今は大きく揺すぶられています。氏族・部族・大家族などは遠い昔に崩れ去り、核家族と職場の強い連携も崩れてきています。そのような状況のなか、労働の柔軟性というのは解雇の自由を意味するだけで、仕事を失った時の再教育・再訓練・生活保護などはあまり整えられていません。自由に家族を構成する権利が保障されるどころか、むしろ、慣習や制度によって、片親と離婚家庭が差別されています。どこにも癒しのある定着ができず、一人寂しく流浪しなければならなくなっています。共同体の破壊とか、地域社会の崩壊などを懸念する声が高まっているのも、ある意味で当然です。

社会的安全網

しかし、「一人寂しい流浪」が、本当に懸念すべきことでしょうか？ 「一人」は、ある面で、人類史上はじめて、家族から個々人に社会形成の単位が変わったことを意味します。「流浪」もまた、ある面で、その一人ひとりがあらゆる拘束から解放されたことを意味します。すなわち、「一人」は人間進化に伴う必然的な帰結で、「流浪」はその進化に伴う当然の代価です。したがって、問題の本質は、「一人流浪」ではなく、むしろ「寂しい」一人流浪にあります。自由を求めて一人流浪することではなく、その流浪を守ってくれる社会的安全網がないところに問題があります。

今の韓国社会には、そんな人間の自由な流浪を守ってくれる社会的安全網がほとんどありません。あるのは、市場による保険商品と、国家による社会保障だけです。いや、自由な人間同士の社会的安全網を、国家の社会保障のことと間違って理解しています。「社会的安全網（social safety nets)」を「すべての国民を……保護するための国家の制度的装置」と定義し、「社会的」を「国家」に、「安全」を「保護」に、「網」を「制度」に変えています。しかし、「社会的安全網」とは本来、「どんな状況でも、一人ひとりの人間が、彼の属する社会の中で、安心して暮らせるようにする、関係の網」です。そして、その関係網を構築する本来の主体は、国家ではなく、その社会の人々です。

「社会的安全網」には、社会的・安全・網という三つの概念があり、それぞれの概念の中にはまた、二つの意味合いが込められています。まず、「社会的（social）」には、「（人々の）結社」と共に、「（内なる）相互扶助と（外なる）歓待」の意味合いが込められています。また、「安全（safety）」には、「（情緒的な）安心」と共に、「（実態としての）安全」の意味合いが込められています。そして、「網（nets）」には、「（人々の）相互作用」と共に、「（その）相互作用の相互作用」という意味合いが込められています。

こうした社会的安全網の三つの概念は、地域社会の空間・時間・情緒とまったく一致するものです。「社会的」は「時間」に、「網」は「空間」に、「安全」は「情緒」に一致するものです。結社に基づく相互扶助と歓待が、地域社会の「時間」を形成し、その時間の相互関係が、地域社会の「空間」を形成します。そして、その二つが結合していくなか、地域社会の人々には、「情緒」的な一体感が形成されます。要するに、社会的安全網の観点から地域社会を定義するならば、「どんな状況でも、一人ひとりの人間が、彼の属する地域社会の中で、安心して暮らせるようにする、時間と時間の相互関係で、それのもたらす帰属意識」と言えるのです。

ここで、一つ注意しなければならないことがあります。「情緒」は、「空間」や「時間」に比べて、決して軽いものではありません。情緒を、空間中心の地域社会が強いた感情、とだけみるのは大きな誤解です。人々が関係を結び、空間をつくるのは、単に共通のニーズを満たすためだけでなく、その中で一体感を得るためです。生協の組合員が組合員になるのは、はじめは安全な食べものを得るためでしょうが、その組合員が組合員であり続けるのは、結局生協の食べものが美味しく、その中での関係が楽しいからです。

そんな大事な社会的安全網なのに、今の韓国には、人間による社会的安全網がほとんどなく、国家による社会保障だけが覆い被さっています。そのために、市場から落伍し、社会から排除された場合には、国家の社会保障に頼るしかなく、またその社会保障の届かないところにいる人々は、自ら命を絶つしか選択肢がありません。

「松坡三母娘」の死

二〇一四年二月に、韓国で「松坡（ソンパ）三母娘」という事件が起きました。ソウル市松坡区にある一戸建て住宅の地下一階で、三人の母娘が練炭ガスを吸って自ら命を絶ちました。彼女らのそばには、窒息した一匹の猫と一通の封筒がありました。そして、その封筒の中には、「家主のおばさん、申しわけありません。今月分の家賃と光熱費です。本当に申しわけありません」というメモと、全財産の七十万ウォンが入っていました。

三人の母娘を自殺に至らしめたのは、膀胱がんで苦しんでいた父親が、十二年前に借金だけを残して、亡くなったことに始まります。長女は、糖尿病と高血圧に苦しみ、次女は、アルバイトをしていましたが不定期でした。生計の維持に必要な収入のほとんどは、母親が食堂で働いて稼ぎました。どんなに厳しい生活の中でも、三人の母娘は、人に頼らず、一所懸命に生きていました。八年の間一度も家賃や光熱費を延滞したことがなく、破れた壁紙を直してくれるという家主の提案には、「負担になるでしようから、大丈夫です」と遠慮をしました。自殺の際に、賃貸保証金五百万ウォンも、預けたまま残っていました。

しかし、この三人母娘の心やさしい生活を、この世はほっときませんでした。長引く生活苦は、二人の娘を不良債務者に陥れ、長女はまともな診療も受けられませんでした。生計を担ってきた母親も、腕を痛め、食堂の仕事ができなくなってしまいました。そして、こんな事情は誰も知りません。光熱費を滞納しなかったため、行政はその実情をまったくわからず、迷惑をかけていなかったため、近所の誰も気付きませんでした。頼れるところのない三人母娘の最後の選択は、これ以上に苦しまず、父親のいるあの世にいくことでした。

この事件が起こるや、一部のマスコミでは、行政の福祉制度をよく知らなかったことが原因であるかのように報道しました。しかし、それはまったくの誤報です。主な所得者が死亡あるいは大事故に遭ったときにだけ支給される「緊急福祉支援制度」は、腕を痛めた母親には適用されません。二人の娘に働く能力があると判断される場合には、「基礎生活受給」からも除外されます。すなわち、今の韓国の福祉制度では、三人母娘が国家の社会保障に頼ることがほぼ不可能なのです。

貧困のために命を絶つしか術のなかった三人母娘は、最後の言葉として、「申しわけありません」の言葉を残しています。しかし、本当に申しわけなく思わねばならないのは、三人母娘ではなく、私たちです。三人母娘を死に追いやったのは、この国の福祉制度で、国の責任とばかり考える私たちです。この国には、国家のみがあって社会がなく、この社会にはまた、制度のみがあって人がいません。そして、そのような国家と社会をつくった張本人は、他の誰でもなく、私たちです。

もし、三人母娘のそばに誰かがいたらどうだったのかを想像してみます。しかも、その誰かが善意を持つ一人や二人ではなく、なんとか最後まで解決策を探し、共にいてくれる多数の関係網であればどうだったのかを想像してみます。おそらく三人母娘は、自分の事情を気軽に相談しただろうし、多数の関係網は、複雑な福祉制度の中から彼女たちに相応しい支援策を見つけ出したでしょう。もう一歩進んで、既存の福祉制度の届かない部分についてもなんとか解決策を講じたでしょう。

決して一人ではないこと、どんな状況でも共にいてくれる人がいること、それこそが、現在の困窮から抜け出して、未来の不安に陥らせない力です。資本主義は皆が資本家になって乗り越えられるものではなく、国家がその問題を解決できるものでもありません。資本主義は、一人でも孤立させないためにと、人間の連帯が動き出すときに、ようやく乗り越えられるものです。本当に申しわけないと言わねばならないものは、三人母娘ではなく、私たちです。本当に残念に思わねばならないことは、不十分な国の福祉制度ではなく、不備な私たちの社会的安全網です。

3 繋ぎの進化

初期と今の社会的経済の違い

「地域社会」とは、同じ空間に住む人々が、様々な時間を結び付けながら、情緒的な帰属意識を持つことです。そして、この三つの概念――空間・時間・情緒――のうち、社会的経済は特に、「時間」に焦点を当てています。社会的経済とは、同じ空間に住む人々が、自分の持つ様々な時間――テーマ・ニーズ・関心など――を結び合わせることです。そして、このときに重要なものが、時間の結び方、そして、時間と空間の結び方です。人々が自分の持つ時間をどのように結び、結ばれた時間を再びどのように空間と結ぶか、です。社会的経済による地域社会は、こうした過程から創出されるものです。

順序を変えて、まず時間と空間の結び方から考えてみましょう。十九世紀に社会的経済がはじめて登場した当時、時間はほとんど空間に規定されていました。どこで生まれ、どこに住むかによって、同じ空間に住む人々と友好的な関係を結ばねばなりませんでした。そして、その空間が、資本主義の拡大のなかで脅かされると、今度は、自分の空間を守るために、その中での時間を一層強く結び合わせようとしました。ポランニーに言わせると、十九世紀の社会は「経済的自由主義という組織原理と、社会の自己保護原則との二重運動の衝突」でした。ヨーロッパ各地で、協同組合運動・宗教的共同体運動・政治的社会主義運動などが登場したのも、また、韓国で村ごとに多様な契が組織されたのも[4]、時間の強化をもって、空間を守ろうとするためでした。

それに比べて、今はその事情が随分変わってきています。今は全世界がすでに資本主義に覆われていて、人間関係もすでに市場経済に支配されています。つまり、初期の社会的経済と違って、今は空間を守るために時間を強化するということではなく、時間を結び合わせて空間を創出しなければならなくなっています。資本主義の支配下にある人間関係とは違った関係をつくり、その関係を再び関係させ合うことによって、資本主義世界とは違う空間をつくり出そうとしています。複数の相互作用を多重的・重層的に組織することによって、新しい生活空間を創出しようとしています。

グリーンコープでは、この「守ろうとする空間」と「つくり出す空間」を「第一地域」と「第二地域」と呼んでいます。「生協運動は、第一地域の中から第二地域をつくっていく運動である。……生協の事業は急速に成長したが、……地域には依然として国家や資本が大規模に進出している。……連帯・協同・共生の思想と第二地域の創出をめざして、……生協運動を内外から更新し展開しなければならない時期が来た」（武田桂二郎）と言っています。

ここで重要なのが、初期と今の社会的経済における時間の結び方の違いです。空間を守るために、その中の時間をより強く結ぼうとすることは、そこにある人間関係をより強く「縛る

（bonding）」ことに近いものです。それに比べて、すべての人間関係がすでに市場経済に支配されている今日、新しく時間を結び合わせようとすることは、すでになくなったか、あるいは市場経済の支配下にあるものに取って代わる人間関係を、新たに「繋ぐ（bridging）」ことに近いものです。

「縛り」と「繋ぎ」――広井良典の呼び方では「結合型」と「橋渡し型」――は、同じ時間の結び方でも随分違います。「縛り」が、同じ集団（空間）に属する同質的なもの同士の結び方であるとすれば、「繋ぎ」は、まったく別の集団に属する、あるいは同じ集団に属しない、異質的なもの同士の結び方です。「縛り」が、（雰囲気[5]のような）「非言語的情緒」をもって結ばれるものであるとすれば、「繋ぎ」は、（成文であれ不文であれ）「関係の規則[6]」を必要とするものです。「縛り」が、集団内の同質性と一体性を強めさせるためのものであるとすれば、「繋ぎ」は、個々人のニーズを満たすところに、その第一義の目的があるものです。

初期の社会的経済では、当然、「縛り」が主な時間の結び方でした。依然として時間より空間が優位を占めるなか、同じ空間に住む同質的なもの同士の時間をより強く結んで、資本主義の脅威から自分たちの空間を守ろうとするものでした。それに比べて、今の社会的経済における時間の結び方は、主に「繋ぎ」になっています。資本主義がすでに一つの空間になり、その中のあらゆる人間関係を支配しているなか、異質なもの同士が自分の時間の一部を結び、結ばれた時間同士を再び結ぶことによって、資本主義世界と異なる空間をつくり出そうとしています。

「繋ぎ」の対象

人間が社会的経済に関わる第一義の目的は、言うまでもなく、自分のニーズを満たすためです。韓国の行政側から言われるような、「社会的価値」とか「公益」のために、社会的経済に関わる人間は一人もいません。そのような目的で社会的経済が営まれれば、それは国家や政府の侍女になるに決まっています。

しかし、だからといって、社会的経済がニーズの結合だけに終われば、結局は資本主義世界の一般企業にすぎなくなります。マルクスが協同組合の未来をブルジョア運動に終わるだろうと予測したのも、レーニンが結局は資本の召使いになるだろうと予測したのも、そうした理由からです。人間を同質的なニーズの所有者としてしかとらえず、それを満たすことだけに関心を注ぐようになるからです。

確かに二人の予測したとおり、大半の協同組合はブルジョア運動に終わったり、資本の召使いになったりしました。しかし、そうした中でも幸いに、いくつかの協同組合は生き残り、今の社会的経済を牽引しています。そして、これらの協同組合には、次の二つの共通点が見られます。まず、ニーズの結合から人間の連帯にその繋ぎを広げ、そのうえに、広げた繋ぎ同士を新しい空間の創出に向けて結び合わせています。

協同組合などが「関係の規則」をつくる目的も、実はここにあります。協同組合の定款・規約・規則などは、人間に向かうものであって、人間のニーズに向かうものではありません。つまり、すべての人間を一人一票の平等と扱おうとするところにその目的があって、彼らの持つ共通のニーズを一ニーズ一票と扱うためのものではありません。一ニーズ一票はいつでも一株一票に変わり、結局は一ドル一票になりかねません。共通のニーズに応えながらも、ニーズではなく、人間を結び付けようとするのが、「関係の規則」をつくる本当の目的です。

こうした面からみると、社会的経済における「繋ぎ」の対象は、はじめは人間の持つニーズですが、結局は人間そのものです。時間の結合から始まって、人間の連帯に向かうのが、社会的経済です。したがって、「繋ぎ」の目的もまた、はじめはニーズの充足ですが、結局は人間そのものの連帯と完成です。時間の効用を高めることから始まって、人間と人間関係の高揚に向かうのが、社会的経済です。社会的経済が、複数の「繋ぎ」を再び重層的に繋いで、新たな地域社会（空間）を創出しようとする理由は、結局、この多様なニーズの集合体（空間）として、一人ひとりの人間が生きていけるようにするためなのです。

もちろん、これは簡単にできるものではありません。共通のニーズを繋ぐことから始まった社会的経済が、ニーズ（時間）の結合から人間の連帯を経て、再び新たな地域社会（空間）の創出に向かうためには、段階ごとに「繋ぎ」の内容が進化しなければなりません。「繋ぎ」の対象と方法が変わらないと、社会的経済は次の段階に到達できません。この段階ごとに求められる「繋ぎ」の内容を考えながら、まず社会的経済の進化過程を探っていきたいと思います。

「繋ぎ」の始まり――メンバーシップ

社会的経済の始まりは、人間の持つ共通のニーズを繋ぐことからです。そして、この場合の「共通のニーズを繋ぐ」ことは、一般企業の言う「市場のニーズに応える」こととは違うものです。同じニーズでも、誰のニーズを、誰が繋ぐかという点で、大きく異なります。一般企業では市場（他人）のニーズに資本が応えるのに対して、社会的経済では自分のニーズに自分が応えます。

『モモ』で語られていることから理解すると、「市場のニーズに応える」ことは、人から時間を奪う灰色の紳士たちのやることです。それに対して、「共通のニーズを繋ぐ」ことは、時間の所有者である町の人々のやることです。社会的経済で「結社」を重視するのも、それが基本的に時間の所有者による自己時間の繋ぎであるからです。

協同組合では、こうした時間の所有者を「組合員（member）」と呼びます。そして、その組合員と組合員の繋ぎを「組合員制（membership）」と呼びます。協同組合の第一原則に、「自発的で開かれた組合員制[7]」というものがありますが、これはよく誤解されるような協同組合への加入・脱退に関するものではなく、実は組合員同士の繋ぎに関してのものです。

協同組合は、それに加入・脱退する人に対して、いかなる制限も差別もしてはなりません。そして、それを可能にさせるものは、制度上の措置より、組合員の心構えです。組合員が組合員と繋がる時、ニーズではなく人間そのものを繋ぐから、その延長線で、すべての人々にも開かれるのです。協同組合が共通のニーズを繋ぐことから始まるのは当然ですが、だからと言って、ニーズをもって組合員を差別したり、他人の参加を閉じたりするのではなく、自由で平等な人間と人間の結びに持っていこうとすることが、第一原則の趣旨です。そして、そうした趣旨は、制度上の措置より、組合員自らの信念と実践から貫かれる、という内容のものです。

こうした面からみると、「組合員制（membership）」は、むしろ「組合員と組合員の繋ぎ」、または（英文のままに）「メンバーシップ」と表記したほうが本来の趣旨に合います。再度強調しますが、メンバーシップは、組合員と組合員の繋ぎであって、組合員の持つ共通のニーズの繋ぎではありません。「自発的で開かれたメンバーシップ」が第一原則に登場するのは、人間と人間の繋ぎが協同組合の本質だからです。その本質が崩れると、協同組合は利害関係を共有する集団になってしまうからなのです。

自分のニーズを自分たちが繋ぐのも容易ではないのに、その過程で、他人を差別・排除しないのはもっと難しいことです。ニーズを繋ぐなか、知らず知らずのうちに同僚を人間ではなくニーズととらえ、その成果を自分たちで占有してしまうのが、一般的です。しかし、そのようなメンバーシップは長続きできません。少しでもニーズが満たされると、すぐに崩れてしまいます。

協同組合の始まりと言われるイギリスの「ロッチデール公正先駆者組合」で、設立後まもなく、激論が交わされました。組合員でありながら利用しない人を除名しないといけない、という意見が出されました。しかし、先駆者たちは話し合いを続けた結果、除名しないことに決めました。利用するか否か、それは各組合員の自由意志であり、それを損なってまで協同組合を発展させることに意味がない、と考えました。むしろ、利用しない理由を聞いて、一緒に利用できる方法を見つけよう、と決めました。人間の自由に関するこうした信念、人間のそれぞれの事情に対するこうした配慮こそ、近代的協同組合の始まりに値するものでした。

「繋ぎ」の成功——パートナーシップ

社会的経済は、共通のニーズを繋ぐメンバーシップから始まります。そして、ここでのメンバー（組合員）は、同質な人間です。同質な人間が、共通のニーズを繋ぐことから、社会的経済は始まります。

しかし、こうして始まった社会的経済が、その繋ぎの目的——共通のニーズを満たすこと——を本当に達成するためには、それまでと違う繋ぎを必要とします。共通のニーズを持つ同質な人間の繋ぎだけではなく、異種のニーズを持つ異質な人間との繋ぎを必要とします。そうしないと、資本主義の市場経済に覆われているこの世の中で、メンバーシップをつくった目的が本当には達成できません。私は、それを「繋ぎ」の第二段階として、「パートナーシップ（partnership）」と呼びたいと思います。メンバーシップが、「共通」のニーズを持つ「同質」な人間の繋ぎであるとすれば、パートナーシップは、そのうえに「異種」のニーズを持つ「異質」な人間との繋ぎを意味しています。

協同組合を例に考えてみましょう。協同組合は、組合員が自分の持つニーズと自ら繋ぐことから始まります。そして、その繋がりが広がり複雑になると、今度は、職員のような人の協力を必要とするようになります。もちろん、職員は組合員ではありません。単に雇用者と被雇用者という身分上の違いだけでなく、協同組合に関わる目的と性格が違います。組合員は、共通のニーズを満たすために協同組合に関わる、同質な人間です。それに対して、職員は、組合員と違うニーズ――例えば「家計を支えるための賃金」――を満たすために協同組合と関わる、組合員とは異質な人間です。

このような組合員と職員の繋ぎが、繋ぎの第二段階である「パートナーシップ」です。組合員と組合員の繋ぎ（＝メンバーシップ）が、共通のニーズを持つ同質な人間同士の繋ぎであるならば、組合員と職員の繋ぎ（＝パートナーシップ）は、異種のニーズを持つ異質な人間同士の繋ぎです。そして、こうした繋ぎの拡大によって、組合員はメンバーシップをつくった目的を、本当に達成できるようになります。

よく言われる言葉に、「シナジー（synergy）」というものがあります。違うもの同士が力を出し合って、「1＋1＝2」の単純な足し算を超える、掛け算の成果をもたらそうとするものです。通常は、効率と生産性の向上をめざす経営学の分野でよく使われますが、本来は、もっと深い意味合いの言葉です。

キリスト教がカトリックと正教会に分かれる前に、その中心地はコンスタンティノープル（今のイスタンブール）でした。そして、そこでは「シネルギズム（synergism　神人協力説）」という、非常に重要な神学的概念がありました。当時のキリスト教では、いかなる難関にぶつかっても人間には選択の自由があり、そうした人間の自由意志と神の恩寵とが出会うことで、ようやく人間は救われる、と信じられていました。

ここで言う「神」は、形而上的な絶対者ではありません。もしそれが形而上的なものならば、人間の世界に関与することはありません。そして、もしそれが絶対者であるとすれば、人間の自由意志などは要らなくなります。つまり、当時の人々が考えた「神」は、人間以外のもの、人間とは違うもの、しかも確かに実在するものでした。そうした存在との繋ぎ、そうした存在からの支援によって、ようやく人間とその繋ぎが救われる、ということでした。

人間は、一人では、また同質な仲間との繋ぎだけでは、救われません。同質な人間の繋ぎだけでは、その中にいくら自由意志が満ちていても、次々と現れる難関を突破できません。そのような閉鎖的な関係は、良くて単純な足し算に、悪ければ繋ぎの崩壊に至らせます。次々と現れる難関から人とその繋ぎを救うのは、これまでの同質な人間同士の繋ぎのうえに、異質な存在との繋ぎをつむぐことをとおしてです。そうしてこそ、単純な足し算を超える掛け算の成果が生まれます。

「繋ぎ」の転換——リレーションシップ

メンバーシップから始まった社会的経済は、パートナーシップに進化することによって、その目的を本当に達成できます。組合員は、他の組合員との繋ぎはもちろん、職員とも繋がることで、ようやく自分のニーズを満たすことができます。

しかし、自分のニーズが満たされるだけで本当によいのでしょうか？　そのために社会的経済が始まるのは確かですが、本当にそれだけでよいのでしょうか？　私にはそう思えません。社会的経済がニーズを満たすだけに終わってしまうと、そこの人間はニーズの所有者からニーズそのものに変わり、社会的経済もまた利害関係を共有する集団に変わってしまうと思います。そんな集団にならないために、また、そこの人間がニーズから人間に解放されるためには、さらなる繋ぎの進化が必要だと思います。

私は、それを「繋ぎ」の第三段階として、「リレーションシップ（relationship）」と呼びたいと思います。メンバーシップから始まり、パートナーシップに拡がった繋ぎは、「リレーションシップ」に向かって進化しなければならないと思います。リレーションシップとは、メンバーシップやパートナーシップと次元が違う繋ぎです。メンバーシップとパートナーシップが、（共通か異種かの違いはあっても）ニーズを繋ぐこととすれば、リレーションシップは、はじめから人間を繋ぐことです。人間を繋ぐために、彼の持つニーズが大切となる結び方です。また、メンバーシップとパートナーシップが水平的な繋ぎであるならば、リレーションシップは垂直的な繋ぎです。

もちろん、ここで言う「垂直的」とは、「位階的」の意味ではありません。僧肇（そうじょう）の言葉を借りれば、それは、「天地は我と同根なり」、つまり同根を介しての我と天地の繋ぎです。メンバーシップとパートナーシップがニーズを介しての平等な人間の水平的な繋ぎであれば、リレーションシップは同根を介しての非平衡な人間との繋ぎです。第一章で述べた「霊的で回想的な思惟」は、こうしたリレーションシップを可能にする思考です。孔子の夢見た「大同」世界は、こうしたリレーションシップが現実のものになる社会です。大同世界で、自分の親だけを親と思わず、自分の子どもだけを子どもと思わなかったのは、自分と他者が同根を介して繋がっていることを知っていたからです。生涯を生命の協同運動にささげた韓国の張壹淳（チャンイルスン）（一九二八―一九九四年）が常に「開門流下」（門を開けて下に流れるという意味）と言ったのも、また、グリーンコープが常に「下降」を訴えているのも、こうしたリレーションシップを強調するためです。

要するに、メンバーシップが共通のニーズを繋ぐこと、パートナーシップがそのうえに異種のニーズを繋ぐこととすれば、リレーションシップは繋ぎの対象をニーズから存在者に変えることです。ニーズを繋いできたそれまでの成果を、存在者そのものに向かわせることによって、社会的経済をニーズの繋ぎから人間の繋ぎに、その中の人間をニーズの所有者から存在者に、転換させるものです。

社会的経済の主体はあくまでも個人です。そして、その個々人は、基本的に異質な存在同士です。そうした異質の個々人が、自分の持つ共通のニーズを繋ぎ、その効用を高めようとするのが社会的経済の始まりです。つまり、社会的経済の主体は、概念上は人間でも、実際には人間の持つニーズです。そして、この実相は、メンバーシップからパートナーシップに広がっても、基本的に変わらないのです。繋ぎの主体と対象は、人間の持つニーズで、まだ人間そのものではありません。

繋ぎの主体と対象をニーズから人間に変えさせるのは、むしろはじめから人間を繋ぐことからです。メンバーシップとパートナーシップを次元変化させるのは、はじめから次元変化したリレーションシップがあるからです。つまり、リレーションシップは、メンバーシップとパートナーシップの平面的な広がりではなく、最初から次元変化した繋ぎのあり方です。メンバーシップとパートナーシップをもって収めた成果を地域社会により広げる、というものではなく、最初から地域社会の人々に関心を注ごう、とするものです。社会的経済がニーズの結合から人間の連帯に、そして、その中の人間がニーズの所有者から人間に変わるのは、こうしたリレーションシップがあるからなのです。

「繋ぎ」の強化？

私たちの中には、ある種の奇妙な風潮が漂っています。繋ぎを次元変化させようとしないで、今までの繋ぎをより強めれば、それをもって今までの繋ぎをさらに広げれば、自ずと次元変化が起こるだろう、という風潮です。ある程度成果を収めた社会的経済の場合は特にそうで、知らず知らずに、ニーズのより強力で広範な繋ぎが人間の繋ぎになるように考えています。

一例をあげてみましょう。韓国の生協運動は、はじめからヨーロッパの消費組合とは違う形で生まれました。伝統的な消費組合が、消費者の共通するニーズを繋ぐことから始まったのに対して、一歩遅れて一九八〇年代に始まった韓国の生協運動は、生産者と消費者を繋ぐことから始まりました。そして、その具体的な事業として、産直が盛んに取り入れられました。

この違いは、単に主体の広がり――消費者だけの協同組合から生産者と一緒の協同組合へ――に留まるものではありません。もっと本質的に言えば、共通のニーズを繋ぐことから、異質の人間を繋ぐことへの転換を意味しています。ある面では、利害関係を異にする生産者と消費者を結ぶことによって、ニーズの繋ぎから人間の繋ぎへ、ニーズの充足から人間の連帯へ、繋ぎの対象と目的を変えるものでした。

しかし、こうして始まった韓国の生協運動から、いつの間にか徐々に産直が消えています。産直から肝心な人間連帯が消えて、商品の市場外流通のみが残ってきています。一部の生協ではそんな産直すらなくなってきています。そして、その結果、生産者は生産者集団の一員として、消費者は消費者集団の一員として、凝り固まりつつあります。生協運動の主体が人間からニーズに変わり、その人間はまた、「複数のひとり（＝多衆）」から「ニーズの複数（＝大衆）」に変わっています。人と人の間の「関係の規則」は「情緒的な雰囲気」に変わり、人の持つ多様な「ニーズ」は、共通する「利害関係」に片付けられています。そしてその結果、当事者に何も聞かないまま、「消費者はこれを欲しがる」、「生産者はこれを望む」と語られるようになっています。

しかし、同質にみえる利害関係は、実は虚像です。現代の人間は、もはやある集団に自分のすべての利害関係を委ねたりしません。委ねても一部の利害を委ねるだけで、その中に自分を入れることはありません。そして、利害関係の相反する二つの集団に、何のはばかりもなく入ります。

二十世紀を風靡し、今でも私たちの中に根強く残っている共同体主義（communism）の最大の欠陥も、ここにあります。私たちは今でも、人間を群れの一員と理解し、その中で存在の意味と喜びを発見できる、と勘違いしています。さらに、そんな共同の世界が果てしなく広がるだろう、とも信じています。しかし、残念ながらそんな共同の世界は存在しません。そして、存在しない共同の世界に私たちが向かうとすれば、そこに残るものは人間に対する資本と官僚の支配だけです。存在しない共同の世界を追い求めて、人間を犠牲にするようなすべての行為は、夢どころか、打倒すべきものと言えます。

「繋ぎ」の民主主義

ハンナ・アーレント（Hannah Arendt　一九〇六－一九七五年）は、民主主義の本質を、「複数のひとりによる複数のひとりに向かう話し合い」で、「その話が皆に記憶される権利」と言っています。彼女によると、事実にそぐわず、普遍的価値に反しない限り、すべての個人とその人の意見は、尊重に値するものです。民主主義の基本価値は「多様性」で、その本質は「縛りの共同体（commune）」ではなく、「繋ぎの結社（community）」です。

アーレントは、こうした民主主義と対立するものを、「全体主義」や「官僚制」と呼びました。「全体主義」は、独裁や専制ではなく、全体の支配です。はじめは、ある特定の人々を選んで、彼らの人間性を攻撃しますが、結局は、すべての人間を無用な存在にしていく、大衆の全体主義運動です。ナチス・ドイツがユダヤ人を「質的欠格者」とか「劣等人種」と決め付け、絶滅収容所に送りホロコーストを行ったこと、身体・精神障がい者を「生きるに値しない命」だとして安楽死と断種を行ったことなどが、全体主義の代表事例です。そして、そんなナチス・ドイツをつくった張本人は、誰でもなく私たちと同じ、当時の普通のドイツ人たちです。「官僚制」もまた、官僚による支配ではなく、誰でもないものによるすべてのものの支配です。官僚制社会では、一人ひとりの唯一の「自己表現」が規制され、その代わりに「正常な行為」が強いられます。「人間の無数の違い（＝複数性）」は「私的な領域」として片付けられ、「公的な正常」だけが人間を支配します。しかし「自己表現」は、「自己形成」と対関係にあるものです。僧肇（そうじょう）が「天地万物が会って自己を為し、我が天地万物をつくる」と言ったときに、前句が「自己形成」で後句が「自己表現」です。つまり、すべての存在者（「自己形成」者）にとって「自己表現」は、存在し続けるうえで、片時も欠かせないものです。(8)

民主主義の本質を「縛りの共同体」ではなく「繋ぎの結社」とみることから、私たちは「コミューン」と「コミュニティ」の違いを見取ることができます。コミューンとコミュニティは、両方とも「共同」を意味するラテン語「コムーネ（commune）」からきましたが、強調する内容はまったく違います。コミュニティが、共同の「関係」――労働・分配・消費などの協働――を強調するものであるとすれば、コミューンは、それの制度化された「体制」――共同体のように——を強調するものです。コミュニティが、繋ぎの「過程」に重点を置くとすれば、コミューンは、その「結果」に重点が置かれます。もちろん、より大事なのは、結果としてのコミューンではなく、過程としてのコミュニティです。

欧州連合（EU）が、このコミュニティの代表的な事例です。欧州連合は、決して一つの国家になろうとするものではなく、国々の関係を柔らかく豊かにつくろうとするものです。そのために欧州連合では、設立前から、長い繋ぎの過程をたどってきましたし、[9]設立後も、開かれた繋ぎの結社であることを宣言しています。[10]ユーロ貨幣の表裏に「ドア（窓）」と「橋」がデザインされているのも、「開いた（窓）繋ぎ（橋）」であることを象徴するためです。

一時期、独裁政治と高度成長期の韓国では、（政府側からもまた反政府側からも）「ひと固まりになれば生きられるし、ちりぢりになれば死ぬ」という言葉が流行っていました。それに対して金芝河（キムジハ）は、「ちりぢりになれば生きられるし、ひと固まりになれば死ぬ」と私に言いました。聞いた時には全然わかりませんでしたが、今になってみると、なるほどと納得できます。人間が生きるためには、生きていることを実感するためには、群れの一人から脱して、ひとりの人間にならなければなりません。そのひとりの人間が、他のひとりの人間と繋がるのです。グリーンコープの行岡良治がよく語る「協同を語るな、我がままを語れ！」も、たぶん同じ意味合いでしょう。

社会的経済が共通のニーズを繋ぐことから始まったとして、その中の人間も同質にとらえ、一つに縛ろうとしてはなりません。そのような考えと行為が、むしろ定款などの「関係の規則」を教義的な「法令」に変え、その中の人間を利害関係者に変えてしまいます。それをもって人々が一つになればよいのでしょうが、私は、そうした試みの成功例をあまりみたことがありません。エンデの『モモ』にもあったように、そうした試みは、人々からその時間を奪い、死んだものに変えるだけです。

人間から時間を奪い死んだものに変えるのは、資本の誘惑と権力の強圧より、むしろ人間の自己選択です。アーレントが「悪の平凡性」と言ったように、ドイツのナチズムは、人間の意志に反して生まれたものではなく、人間の選択がもたらした結果です。人間は、他の選択肢を選ぶこともできましたが、結局は全体主義を選んだのです。ポランニーが、社会的人間を強調したのも、その責任から人間は逃れられない、と思ったからです。

（貨幣集積としての）資本とは、人からその時間を奪い、抽象化したために生まれたものです。資本主義世界とは、そんな資本がすべての空間を覆ったものです。同じく、ニーズの強力な縛りは、むしろ人からそのニーズを奪って抽象化し、ニーズの商品化を生み出すだけです。また、そうした商品化したニーズのより広範な拡大は、持ち主を変えた資本主義世界を生み出すだけです。社会的経済の空間化戦略は、一人ひとりがその至高性を保って生きるために、その人の持つ多様なニーズを繋ぐことであって、決してその逆ではありません。

4 構造の進化

社会的経済における三つの構造

すでに述べたように、「地域社会」には空間・時間・情緒という三つの概念があります。そのうち、特に社会的経済は、時間に焦点を当てています。共通のテーマ・ニーズ・関心などを繋ぎ、繋いだ時間を他の時間と再び繋ぐことによって、社会的経済は一つの空間となります。社会的経済を一つの空間とみるならば、その中には、いくつかの要素がそれぞれの構造をつくりながら、再び繋がっていることがわかります。例えば、「協同組合は運動と事業の両輪で成り立つ」とよく言われますが、それは「運動」と「事業」という二つの要素が、「結社体」や「事業体」というそれぞれの構造をつくりながら繋がっていることを意味します。国際協同組合同盟（ICA）が協同組合のことを「共同で所有し、民主的に運営する事業体を通じ、共通の経済的・社会的・文化的ニーズと願いを満たすために、自発的に繋がった人々の、自律的な結社体である[11]」と定義したのも、「事業体（enterprise）」と「結社体（association）」という二つの構造をもって、ようやく協同組合が成り立つからです。

協同組合だけでなく、社会的経済一般でも同じです。文在寅（ムンジェイン）政府の雇用委員会では、社会的経済のことを「構成員同士の協力・自助を元に、財やサービスの生産と販売によって、社会的価値を創出する、民間のすべての経済活動」と定義しています。こうした定義からみても、社会的経済は「構成員同士の協力と自助」という「運動」や「結社体」、そして、「財やサービスの生産と販売」という「事業」や「事業体」によって成り立っています。

しかし、本当にそれだけでよいのでしょうか？　運動と事業、結社体と事業体だけで、社会的経済の全体構造が本当に表されるでしょうか？　運動と事業、結社体と事業体の両輪は、何かによって繋がっていなければなりません。また、両輪を繋げるのは、単に両輪を動かせるためではなく、その上に何かを乗せるためです。つまり、運動と事業、結社体と事業体は何かで繋げなければならず、それをもって何かを乗せ、運ばなければなりません。そのために、運動と事業があり、結社体と事業体もあるのです。

私たちはあまり意識しませんが、協同組合を含むすべての社会的経済には、運動と事業に加えてもう一つの要素があります。運動と事業をつくり上げながら、両輪を繋げ、さらにその上に乗るものとして、「人間」という要素があります。もちろん、この場合の人間は「people」ではなく「persons」です。協同組合を「人々の自律的な結社体」と定義するとき、その「人々」は（利害関係などを共有する）「群れの人々（people）」ではなく、（人格を持つ）「個々人の人々（persons）」です。そのために、国家と協同組合は民主主義に向かう方法が異なります。国家が、「人民の、人民による、人民のための統治（government of the people, by the people, for the people）」であるとしたら、協同組合は、「個々人の、個々人による、個々人のための結社（association of persons, by persons, for persons)」です。

また、私たちはあまり意識しませんが、協同組合を含むすべての社会的経済には、結社体と事業体に加えてもう一つの構造があります。結社体と事業体を繋げながら、さらにその上に乗せて運ぶものとして、人間による「共同体(community)」という構造があります。協同組合原則によく登場する「組織[12](organization)」は、この「共同体」の別の表現です。文在寅政府の雇用委員会が言った「社会的価値」は、この共同体によって運ばれるものの性格のことです。

準備・誕生・成長

もちろん、結社体・事業体・共同体という三つの構造は、最初からそろって整えられるものではありません。社会的経済における時間の繋ぎが、メンバーシップ・パートナーシップ・リレーションシップと進化するように、結社体・事業体・共同体もまた、時差をもって進化するものです。はじめは結社体だけがあり、徐々にその中から事業体が分化し、この二つの相互関係によって、次に共同体が生まれるのです。

社会的経済の発展段階を準備・誕生・成長と分けてみると、はじめの「準備段階」では、結社体・事業体・共同体のいずれも生まれておらず、「人間」だけがいます。それにもかかわらず、あえてそれを第一段階と位置付けるのは、社会的経済はある日突然現れたものではなく、人間が生み出したものだからです。人間が生み出して、人間に還るのが、社会的経済の進化過程だからです。

こうした進化過程は、社会的経済だけでなく、生命一般にも通用するものです。老子はこの進化過程を、「道が一を生み（道生一）、一が二を生み（一生二）、二が三を生み（二生三）、三が万物を生む（三生万物）」と象徴的に話しました。「結社体（一）」から「結社体と事業体（二）」が生まれ、その「結社体と事業体（二）」から「結社体と事業体と共同体（三）」が生まれるのです。そして、ここで最も重要なのは、始めの「道」と最後の「万物」です。つまり、「結社体（一）」から「結社体と事業体（二）」が生まれ、それから再び「結社体と事業体と共同体（三）」が生まれますが、「結社体」を生んだ「道」は「人間」で、「結社体・事業体・共同体」が生む「万物」もまた「人間」ということです。同じことを『天符経』（神市を建てた桓雄が父から教えてもらったことを書いたと言われるもの）では、「始まりのない一から始まった」天地人の三極が、「終わりのない一に終わる」と言っています。言い換えれば、結社体・事業体・共同体という三極が、人間から出て、再び人間に還る、それをもって、人間とその社会が進化する、ということです。

社会的経済で準備段階が重要であるもう一つの理由は、それが社会的経済の生まれたところを示すからです。いかなる時代と社会であっても、社会的経済は、誰からも見向きもされせず、社会から排除された人々が生み出したものです。物理学的に言えば、「平衡から遠く離れた（far-from-equilibrium）」「カオスの縁」から生まれたものです。そこの人間が、自分の存在価値を知り、自分の存在価値を実現しようと始めたのが社会的経済です。

韓国の社会的経済の歴史からみると、それはより明らかです。一九二〇年代の消費組合は、高い小作料と日本人による商圏支配に苦しんだ人々、一九六〇年代の信用協同組合は、開発独裁による高い物価と高利貸に苦しんだ人々、一九八〇年代の生活協同組合は、環境や食べものの汚染に悩んだ人々によってつくられたものです。一九九〇年代と二〇〇〇年代に、自活企業と社会的企業が制度化されましたが、その歴史は、一九七〇年代に登場した生産協同組合にさかのぼることができ、それを生み出した人々は皆、強制移住民・失業者・低賃金労働者だったのです。

これは非常に大事な点です。社会的経済は、人間一般ではなく、社会から遠く離れた人間から始まります。そして、彼らが既存の社会秩序に入れてもらうためではなく、既存と違う社会秩序をつくり出すために始まるものです。もちろん、こうして始まった多くの社会的経済は、一定の成長を遂げると、既存の秩序に収斂されます。しかし、多くが収斂されても、収斂されないいくつかの実践によって、社会的経済は今に受け継がれています。

「準備段階」の次に、社会的経済は「誕生段階」に入ります。その段階に入ってようやく自分の存在価値を知った人々による、同僚や仲間との繋ぎが始まり、その繋ぎが一つ二つと積もって、「結社体」が現れます。もちろん、ここにはまだ、事業体は生まれていません。事業体は、結社体の中に埋め込まれていますし、したがって両者を繋ぐ共同体もまだ出てきません。

先ほど私は、繋ぎの進化はメンバーシップから始まると言いました。構造の進化もまったく同じです。「平衡から遠く離れたカオスの縁」で社会的経済を登場させるのは、メンバー同士の強いメンバーシップです。メンバーを増やすこともメンバーシップで、初期事業の難問を乗り越えさせるのもメンバーシップの力です。メンバー同士のメンバーシップが社会的経済を生み出し、「誕生段階」の社会的経済は「結社体」そのものです。

結社体そのものというのは、運動そのものというのと同じ意味です。実際に、韓国のすべての社会的経済は、運動から始まりました。一九二〇年代の消費組合は農村啓蒙運動から、一九六〇年代の信用協同組合は民主化運動から、一九八〇年代の生活協同組合は市民運動から、そして自活企業・社会的企業などのほとんどは民衆運動から生まれました。

もちろん、こうして生まれた社会的経済が、すべて持続できるわけではありません。結社より事業に関心を持つ人々が増え、国家の制度や市場との競争にも対応しなければならなくなります。そのときに登場するのが、パートナーシップです。メンバーシップがパートナーシップに広がることによって、社会的経済はようやく、社会に根を下ろすことができ、次の「成長段階」を迎えることができます。結社体に埋め込まれていた事業体がこの時期にようやくその姿を現し、そのおかげで社会的経済は、運動と事業、結社体と事業体という二元化構造を持ちながら持続できるようになります。

もちろん、こうした「準備→誕生→成長」の段階は、一般的な経路であって、すべての社会的経済に適用できるものではありません。準備段階で終わる場合もあり、成長を拒絶する社会的経済もあります。しかし、私は、こうした経過をたどる中で、それぞれの段階で出会う新しい課題を解決していくなか、社会的経済が進化するのだと思います。成長を拒絶することと、成長だけを求めることは、コインの表裏です。成長とは本来、生きると同時に死ぬことです。生きることばかりを求めて成長することと、死なないために成長を拒絶することは同じです。死に向かって生き、その中で出会う様々な課題を解決していくなかでこそ、生命と社会的経済は進化するものです。

成長に伴う問題

社会的経済は、結社体と事業体の分化によって成長段階に入ります。社会的経済が資本主義世界の中で根を下ろすのは、運動から事業が離れ、二元化構造を持つようになってからです。もちろん、この時期にはまだ共同体は生まれていません。結社体と事業体を繋ぐ共同体にはまだ関心が向いていません。人々の主な関心は、結社体から事業体をいかにうまく分化するか、それによっていかに事業を安定させるかに集中します。分化した事業体が結社体を逆疎外(支配)することを心配する声もありますが、それはまだ杞憂です。いや、むしろ事業の強化をもって運動も強くなるだろうという希望が、社会的経済の内部を覆います。

しかし、杞憂が現実になり、希望が幻想であったことを知るまでには、それほど時間はかかりません。ある程度成長を遂げた社会的経済では、運動と事業が何のかかわりもなく動き始めるようになり、やがて事業体による結社体の支配が始まります。社会的経済が人間の登場から始まり、人間のメンバーシップとパートナーシップをもって成長したにもかかわらず、成長した社会的経済には、肝心な人間とその繋がりがなくなります。人間とその繋がりの代わりに、形式的な民主主義だけが残り、その中の「民」も、「人間」から「ニーズ」に変わっていきます。

形のうえだけでも民主主義が残っていればまだましです。韓国では今、ほとんどの人々が社会的経済のことを人間の結社ではなく、事業の価値として理解しています。内なる人間関係はどうでもよく、社会に貢献できる事業を営むか否かをもって評価しています。社会的経済の中から、「社会的」の第一義である結社が消え、「社会貢献」とか「社会的価値」という成果だけを求めています。しかし、そんな価値が本当に「社会的」価値であるのか、そんな「社会的価値」がいつまで続けられるのか、私は心配でたまりません。

ある人は、成長段階における結社の崩壊を自然なことと受け止めます。人間の自発的な繋がりには限りがあって、成長と規模拡大による繋がりの希薄化は避けられないことと諦めます。確かにイギリスの人類学者ダンバー（Robin Dunbar）などは、人間の大脳新皮質の割合からみて、一人の人間が自発的で安定的に他人と繋がり合う範囲（＝ダンバー数）を、平均百五十人程度とみています。その範囲を超えると、グループの団結が希薄になり、そのうえに団結を維持するためには、より拘束性の強い規則などを必要とする、と言っています。

しかし、私はそうした考えにあまり同意できません。現代社会における人間関係は、空間ではなく時間の領域です。したがって、関係の範囲より関係のテーマが焦点になっています。つまり、関係の範囲が広がったから関係が希薄になったのではなく、関係のテーマを失ったから関係の必要性が感じられなくなったのです。成長段階に入った社会的経済が、それまでのテーマを引き継ぐ新しいテーマを見つけ出せなかったために、その中での関係も希薄になってしまったのです。

また、ある人は、結社の崩壊をメンバーや政府のせいにします。結社への意志より事業からの便益を求めるメンバーの利己心、過程がどうであれ成果だけを強いる政府の物量主義などが結社の崩壊をもたらした、と言っています。しかし、私はこうした考えにもあまり同意できません。メンバーが事業の便益だけを求めるようになったのは、人間から生まれたにもかかわらず、人間を殺し、彼らのニーズだけを欲したためです。政府の物量主義に支配されるようになったのは、「平衡から遠く離れたカオスの縁」から生まれたにもかかわらず、新しい秩序を模索することより、既存の秩序の中に寄生しようとしてきたためです。

「相似」と「相同」

生命の進化に関する生態学の用語に、「相似（analogy）」と「相同（homology）」というものがあります。外観や機能が似ていても、別の構造に由来したのが「相似」で、外観や機能が違っても、同じ構造に起源したのが「相同」です。鳥の翼と昆虫の羽は、外観や機能が似ていても、鳥の翼は足が、昆虫の羽は表皮が、進化したものです。人の腕と鳥の翼は、外観や機能が違っていても、同じ足が進化したものです。

相似と相同の過程を、それぞれ「収斂進化（convergent evolution）」と「発散進化（divergent

evolution)」と呼びます。収斂進化は、外部環境に適応するために、まったく異なるところから起源したにもかかわらず、同じ外観や機能を持つようになることです。発散進化は、同じところから起源したにもかかわらず、違う外観や機能を持つようになることです。鳥の足と昆虫の表皮は、同じ羽に収斂し、人と鳥の足は、それぞれ腕と翼に発散しました。生命の歴史を一言で言うと、相似の収斂進化と相同の発散進化が交差しながら、豊かな多様性をつくってきたものと言えます。

ところが、ここで注意すべき点があります。相似と相同は、外部環境に適応するための生命の自己選択であって、そのために生命が進化してきたわけではありません。また、収斂は、生命の収斂ではなく、機能の収斂で、発散は、機能の発散ではなく、生命の発散です。つまり、生命の進化とは、それぞれの持つ機能をそれぞれが発達させながら、まったく違う存在に枝分かれしていく過程です。「発散進化」の「発散(divergence)」には、「枝打ち・剪定・分枝」という意味があり、実際に日本では「発散進化」のことを「分岐進化」とも言います。生命の進化過程を「系統樹(phylogenetic tree)」、つまり、一本の木からの枝分かれと描くのも、同じ理由からです。もちろん、そうした枝分かれの過程の中心には、生命の、生命による、生命のための自己選択があります。

社会的経済を語る時にあえて生命の進化を引用したのは、進化のようすが非常に似ているからです。すべての社会的経済は、相似の収斂進化から始まりました。それぞれの人々が持つ多様な機能(ニーズ)の中で共通するものを繋ぐことから、社会的経済は始まります。メンバーシップを形成し、パートナーシップに広がることも、この共通の機能を強化させ、共通のニーズを満たすためです。

しかし同時に、ある共通の機能は、それを持つ人間の多様な機能の中で類似する機能であって、人間そのものを意味しません。さらに、類似した機能を強化するために人間がいるのではなく、人間のために類似した機能の強化があります。そして、このときの人間は、類似した機能の強化を必要としながらも、実はまったく違う人間です。したがって、類似した機能をいくら強化しても、その中に人間が収斂されることはありません。

生命の進化は、常に二つの方向で行われてきました。一方では、多様な機能を機能別に収斂して強めることをとおして、もう一方では、それをもってまったく違う自己に分岐することをとおして、生命は進化してきました。そしてそれは、社会的経済の場合もまったく同じです。一つの生命として社会的経済が進化するためには、今まで専念してきた相似（類似する機能）の収斂進化のうえに、今後は相同（まったく違う自己）の発散進化に向かわねばなりません。相同に基づくもう一度の相似、発散を前提にするもう一度の収斂に、進化の方向を変えねばなりません。類似した機能の収斂から人間の個人化にその方向を変え、それを土台に、個々人の持つ類似した機能を再び収斂していく実践を模索すべきです。

社会的経済の進化

社会的経済は、準備・誕生・成長段階を経ながら発展します。新しい人間の出現で準備され、彼らのメンバーシップによって誕生し、そのうえにパートナーシップが加わって成長します。そして、成長段階に入った社会的経済では、肝心の人間がいなくなり、その繋がりも希薄化します。しかし、この時こそ生命の進化、つまり、収斂と発散の同時進行が必要な時期です。類似の外観や機能を持つ内なる個々人に向かって、異なる外観や機能を持つ外なる個々人に向かって、機能の収斂を越えて、存在として発散すべき時期です。

先ほど私は、社会的経済に寄せられる三つの期待――主体の拡大・領域の拡張・地域社会の創出――について述べました。「主体の拡大」は、ニーズの拡大ではなく、人間の拡大です。よりたくさんの労働者・農民・消費者のニーズを収斂することではなく、より多くの個々人を自己発散させることです。そして、こうした「主体の拡大」によって、社会的経済も変わります。内外の人間を、機能の収斂を越えて存在として発散させるなか、つまり、メンバーシップとパートナーシップで成し遂げた成果をリレーションシップに次元変化させるなか、社会的経済には人間が戻り、人間同士の相互性が再び生まれます。

「領域の拡張」は、こうした「主体の拡大」によってもたらされるものです。私たちの外にいる人々、中にいても疎遠だった人々に向かって、私たちが動き出すなか、社会的経済は彼らのニーズに関心を注ぎ、その事業化に取り組みます。そして、この場合のニーズは、今までと違うものです。繋ぎの対象が、同質な人間から異質な個人に変わるため、そのニーズも当然、「大衆のニーズ」から「多衆のニーズ」に変わります。

ニーズの主体が一人ひとりへと変われば、当然その事業化のようすも変わります。「大衆のニーズ」を満たすために効率性と規模性が強調されたとすれば、「多衆のニーズ」を満たすためには、細緻性と適合性がより重要です。また、新しく取り入れた「大衆のニーズ」の事業化が事業の「多角化」であったとすれば、「多衆のニーズ」の事業化は、事業の「多岐化」です。共通のニーズをニーズ毎に収斂させるものではなく、総体的な個人に向けて、各部分の事業を融合させるものです。事業の対象が分岐した総体的な個人で、その事業はまた既存の事業から分岐したものですから、当然、その事業の広がりは「多角化」ではなく、「多岐化」と言うべきです。人々の社会的経済への参加が利用を越えて労働に広がるのも、その事業が、一人ひとりの生活全般にわたって多岐化するからです。

「共同体」の誕生

先ほど私は、結社体と事業体だけで社会的経済の全体像を表すことはできず、共同体が登場しなければならないと話しました。運動と事業の両輪を繋ぎ、その上に何かを乗せるためには、また、成長段階における人間の消失と結社の崩壊を防ぐためにも、共同体の登場は必然です。ところが、こうした共同体は、実は「積もって」できるものではなく、「空けて」できるものです。結社体と事業体を生み出してきたそれまでの蓄積の経過と違って、自らを消尽しようとする意識的な努力が、社会的経済の中に共同体という新しい構造を生み出します。

社会科学の一分野に「ネットワーク論」というものがあります。それによると、まず「人」がいて、その人が他人と「繋ぎ」、その繋ぎが積もって「ネットワーク」になります。また、その「ネットワーク」をもって、他人との「繋ぎ」が促進され、促進された繋ぎのおかげで、「人」が存在できるようになります。前者の経路を「ネットワークに向けた人間の収斂過程」とするならば、後者の経路は「人間に向けたネットワークの発散過程」とも言えます。人間とその社会は、こうした双方向の経路が交差して、ようやく成り立ちます。

ところが、こうした双方向のなか、実は私たちがあまり意識しない大きな変化が起こります。同じ「人」でも、収斂過程では「ノード（node）」だったものが、発散過程では「利用者（user）」に変わります。また、同じ「繋ぎ」でも、収斂過程では「タイ（tie）」だったものが、発散過程では「ライン（line）」に変わります。そして、同じ「ネットワーク」でも、収斂過程では「ネットワーク（network）」だったものが、発散過程では「オペレーター（operator）」に変わります。

もちろん、この変化は、社会的経済の場合でもまったく同じです。「人→繋ぎ→社会的経済」という「人間の自己組織化」経路と、「社会的経済→繋ぎ→人」という「社会的経済の事業化」経路の間で、「人」は「（繋ぎの）主体」から「（事業の）利用者」に、また「繋ぎ」は「結社」から「事業」に、そして「社会的経済」は「結社体」から「事業体」に変わります。

こうした変化はある程度必要です。人間が自己組織化した目的を達成するためには、また、その成果を大勢の人々が享受できるようにするためには、こうした変化は、ある程度避けられないものです。しかし同時に、この変化によって、ネットワークや社会的経済をつくってきた今までの自己組織化がほとんどなくなり、つくられたものを利用するか否かだけの選択が残されてしまったことも確かです。

このような状況のなか、社会的経済が自分の価値を冗長に語るのは、事業維持のためのイデオロギーの押しつけとあまり変わらないことです。たとえそれが「社会的」と飾られていても、実態とかけ離れた過剰包装にすぎません。そして、こんな状況が固定化していくと、人々は飾られた「社会的」価値を話すだけで自分の話をしなくなります。事業は利用しても、他人との繋ぎをむしろ社会的経済の外に求めることになります。

ネットワーク論では、こうした問題の解決策として、冗長な説明や過剰包装より、むしろ「構造的な空隙（structure holes）」や「弱い紐帯（weak tie）」（「よく知っている」近い関係より「あまり知らない」遠い関係から、もっと有意義で新しい情報が得られるという、社会学者グラノヴェター（Mark S. Granovetter）の「弱い紐帯の強さ」の仮説から由来したもの）を強調しています。それによって、人々は、ある目的のために動員され、すでに知っている事業を利用することを越えて、自分の願いと他人との繋ぎをその中に入れることができる、と言っています。

社会的経済の場合も同じです。社会的経済が自ら隙間を空けるとき、空いた隙間をもって内外と柔らかく連帯するとき、そこから新しい主体と彼ら多衆のニーズが入ってきます。社会的経済に寄せられる「主体の拡大」や「領域の拡張」という期待は、実はこうした「空白」と

「柔らかい連携」によってもたらされるものです。

こんな新しい主体と彼ら多衆のニーズに社会的経済が積極的に応えるとき、その中には、今までと違う新しい結社と事業が生まれます。そして、その新しい結社や事業を今までの結社や事業と繋ぎ合わせる過程で、社会的経済の中には今までになかった共同体という新しい構造が生まれてきます。

共同体は、単一の結社体と事業体の繋ぎではありません。単一の運動と事業の車輪を繋ぐだけでは、車になれません。また、車の目的は車輪を動かすことではなく、その上に何かを乗せて運ぶことです。つまり、車が車になり得るのは、複数の車輪が相互に作用しながら、その上に人間を乗せるからです。相異なる複数の結社と事業が相俟って「複雑系」をつくり、今までの「単系」には見られなかった複数の相互作用が起こるとき、社会的経済はようやく、「共同体」という自分の空間を持つことができます。

社会的経済が自分の空間を持つことは、大きな転換です。「地域社会」とは、文字どおりに、「地域（空間）」と「社会（時間）」の融合です。そして、今まで時間に焦点を当ててきた社会的経済が自分の空間を持つようになることは、その中で時間と空間の融合が始まり、「第一の地域社会」の中から「第二の地域社会」をつくっていく準備が整ったことを意味します。一つの社会として、より大きな社会である地域社会に向けて重層的に関係する条件を整えたのです。

社会的経済に寄せられた第三の期待、つまり「地域社会の創出」は、こうした転換があって実現されます。社会的経済が機能の収斂を越えて人間の社会になっていくなか、少なくともそれと並行して地域社会とかかわらなければ、新たな地域社会の「創出」は不可能です。機能の集合は機能に終わり、決して新しい社会の秩序をつくり上げることはできません。社会的経済はその内部に結社体と事業体を引き継ぐ共同体の構造を持たねばならず、そうした社会としての全体構造をもって、より大きな地域社会とかかわっていくべきです。

5 地域社会の創出

「中層社会」と「関係の二重性」

霊長類学者河合雅雄は、他の霊長類と比べて、人間の持つ特徴を、「重層社会」を形成してきたこと、とみました。家族という小さな社会をつくり、その家族がより大きな社会と重層的に関係してきたことに、人間の特徴を見出しました。もちろん、彼の言う家族は、氏族・部族・大家族・核家族のように、その規模がだんだん小さくなり、最終的には個人に凝縮するだろうと思われます。そしてその代わりに、社会的経済のような新しい中間組織が、その役割を担うことになるだろうと思われます。

重層社会を理解する際に大事なのが、「部分」と「全体」です。家族や社会的経済などあらゆる中間組織は、社会全体に向けては部分でありながら、個人に向けては全体です。もちろん、これは中間組織だけではなく、それを形成する個人、それが向かう社会でも同じです。個人は、中間組織の部分でありながら、多くの部分を含む全体でもあります。社会もまた、多くの中間組織を含む全体でありながら、より大きな社会に向けては部分でもあります。個体が全体と直接関係するのではなく、いくつかの中間的全体を介して関係し、その全体もまた、より大きな全体に向けて個体として関係する、といった重層的な構造が続くのです。

もう一つ大事なのが、こうした重層社会における「関係の二重性」です。個体と個体の関係は、全体の中での内部的関係と、外に向かっての外部的関係が相違して現れます。単に関係の対象が異なるだけでなく、関係のあり方も大きく異なります。そうではなく、つまり、内外の関係が同じあり方で結ばれていては、個人・中間組織・社会は、部分でありながら全体としての構造を持つことができなくなります。生命が、細胞膜をもって内外の関係を区別するように、個人・中間組織・社会などあらゆる部分的全体もまた、その関係網をもって内外の関係を区別します。

韓国でハンサリムという最初の生協運動が始まった時に、その考えと方向をまとめた「ハンサリム宣言」という文書が発表されました。それは、「（生命は）自分より大きな全体については一つの部分であるが、同時に多くの部分を統合している全体であり、その意味で全一的な亞組織体である」と言っています。「亞」とは、上位組織体より低い層にある、上位組織体に属する小さな下位組織体のことを指します。もちろん、この亜組織体は、上位組織体の「部品」ではなく「部分」です。一つの亜組織体もまた、多くの亜組織体をもって構成される全体であり、これらの内部関係と上位組織体に向かう外部関係の異なりをとおして、それを構成する他の亜組織体や上位組織体と異なる特性を表すからです。

私が「重層社会」と「関係の二重性」にこれほど注目する理由は、個人・社会的経済・地域社会の繋がり方を理解するうえで、それが非常に重要なキーワードだからです。社会的経済は、まずは個々人の持つニーズを繋ぐものであって、個々人を繋ぐものではありません。しかし、その社会的経済が、地域社会を構成する部分として自分を表すとき、つまり、外の「重層社会」に向けて自己表出するとき、社会的経済はようやく、個々人（部分）を含む一つの社会（全体）になり、その内から、ニーズの繋ぎを越える人間の相互性が生まれると思うのです。

「相互扶助」と「以天食天」

「重層社会」と「関係の二重性」の中でより重要なのは、「関係の二重性」です。ある社会が上位社会に向かってどう関係するかによってその社会の内部関係が決まり、それが再びその社会の特徴と性質になるからです。外部関係が支配と被支配なのか、あるいは連帯と共生なのかによって、その社会が位階社会にも、生命社会にもなるからです。そして、その内外の関係に関する一番適切な説明として、私は、東学の崔時亨（チェシヒョン）の言った「相互扶助」と「以天食天」を超えるものを、まだ見出していません。

もし天全体からみると、天が天全体を養うために、同質になるものは「相互扶助」をもってお互いに気化を成し、異質になるものは「以天食天」をもってお互いに気化を通ずる。天は、一面では同質的な気化をもって種属を養い、一面では異質的な気化をもって種属と種属の連帯的な成長発展を図る。総じて言えば、「以天食天」は天の気化作用と見ることができ……よう。

(『水雲海月法説』)

この話は、言うまでもなく、人間と人間、人間と他の生命との繋ぎに関するものです。同質な人間は相互扶助をもって、また異質な生命とはお互いに食べさせることをもって、生命全体が進化(気化)するといった話です。しかし、私は、この話が「重層社会」における「関係の二重性」、つまり、個人・社会的経済・地域社会の繋がり方を説明するうえでも、なんの遜色もないと思います。

まず、「天が天全体を養う」と言ったとき、前の「天」は個人、後の「天全体」は地域社会です。そして、崔時亨は言及しませんが、この二つを介するものとして、社会的経済がありまず。社会的経済とは「同質になる個人が「相互扶助」をもってお互いに気化を成す」もので、地域社会とは「異質になる個人(または社会的経済)が「以天食天」をもってお互いに気化を通ずる」ものです。つまり、「相互扶助」は、個人と地域社会を介する社会的経済の内部関係で、

「以天食天」は、その社会的経済が地域社会に向けて自己表出する外部関係です。「以天食天」の中には、「天を以て天を食べる」ことと、「天を以て天を食べさせる」という二つの意味があります。前者が、天全体から一つの天が受け取ることであれば、後者は、天全体に向けて一つの天が与えることです。僧肇（そうじょう）の言葉を借りれば、前者は「天地万物が会って自己を為す」ことで、後者は「我が天地万物をつくる」ことです。崔時亨はこの双関係をとおして、一つの生命と生命全体、個人と地域社会は、連帯的な成長発展ができると言っています。

もちろん、この双関係は直接ではなく、中間的全体を介して行われます。人間と社会全体、個人と地域社会は、社会的経済のような中間組織を介して繋がります。そして、そのような中間組織について崔時亨は、内部関係が「相互扶助」であれば、外部関係は「以天食天」であると言っています。そして、全体的にみるとすべてが「以天食天」だと言っています。

「相互扶助」と「以天食天」は、関係の主体と対象、そして、その目的とあり方に大きな違いがあります。「相互扶助」では同質の人間が主体で、彼らの共通するニーズが対象です。ニーズを満たすことが関係を結ぶ目的で、そのために同質な人間との同質な行為、つまり、お互いに助け合う「相互扶助」が必要となります。それに対して、「以天食天」では異質なものが主体で、彼らの人格（生命格）が対象です。人格を実現すること（＝生きていくこと）が関係を結ぶ目的で、そのために異質なものとの異質な行為、つまり、片側は食べ、もう一方は食べさせる「以天食天」が必要となります。

私たちは通常、「食べる（食う）」ことの対語を「食べられる（食われる）」ことと理解しています。そのために、食われないためには力のないもの同士が相互扶助しなければならないと理解しています。しかし、そのような相互扶助はあまり長続きしません。食われないほどに強くなり、食い余るほどに豊かになると、直ちに消滅するのがそうした相互扶助です。

それに対して、崔時亨は、違う意味で相互扶助を説明しています。「食べる（食う）」ことの対語を、「食べさせる（食わせる）」ことだと言っています。食われないために相互扶助するのではなく、食わせるために相互扶助する、と言うのです。食うことができたために私たちが生きるから、今度は、食わせるために私たちが相互扶助しなければならないと話しています。

こうした話は、今の弱肉強食社会を生きる私たちにとって、なかなか馴染みにくいものです。しかし、「パンを一緒に分けて食べる」仲間（companion）関係は、実は外に向かって、パンを食べさせる関係から成り立つものです。外に向かう歓待が内なる相互扶助をつくるのであって、その逆ではありません。そうしたわけで崔時亨は、総じて言えば「相互扶助」もまた「以天食天」の一つであると、それをもって個人・社会的経済・地域社会の連帯的な成長発展が成し遂げられると言ったのです。

地域社会における生

それでは、社会的経済の創出する地域社会とはいったいどんな模様なのでしょうか？　そのために私たちは、どこから始めなければならないのでしょうか？　ある人は、人間関係の復元こそ、最優先課題だと言うかもしれません。しかし、私の考えは少し違います。人間関係を復元するためには、まず、なぜそれを復元しなければならないのか、人間関係の復元をもってどんな地域社会を創出しようとするのかを、より明確にする必要があります。

老子は、自分の夢見る理想社会について次のように描いたことがあります。

民の少ない小さい国では（小国寡民）
数十数百の利器が有っても用いることなく（使有什伯之器而不用）
民が死を重んじて遠く徙らないために（使民重死而不遠徙）
舟や輿が有っても乗る所無く（雖有舟輿　無所乗之）
甲兵が有っても陳ぬる所無い（雖有甲兵　無所陳之）。
民が再び縄結びを用いるので（使民復結縄而用之）
其の食を甘しとし（甘其食）、其の服を美とし（美其服）、
其の居に安んじ（安其居）、其の俗を楽しむ（楽其俗）。
隣国が相見わたせ（隣国相望）
鶏犬の声が相聞こえても（鶏犬之声相聞）、
民は老い死ぬまで相往来することがない（民至老死　不相往来）。

（『道徳経』）

老子の夢見た理想社会は、決して小さく区分けされた閉鎖社会、文明を知らない原始社会で

はありません。隣国と向き合い、鶏犬の声を聞きながらも死ぬまで往来しなかったのは、往来を必要としなかった彼らの選択であって、決して強制によるものではありません。また、各種の移動手段や武器など、様々な文明の利器を持ちながらもそれを使わなかったのは、使う必要がなかったためであって、決して文明を知らなかったからではありません。

この差は、「原始社会」と「未開社会」の違いとよく似ています。（今はなくなっている）原始社会が文明を知らなかった社会であるとすれば、（今も各地に残っている）いわゆる未開社会は、たとえ一部ではあっても文明を知っている社会です。文明を知っていながらも、文明を取り入れない（＝開発を拒否する）社会が（いわゆる）未開社会であって、それを「未だに開発されていない社会」と貶めることは、開発された社会からの傲慢な名付けです。未開社会は自然が豊かだから、開発しなくても十分に幸せに生きていけます。その豊かな自然が（傲慢な開発社会によって）破壊されるから、仕方なく文明を取り入れなければならなくなるのです。そんな社会が原始社会と違う未開社会です。

もちろん、だからと言って、そんな社会の人々を素朴に生きる人と理解することは、間違いです。彼らが楽しんだ俗なる生、つまり、その食べものを甘く食べ、その服を美しく着て、その住まいで安らかさを感じる生活は、倹しい生活ではなく、飾りのない生活です。「素朴」の本当の意味も、実は質素に生きることではなく、ありのままに自分を表すということです。ルソーの強調した「透明性（transparence）」も、この本当の意味での「素朴」と似ていて、それは、媒介者なしに今の自分と直接出会うことで、したがって、本来的で固有なもの、清潔で美しく純粋なものです。

今から五万年前、私たちの祖先は「心のビッグバン」を成し遂げ、狩りと採りから狩猟と採集を発見できました。もちろん、そんな大変化にもかかわらず、彼らは依然として、空腹なら食べ、寒いなら着て、疲れたら休むという、「即自的な人類」として生きていました。今の私たちから見れば、まるで動物と等しいとあざけるかもしれませんが、その時の人間はむしろ、生き生きとしていました。何を食べてもその味がわからず、どんな服を着ても美しく思わず、いくら休んでも休んだようではない今の私たちと違いました。いや、ある面では、空腹でも食べられず、寒くても着る物がなく、疲れても休めない今より、はるかに幸せでした。

こうした人類に、今から一万年前、また大変化が起こりました。今度は「精神のビッグバン」をもって農耕と牧畜（遊牧）を発明し、その結果、空腹なら食べ、寒いなら着て、疲れたら休む存在から、何が甘く、何が美しく、何が安らかであるかを知る存在に変わりました。また、より甘く、より美しく、より安らかなものを追い求める存在となりました。要するに、この時から人間は、「即自的な人類」から「対他的で対自的な人間」に変わり、対他性の総体としては自然と社会（共同体）を、また、対自性の総体としては自己を発見できるようになりました。

しかし、こうした人類の変化は、一方では不幸の種でもありました。より良い生活のための人間の努力が資本として蓄積され、それが国家によって所有されるようになってから、つまり、対他性の総体が自然と社会から資本と国家に置き変わってから、何がより旨く、美しく、安らかなのかを、それらが決めるようになりました。そして、その対関係で、対自的な人間は、それらの決めた旨さ・美しさ・安らかさを追い求めて、彷徨（さまよ）う(13)存在に陥りました。また、その彷徨う人間によって、空腹なら食べ、寒いなら着て、疲れたら休むような即自的な人間は、人間以下の動物のように扱われることになりました。そして、その結果、対自的な人間は、何を食べてもその味がわからず、どんな服を着ても美しく思わず、いくら休んでも休んだようではない人間になりました。また、即自的な人間は、空腹でも食べられず、寒くても着る物がなく、疲れても休めない人間以下の存在になりました。

新たな地域社会の創出とは、一言で言えば、このような対他性の総体を、資本と国家から自然と社会に取り戻すこと、それによって、対自的な人間を解放し、即自的な人間が生きていけるようにすることです。飾られた衣食住で威張る社会、自分より劣る衣食住に生きる人々を差別する社会、その差別から逃れようと絶え間なく商品を消費するが、むしろ自分が消費されるばかりの社会。そんな社会から、「其の食を甘しとし、其の服を美とし、其の居に安んじて、其の俗を楽しむ」、そうした主体的で、即自的な人間の世界をつくり出そうということです。

生命の呼応空間

韓国の社会的経済は、今、二つの方向で転換期を迎えています。一つは、新しく登場する人々によって、多様な分野で社会的経済が新しく模索されていますし、もう一つは、ある程度の成果を成し遂げた社会的経済の中から、新しい模索が始まっています。出発地点は違っても、新しい実践を追い求める点で、両者は共通しています。

私は、この二つの試みがそろそろ出会う時期に来ていると思います。一九九〇年代に、ヨーロッパで連帯経済と社会的経済が出会ったように、地域社会の創出に向かって、新しい社会的経済と既存の社会的経済が出会う時期に来ていると思います。そして、こうした出会いをもって、「単系」では予測できない「複雑系」をつくり、「社会」を胎動させる気運が熟したと思います。

もちろん、その出会いのためには、まず人間に関する私たちの理解が変わらなければなりません。今までの社会的経済では、人間を「市民」としてのみ考えてきました。市民がその権利を行使するなか、政治的には民主主義、経済的には資本主義、社会的には社会的経済を必要とする、と思ってきました。国家・企業・社会的経済の鼎立構造をもって、市民社会が成り立つだろうと考えてきました。

しかし、歴史的にみて「市民（citizen）」とは、都市に住むことが認められる一種の資格でした。そして、「市民でないもの」（例えば、古代都市国家では「キヴィタス　civitas　市民」に対する「エムポロス　emporos　異邦人」、中世都市では「ブルジョアジー　bourgeoisie　有産者」に対する「プロレタリア　prolétaria　無産者」、フランス革命後には「シトワイヤン　citoyen　市民」に対する「ソヴァジュ　sauvage　野蛮人」）という区分の中でのみ存在する、群れとしての「市民集団（citizenship）」でした。市民でないものとの区分けに基づいて、自らを市民と考える人々がその権利を守り、その地位を高めようと努力してきたものが、民主主義であり、資本主義であり、また社会的経済でした。

私は、こうした努力を決して低く評価するものではありません。しかし、今はそろそろ次元変化しなければならない時期です。人間は、もはやある集団の構成員ではなく、個人です。生きられる資格ではなく、生きている存在です。したがって、一方では皆が皆に向かって異邦人になっていますが、もう一方では生きているあらゆる存在を歓待しないと、自分の至高性も確保できないという状況になっています。社会的経済の前に、「人間の」という言葉の代わりに「生命の」という言葉を付けたのは、こうした変化に対応するためです。

地域社会の創出が重要なのは、こうした変化のなかで、そこがあらゆる人間を生命として生きていけるように守ってくれる空間だからです。もちろん、この地域社会は、二十世紀を風靡したコミューンとは違うものです。コミューンで協力・結合・友愛が強調されたとすれば、これからの地域社会では一人ひとりの自由が最優先で、それに基づく連帯・呼応・兄弟愛が強調されます。社会学者見田宗介が言ったように、「異質な他者性を溶かして一つにする溶融集団としてのコミューンではなく、他者の他者性こそ相互に享受される呼応集団としてのコミュニティ」が重要です。個々人の自由を前提に、その異質性をお互いに享受するコミュニティに向かって、社会的経済が先頭に立つことを、また、こうした社会的経済同士が重層的に相互作用して、資本主義世界に代わる生命の地域社会を創出することを期待してやみません。

平和に向けて

アメリカのフォークデュオ、サイモンとガーファンクルの歌の中に、「明日に架ける橋（Bridge Over Troubled Water）」という名曲があります。疲れ果て、自分をちっぽけに感じている人々に対して、激流に架かる橋のように我が身を横たえて憩いの場を設けてやること、それはまさに「垂直的な繋ぎ（＝連帯）」に値するものです。社会的経済の今後の役割を説明するときに「架橋」（商品ないし商品化した労働と、自然ないし非商品化した労働を繋げること）などの言葉がよく使われるのも、こうした垂直的な連帯を強調するためです。

もちろん、こうした垂直的な連帯は一人でできることではありません。すべての人間が険しい激流の中にあり、また、その激流を一人で渡らねばならない今の状況では、一人の力で他人の架け橋になることは到底できません。そこで必要なのが「水平的な繋ぎ（＝協同）」であり、社会的経済の基盤となる領域を説明するときに「交差（intermediary）」（市場（商品交換）・政府（再分配）・家計（互恵）といった三角形の交差）などの言葉がよく使われるのも、それを強調するためです。水平的な協同をもってする垂直的な連帯こそ、真の繋ぎです。

協同と連帯の融合に関する最も優れたシンボルとして、私はよく、イエスの十字架を思い浮かべます。イエスの十字架は、贖いの代価ではなく、双方向の繋ぎです。左と右の水平的な協同をもって、下と上の垂直的な連帯に向かおうとすることの象徴です。イエスの示した最後の行動はこの双方向の繋ぎで、イエスはその中に神の平和があると語ったのです。

イエスのこうした行動は、当時としては非常に革命的なものでした。当時の双方向の繋ぎはローマやその皇帝だけがするもので、それによる平和も当然ローマやその皇帝の支配下にある「パクス・ロマーナ（Pax Romana）」と呼ばれました。そのような中でイエスは、繋ぎの主体を皇帝から人間に、繋ぎの方向を最高位の皇帝から最底辺のサマリア人に、また、それによる平和をローマの支配から生命の充満に引っ繰り返しました。そのために、ローマからは体制を脅かす危険な者と、暴力的革命を望む民衆からは裏切り者とされ、死を免れなかったのです。

しかしイエスは、死んでも死んでいません。「神の国はあなたがたの中（の間）にある」という言葉の中に、協同と連帯が融合した実践のど真ん中に、イエスはまだ生きています。それはまるで、空間としての蘇塗は消えても、その中での時間は、今の私たちと今後の私たちにまで繋がっているのと同じです。

一九四五年に発見された「トマスによる福音書」には、「神の国はあなたがたの中（の間）にある」と共に「あなたがたの外にある」という話が収録されているようです。この二つの話は一見相反するようにみえますが、実は同じ話です。韓国の哲学者金容沃（キムヨンオク）は、それを解釈して「内と外」の相対的な両端を同時に肯定する「全觀」ととらえていますが、哲学的な全観が本当に輝くのは、実践を通じてのことです。外にある世界に向けて内にある関係が表出するとき、私たちの繋ぎが私たちの外に向かうとき、外の世界を私たちの中に取り入れて歓待するとき、その私たちのうちに神の平和がある、という話です。

これはまた、新羅時代の高僧元暁（ウォンヒョ）の「和諍（わじょう）」とも通じる話です。「二つが融合して一つにならず（融二不二）」、融合した二つが「さまたげなく、あらゆる生命に広く益する（無碍菩薩行＝弘益衆生）」という話と同じです。異なる人間と社会的経済が間を置きながら繋がり、その繋がりが外に向けて貢献することで、次元変化した新しい中心がその中に形成される、という話です。こうした双方向の繋ぎの中に、元暁は「和諍」が、イエスは「平和」があると言ったのです。

平和とは、単に戦争の一時的な休戦状態ではありません。また、（朝鮮半島をめぐる最近の情勢からみて取れるように）何人かの首脳たちが会って終戦を宣言したり、平和協定を結んだりして訪れるものでもありません。それは、自由か平等か、資本主義か社会主義か、東西か南北か、等々の二分化されたものが、自然や生命など、外や下に向かって融合するなかで、それをもって新しい主体を形成するなかで、将来のどこかではなく、今ここに、訪れるものです。私はそうした平和な世に生きたいし、そうした平和な世を子どもたちに受け渡すのが私の生きる意味だと思っています。

エピローグ──社会的経済の「三宝」

軍事独裁を追い払い、政治的民主化を成し遂げた韓国の「熱狂の年」（一九八七年）に、生まれたばかりのハンサリム生協の組合員に向かって、ハンサリム運動の提唱者でもあった張壱淳（チャンイルスン）（一九二〇－一九九四年）が、ささやかな講演をしたことがあります。その席で彼は、今後のハンサリムが必ず身につけなければならない三つの心について、老子の「三宝」（一に「慈」、二に「倹」、三に「あえて天下の先と為らず」）に喩えて話しました。慈愛・倹約・謙虚という三宝を土台に、間違った人でさえ安息所を訪ねられるようにするというのが、この運動の目標だと話しました。三十年以上も過去のこの話を再び掘り起こすのは、その中に社会的経済の進むべき方向のほとんどが込められているからです。

張壱淳

まず、「慈愛」については、母親が子どもを抱くように、世の中すべてを自分の体に抱くことと言いました。正しいか間違いか、正義か不正義かという善悪の分別をしないで、世の中のすべてが繋がっていることを知ったうえで、それを自分の体として認める心、したがって自分の子も他人の子も、自分の親も他人の親も、皆を自分の体のように抱こうとする心、それがこの運動の始まりだと言いました。世の中の皆が民主主義を求めて必死だが、自分の取り分だけに関心を注いで他人の事情を察しようとしないならば、それは本当に民主主義だろうかと問いました。

私からみてこれは、社会的経済の「人間」に関する話です。理性のくびきを脱して「自己」を発見し、自我の理性ではなくて、肉体を持つ自己の大きな理性を取り戻そうという話です。それに基づいて、自己の生を可能にした世の中のすべての関係に向かって、自己を表そうという話です。そうしてこそ、私たちの社会が本当に民主主義になるという、社会的経済の始まりに関する話です。

次に、「倹約」については、万物に倹しく仕え、それをもって隣人と分かち合うこと、その結果として世の中の誰もが飢えないようにすること、と言いました。今まで私たちは、自然を無視して開発だけに専念し、その成果をうまく分配すれば、それが福祉で民主主義であるかのように思ってきましたが、そんな考えはもはや限界に達しているし、そのせいで人間は生きていけなくなったと言いました。自然のすべての存在が人間を生きていけるようにしてくれたのだから、今度は私たち人間がそれに倹しく仕え、隣人と分け合って、世の中の誰もが飢えないようにするところに、この運動の趣旨があるのではないか、と言いました。

私からみてこれは、社会的経済の「経済」に関する話です。自然・社会・経済という三つの交易層位の中に、互恵・再分配・商品交換という三つの交易様式を盛り込むことで、そのためにはまず、交易の対象を商品から生命に、交易の目的を富の蓄蔵から福の消尽に切り替えなければならないという話です。自然との交易を回復してこそ、私たちの社会が維持できるという、社会的経済の経済活動に関する話です。

三番目の「謙虚」については、他人に先んずることではなく、常に下に降りていくことと言いました。広くは世の中で、狭くは友人との間で、見かけの悪いものは自分が取り、見かけの良いものを相手に分けることが、本当の民主主義だと言いました。良いものを先取り、悪いものを与えるような民主主義は西洋の輩がやることで、その結果、世の中がこんな状態に陥ったと言いました。

私からみてこれは、社会的経済の「政治」に関する話です。社会的経済の政治は、治める「制御」ではなくて、自ずと化する「理化」にあり、上に向かう「向上」ではなくて、下に降りる「下降」にあるという話です。ここに民主主義の真の価値があり、それによってこそ「神市の太平の世」が開かれるという、社会的経済の政治行為に関する話です。

最後に、慈愛・倹約・謙虚という三宝を土台に、間違った人でさえ安息所を訪ねられるようにすることが、この運動の最終目標だと話しました。本当の民主主義は、どんな相手も尊く奉ることから来るものであって、相手が少し間違ったからといって、「お前は去れ」と言うのは、本当の民主主義ではないと話しました。

私からみてこれは、社会的経済の「空間化」に関する話です。どれほど間違いを起こしても、そこに逃げていけるような（蘇塗のような）「聖なる空間（聖域）」をつくろうということで、これを媒介に、誰もが尊くもてなされる「聖なる地域社会（聖地）」をつくろうという話です。

実際に張壱淳とその弟子たちは、暗黒の一九七〇年代に、原州（ウォンジュ）という小さな町をそうした空間につくり上げました。一方では、軍事独裁の迫害から逃げてきた人々に避難所を与え、また一方では、多様な協同組合運動を展開して貧しい人々が主人公となれる地域社会をつくりました。そのために、昔からあらゆる権力が「アジール（蘇塗）に入れば、アニマ（悪霊）に憑かれる」とタブー視し、朴正熙（パクチョンヒ）政権も「原州に行ってくると、皆が赤になる」と弾圧しましたが、そこに集まった人々は、見事に自分の尊い生命を守ることができました。

私は、張壱淳の言った慈愛・倹約・謙虚、そしてそれを土台にする聖なる地域社会の創出の中に、今後の社会的経済がめざすべきもののほとんどが含まれていると思います。世の中のすべての生命を自分のように抱きしめる人間、万物に倹しく仕え、隣人と分け合いながら、誰もが飢えないようにする経済、他人に先んずることなく、常に下に降りて仕えようとする政治、逃げ込んだ人々に安息所を与え、誰もが尊くもてなされる地域社会、これらを創出することこそ、本当の民主主義を展望する、社会的経済の基本方向だと思います。

張壱淳は、政治的民主化が始まって六十年経つと、本当の民主主義が実現できるだろうと言っていました。六十年とは還暦の周期で、世代の交代、時代の次元変化を意味します。そして、彼の言う本当の民主主義は、たぶん、私たちが通常思い浮かべる制度的・政治的な民主主義と違うものでしょう。そんな民主主義を求めて、韓国はこれまで三十年間努力し、ある程度の成果も出しましたが、それが私たちの終着地とは言えません。本当の民主主義は、たぶん、すべての生命が自分の姿をもって生き生きと躍動し、それができるように皆が一人ひとりを助け合うことだろうと思います。そのような世を切り開く先頭に、生命の社会的経済があることは言うまでもありません。

張壱淳がこの話をして、もはや三十年が経っています。残りの三十年の間に真の民主主義を切り開くこと、それが今後の社会的経済に与えられた最大の使命でしょう。

―完

注

プロローグ

（1）韓国保健社会研究院の『2015年協同組合の実態調査』によると、設立が報告された協同組合の中で、法人登記と事業者登録を完了したのは全体の八〇・九パーセント、事業者登録を完了した協同組合の中で、実際に事業を営んでいるのは六九・六パーセントで、実際の稼働率は五六パーセントとなっています。また、稼働している協同組合のほとんどは規模が非常に零細で、平均組合員数は四七・三人、平均就業者数は四・三人、平均純利益は千九二三ウォン程度です。

（2）実際に、過去の政府では、「二〇一七年までに社会的企業を三千社育成する」、「二〇一六年までに（協同組合の）雇用者数五万人を達成する」といった数値的目標のみ掲げられてきました。しかし、残念ながらこの目標はほとんど達成できませんでした。社会的企業の数は目標の半分しか達成できず、協同組合の雇用者数は三万人に留まりました。

第一章

（1）「（「社会的」という言葉の中には）自由主義に対する反感が内包されていて、自由主義は修正されるべき対象である（と思っている）。また、その中には（自由主義を）修正したがる政治的方向性が入っている。そのアジェンダの性格は、絆とか分かち合いなど、小集団の倫理を要求する再分配の性質である。成長より分配が「社会的」であり、自由より平等が「社会的」の意味である」（玄ジンクァン）

（2）「（政府の社会的経済への支援によって）社会的経済の「社会的」という言葉が修飾する「経済」は跡形もなく消え、その場を「政治」が占めるだろう。社会的経済の中から「経済論理」が消え、その席は「政治論理」に代わるだろう。歴史的にみても「社会的」という用語は、政治の権力を強化し、政府を大きくする道に熱心に貢献したものである」（権ヒョクチョル）

（3）十九世紀に、フランスのアナーキストであるプルードン（一八〇九－一八六五年）が、サン・シモン（一七六〇－一八二五年）のような社会的経済陣営を批判したことも、同じ理由からです。当時の社会的経済陣営は、フランス革命の三つの精神のうち、特に平等と友愛を重視しました。それに比べてプルードンは、自由を重視しています。もちろん、だからといって、彼が平等を無視したわけではありません。プルードンが反対したのは、「分配の正義」のための努力がむしろ人間の自由を犠牲にし、結果的に国家権力を強化させることでした。それに対して彼が力説したのは、「分配の正義」ではなく「交換の正義」でした。それは、はじめから富の格差を生じさせない交換システム、つまり「自由の互恵性（互恵的な交換）」を意図するものでした。

（4）フランスでは、社会的経済のことを、「①労働者・農民・商人・事業主・市民による設立と、自由で主体的な参加、②一人一票の平等に基づく事業運営、③剰余金の公正な配分、④積立金の分割を禁止あるいは制限、⑤組合員間の内部連帯と組合間の外部連帯、⑥個人の尊厳・責任・満足・発展をめざす、⑦国と公権力からの独立」の原則によって運用されるもの、と言っています。

ベルギーでは、社会的経済のことを、「①メンバーや公共のための目標、②経営の自律性、③民主的な意思決定、④収益分配において、資本より人間とその労働が優先」という四つの原則に沿って運営されるもの、と言っています。

スウェーデンは、社会的経済のことを、「民主主義の価値に基づいて、公的部門から独立して、社会的な目的のために設立された組織で、その活動の目的は公益や会員利益にあって、利潤にない」と定義しています。

欧州連合（EU）の前身である欧州共同体（EC）では、社会的経済のことを、「社会的目的を持った自立組織であって、連帯と一人一票に基づくメンバーの参加を基本原則とし、一般的には協同組合・共済組合・結社体という法的形態をとる」と定義しています。

（5）現代社会はもはや、「資本主義社会」か「社会主義社会」かといった冷戦の時代を終え、「資本を頂点とする市場社会（＝資本制市場社会）」か「党を頂点とする市場社会（＝党制市場社会）」かに変わってきています。

（6）グリーンコープの行岡良治は、人間の歴史におけるこうした疎外の過程を「疎外の往路」と、そして、それの意識的な克服の過程を「疎外の復路」と言っています。

（7）「疎外」と「排除」は、似たようで、違う意味合いの言葉です。「疎外」は主体と客体の問題で、客体による主体の支配から生じる弊害です。その弊害は当然なくすべきですが、だからといって、主体と客体までなくしては人間とその社会が成り立ちません。それに比べて「排除」は、集団と個体の問題で、集団による個体の除外から生じる弊害です。その弊害は当然なくすべきで、それをなくさないと、人間とその社会は維持できません。

（8）中島恵理によると、欧州連合（ＥＵ）は、「社会的排除（social exclusion）」について、「ひとりの人間が、貧困、生涯教育の機会や基本的な能力の欠如、社会参加を不可能にする差別、等々の理由で、社会の縁に追いやられ、社会や地域コミュニティ活動はもちろん、雇用・所得・教育の機会さえ得ることができなくなった状態、さらに自分の生活に影響を与える意思決定に参加できなくなること」と定義されています。また、「社会的包摂」については、「こんな社会的排除の状態に置かれた人間が、経済的・社会的・文化的な生活を生き、地域社会の中で一般的・標準的な生活水準と福祉を享受できる機会や資源が提供され、さらに自分の生活に影響を与える意思決定に参加することによって、基本的な人権が保障されること」と定義されています。

（9）例えば、国民でありながらも自己表現できない、子ども・青少年・高齢者・障がい者、国民として認められない外国人労働者や発展途上国の人々、民（人）として認められないあらゆる生き物たち、などがそれに当たります。

（10）それに比べて、「社会主義（socialisme）」という言葉がいつから使われるようになったのかは明確です。一八三二年に、フランスの哲学者・ルルー（Pierre Leroux　一七九七－一八七一年）は、ヨーロッパ各地に生まれた「社会的」実践に注目し、「個人主義」でも「資本主義」でもない「社会主義」という新しい言葉を用い始めました。

(11)「一つになる」ということは、個体・個性の消失ではなく、個体・個性の一部の譲渡を意味します。ルソーが「社会的契約」を「譲渡」とみたのと同じで、自分の持つ力と能力の一部を譲渡して社会をつくり、つくられた社会の中で（譲渡した分だけ）自分の一部が一つになる、ということです。

(12) 例えば、ドイツ語では「sozial（社会的）」と「Gesellschaft（社会）」がはっきり分かれています。そして、「社会的」とは、その「社会」をつくる家族や友人の間の基本的な関係を意味するものであって、「社会」の形容詞ではありません。

(13)「明治時代の日本では、この「ソサエティー」という言葉をどう訳すべきか、かなり頭を痛めました。最終的に「社会」という訳語が確立する前には、「人間交際」（福沢諭吉）という訳語も用いられました。……人と人の間の水平的な交わりによって形成される関係性というニュアンスをよくとらえた訳語だと思うのですが、定着しませんでした」（『〈私〉時代のデモクラシー』）

(14)「「蘇塗」の「塗」は「道」だから……「トゥレ」と読めるし、「トゥレ」は「社」の意味である。「社」は、祭神の集会所であり、（今の「社会」という二つの文字の元をたどると、春と秋の祀祭の時に大きく集まり、そこで郷邑の大事を討議していたことから始まった）祭墟周囲の巫の居住地だったのに……『三国志』ではまるでこれを盗賊の頭目のように書いてあるが、これは外国人の物知らずの記述である」

(15)「communism」は「共同体主義」であって、「共産主義」ではありません。「共産主義」という訳し方は、生産関係（＝共産）が社会関係（＝共同体）を支配するというマルクス主義の立場からのものです。実際に、共同体主義の中には、「生産関係」を重視する「マルキスト共同体主義」のみならず、「一人ひとりの連帯」と「直接統治」を強調する「アナキスト共同体主義」、また、初期キリスト教の共同体をモデルにする「キリスト教共同体主義」など、様々な類型があります。本書では、多様な類型の「communism」を指す場合には「共同体主義」や「共同体」に、そしてマルクス主義の「communism」を指す場合には「共産主義」や「共産制」に分けて使います。

(16) 語源からみて、社会主義は「仲間や同僚の間での関係」を意味する「ソキウス(socius)」から、共同体主義は「共同の、共有する」を意味する「コミュニス(communis)」から由来しています。つまり、社会主義は「関係」により大きな重点が、共同体主義はその「結果」により大きな重点が置かれています。

(17)「歓待・もてなし」の韓国の固有語が「イバジ」です。今も韓国では、結婚式の後に新郎側と新婦側がお互いに贈り、返す食べもののことを「イバジ飲食」と言います。それは、結婚というものがそもそも、「仲間との相互扶助」ではなく、「異邦人への歓待・もてなし」だからです。

(18) イタリア・ポーランド・ハンガリー・韓国の「社会的協同組合(social co-operative)」、ポルトガルの「社会的連帯協同組合(social solidarity co-operative)」、スペインの「社会的活動主体の協同組合(social initiative co-operative)」、カナダ・ケベック州の「連帯の協同組合(solidarity co-operative)」、フランスの「共同体の利益のための協同組合(collective interest co-operative society)」、イギリスの「地域社会便益協同組合(community benefit co-operative)」など。

(19) 他人の持つこの二つの側面、つまり、仲間による喜びと悲しみ、異邦人による幸と不幸のことを、社会学者見田宗介(みたむねすけ)(一九三七年―)は「他者の両義性」と呼んでいます。人間にとって、他のすべての人間はこの両義性を持っていて、仲間を増やして、異邦人を減らすだけで、人間が幸せになるのではありません。

(20)「諦念は、つねに人間の力と新たな希望との源泉であった。人は、死の現実を受けいれ、そのうえに、形ある生命の意識を築き上げた。彼は、失わねばならぬ霊魂を持っており、また死よりも悪いものがあるという現実に諦念し、そのうえに自由を創造したのである。現代では、彼はそうした自由の終焉を意味する社会の現実に諦念するのである。しかし、この場合もまた、生命は究極的な諦念から現れ出るのである。……あらゆる人々に対して、より豊かな自由をつくり出す任務に誠実であるかぎり、権力あるいは計画化が、それらの築きつつある自由を意図に反して破壊するであろうなどと恐れる必要はない。

これが、複合社会における自由の意味である」（『大転換』）

(21)「人格」に関するこうした理解は、ポランニーだけのものではありません。日本協同組合運動の父とも呼ばれる賀川豊彦は、「人間が人間である理由は、誰もが神の人格（person）を持っているから」だと言いました。賀川の言う「person」とは、単なる人間ではなく、三位一体（three persons）の神を含むものです。また、その姿に似て生まれたすべての生命（one nature）までをも含むものです。そして、この「person」は「per（by）+son（self）=by oneself」つまり「自らそうである」存在であり、いわゆる「自然」です。

今村仁司もまた、「人格」に関して、通常とは違う言い方をしています。彼は、私的所有（私有）・共同体所有（共有）・国家所有（公有）と違う、もう一つの所有形態として、人格的所有を提唱しています。人間が所有していると思うすべてのものは、実は、自然の所有権を一時的に譲り受けて、使用するものであって、その所有権をまで譲り受けたわけではない、と言っています。

(22) これは、（言い方は違っても）感性に振り回されない人間の知性を強調したルソーの話と似ています。

(23) 日本では「贈与」と訳しますが、そうすると贈与全体と区別できないため、私は「提供」と訳します。

(24)「anima（アニマ）」は通常、「霊魂・精神・生命」などと訳されますが、私はこの中で「生命」が最も適していると思います。「霊魂」や「精神」も「anima」の表象であることは間違いありませんが、「霊魂」は霊性が一定の壺に盛られたときの話で、「精神」は肉体と対比する言葉です。つまり、「霊魂」と「精神」は「聖（霊魂・精神）」と「俗（壺・肉体）」が分かれた後の言葉です。さらに「anima」から「animate（生き生きとさせる）」「animated（活気に満ちた）」「con anima（元気に）」などの言葉が派生したことを考えると、「生命」と訳すのが最も適切と思われます。

(25)「哲学（philosophy）」とは、そもそも「叡智（Sophia）を愛すること（philein）」という古代ギリシャ語から由来したもので、一種の存在体験です。そして、ハイデガーが指摘したように、「叡智」とは本来「一つの存在がすべてのものを存在者として存在できるようにすること」であり、「（叡智を）愛すること」とは（その一つの存在との）「同調」とか「調和」のことです。少なくとも、古代ギリシャのヘラクレイトスやパルメニデスまではそうだったものが、ペルシャ戦争に勝った後のプラトンやアリストテレスになってから、「叡智」は「存在者とは何か」に、「叡智を愛すること」は「その存在者への探索」に変わったのです。「自己の存在体験」が「存在者への探索」に変わったわけです。

(26) 日本の哲学界では、ハイデガーの「回想」を「追想」と訳して、「存在者の内奥に折り込まれた壁を折り広げる」こと、「広げ出して、その外から自分を振り返ってみる」ことと解釈しています。

(27) 賀川豊彦は、すべての人間が、神によって、神の姿でつくられた「兄弟（brother）」であり、したがって他者への愛は「兄弟愛（brotherhood）」だと言いました。彼の『Brotherhood Economics』という英語の本を、日本では「友愛の政治経済学」、韓国では「友愛の経済学」と訳しますが、本当は「友だちへの愛」ではなく、「（同じ根から生まれた）兄弟への愛」が正しいのです。

第二章

(1) ポランニーの著作『大転換』の韓国語訳では、この「互恵」を「相互性」と、日本語訳では「互酬」と訳しています。

(2) ポランニーの言った「経済」は、主に商品交換の市場経済のことで、私の言う商品交換を含む、より一般的な「物と物の交換」制度ではありません。

(3) これは、アダム・スミスの言った「利己心」と「共感」の関係とも似ています。スミスの「共感」は、「利己心」が肯定された市場経済になって出現したものです。つまり、「利己心」を肯定しながら、否定しようとする人間の心が、「共感」という人間の本性を発見させたわけです。

(4) 仏教では、「疎外の生まれる以前」にも「心」がある、と言ったうえで、それを「一心」と呼び、それに戻ることを「還帰一心」と呼びます。より詳しくは、第三章の「統合的ネットワーク」を参照してください。

（5） 東学の第二代教主崔時亨は、一八八八年の戊子年に起きた大飢饉の際に、東学徒同士の助け合いを唱えて、「戊子通文」という手紙を書きました。その中で、お互いがお互いに贈る分を「半臂」に例えました。「半臂」とは、半袖もしくは袖なしの上衣のことです。この上衣を渡したとしても、その人が凍え死ぬわけではないのですが、その上衣は、自分を表す象徴的な服で、それを渡すということは、自分を渡すのと等しいことです。

（6） 日本の中世時代に、金持ちの寄付を「徳行」と言ったのは、それが「自然の行為（＝徳）」に似ていて、自然であることの証明だったからです。

（7） 韓国では、「オノオレカンバ（檀木）」のことを「박달（バッタル）나무（木）」と言います。「박달（バッタル）」とは、韓国古語の「輝く」という意味です。世の中（共同体の間）を輝かせる木で、場所だったわけです。

（8） 古朝鮮の開国と檀君の登場について、高麗時代に刊行された『三国遺事』では、次のように語っています。
「桓因（天帝）の庶子である桓雄が、人間界に興味を持ち、……天符印の三つを持って、太伯山の神壇（檀）樹の下に降り、そこを「神市」と言い、桓雄を「桓雄天王」と言った。……そのときに、ある一つの穴に共に棲んでいた一頭の虎と熊が、人間になりたいと訴えた。桓雄は、ヨモギ一握りとニンニク二十個を与え、これを食べて、百日の間太陽の光を見なければ、人間になれるだろうと言った。虎は、途中で投げ出し、人間になれなかった。熊は、二十一日目に女の姿の「熊女」になった。しかし、配偶者となる夫が見つからないので、再び桓雄に頼んだ。桓雄は人の姿に身を変えて結婚し、一子を儲けた。これが「檀君」である。檀君は、平壌城に遷都し、「朝鮮」と号し、以後千五百年間も統治した」

（9） こうした「サクラム（sacrum）」の意味は、祭祀の際の供物を英語で「サクリファイス（sacrifice）」というところに、まだその痕跡を残しています。「仙骨」のことを「sacrum」というのも、おそらくそこを人体の最も重要で聖なるところと考えたからでしょう。

（10） 神野直彦は、「コモンズの両義性」を語ったことがあります。「コモンズの中には、神々があらゆる生命に平等に提供した「自然」と、これに基づいて形成される人間の「共同社会」という二つがある」と言っています。こうした彼の話は、「コモンズ」を成り立たせる「サクラム」を発見した点では、大変大きな意味を持ちます。しかし、残念ながら彼は、それ以上に進みませんでした。「サクラム」と「コモンズ」の関係について、また、「コモンズの悲劇」を招いた「サクラムの崩壊」について、あまり言及しませんでした。

(11)「父の桓因が子の桓雄の意思をわかり、太伯山を見たら「弘益人間」できる場所と思い、……「神市」を興し、……人間の三六〇余りの事を主宰し、「在世理化」した」(『三国遺事』)

(12)「人間」が「人」の意味で使われるようになったのは、近代に入って、日本の漢字の使い方の影響を受けてからです。それ以前のすべての漢字文化圏では、「人間」は「人の間」で「人」ではなかったのです。

(13)「自分を生け贄に捧げること」を、ポランニーは「自己犠牲(self-sacrifice)」と言いました。もちろん、彼にとっての「自己犠牲」は、市場社会で商品を購入するために、自分の労働力を商品として売りに出さなければならない、という否定的な意味です。それに対して、私は、貸借関係での債務弁済のための行為として、肯定的に使います。

(14)例えば、「一同が食事をしているとき、イエスはパンを取り、賛美の祈りを唱えて、それを裂き、弟子たちに与えながら言われた。「取って食べなさい。これはわたしの体である」」(マタイによる福音書:26章26節)

(15)「反哺」の本来の意味は、「烏の子が成長後、老いた親烏に食べものを口移しに与えて養う」ことです。

(16)「檀君の時代に「高矢禮(ゴシレ)」という侍臣がいた。彼は実に賢臣であった。彼は、檀君の命教を受けて、荒蕪地を開拓したり、五穀の農作を起こしたりした。おかげで、その剰澤は万歳に流れ、今でも朝鮮には、新しい食べものに対したり、田畑で露食する時に、必ず「ゴシレ」と呪文を唱える風習がある」(『開闢』)

(17)こうした交易の始まりに喩えて、行岡良治は、「労働生産物」と「対価」と「商品」の登場や違いについて、次のように話しました。

「モノを交換するために、共同体Aと共同体Bがその境界あたりで出会ったとき、共同体Aが、共同体Bが所有する労働生産物Bを欲しい（手に入れたい）と思った瞬間、共同体Aが所有する労働生産物Aは対価Aに転移する。そして、この転移に促されて、共同体Bが所有する労働生産物Bは商品Bに転移する。その結果として、対価Aと商品Bが交換される」

受けて、私は次のような結論に至りました。

(1) 対価と商品には、マルクスが言う「第二商品」と「商品」の関係はなく、実はまったくの別物である。労働生産物・対価・商品もまた、マルクスが理解するような同一のものではなく、それぞれまったくの別物である。

(2) 労働生産物は「使用価値と価値」を所有し、対価は「交換価値」を所有し、商品は「装われた価値」を所有している。

(3) そうであるから、「売買のために生産された」（ポランニー）商品は、「価値」に生きるのではなく、「価格」に生きている。また、商品の「価格」は対価の量で表現される。

(4) この対価の最高形態が貨幣である。そして、資本の本質は「集積された貨幣」である。

(18) すべての貸借関係では、貸すのが先で、返すのはその後です。つまり、領主と百姓の契約においても、領主の勧農が先で、百姓の貢納はその後です。歴史学者勝俣鎮夫（かつまたしずお）は、「百姓を保護し、安心して農業できる条件を整えるのが領主の義務で、こうした義務移行に対して、百姓の納入したのが貢納」と、その順次をよりはっきりと言っています。

韓国の朝鮮時代に、今の国税庁に当たる「宣恵庁（ソネチョン）」という徴税機関がありました。税金を集める機関なのに、なぜ「恵みを宣する機関」と呼んだのか、随分妙にみえますが、当たり前だったのです。百姓から税金を集めるためには、まず、国王がその恵みを広く施すことが先だったからです。

(19) その痕跡が、「十人の一匙ずつが、一人分の飯に充てられる」ということわざに残っています。古代ユダヤ教で、収入の十分の一を神に捧げるように命じられたことも同じ理由からです。

(20) 今でもほとんどの所得税は、所得から消費を差し引く前に課されます。一般企業の法人税でさえ、収益から費用を差し引いた分に対して、つまり、利益を資本配当する前に課されます。協同組合の法定準備金も、本来の趣旨はそこにあります。協同組合が、利用配当（生協など利用者による協同組合の場合）とか労働配当（労働協同組合など働く人々の協同組合の場合）する前に、剰余金の十パーセント以上をあらかじめ積み立てるのは、本来、再分配の財源を充てるためです。

(21) フランス語において、「贈与（donner）」と「蕩尽（とうじん）（dépense）」の語源は同じです。韓国の「ゴシレ」でも、持ってきた食べものを大地に「捨てる」のが慣行でした。

(22) モースは、この「功利的な機能」を「aumône（オウモヌ）」と言いました。通常、「物乞い・慈善・布施」などの意味ですが、日本と韓国では「喜捨」と訳しています。「喜捨」とは「喜んで捨てる」という仏教用語です。そして、モースの「オウモヌ」を、「喜捨」と訳したのは、とても適切です。

実際にモースも、「オウモヌ」のことを「贈与および財産の道徳的観念」と「供犠観念」の組み合わせとみています。「幸福と富を過度に持ちながら、貧しい人々と神のために施さない人に、ネメシス（ギリシャ神話に登場する義憤の女神）は復讐する」、「神と精霊たちは、自分たちのために残された分と、供犠で無駄に破壊される分が、貧しい人々や子どもたちに贈られることに同意する」、「子どもたちや貧しい人々に対する贈与は、死んだ人々を満足させる」と、アルカイックな世界の人々の言葉を借りて書いています。

(23) 「強めさせた」のであって、「発明した」のではありません。私たちは通常、貨幣の機能を、①支払い手段、②価値尺度、③保存（蓄蔵）手段、④交換（流通）手段の四つと説明します。そして、物品貨幣には支払い手段と価値尺度の機能があっても、保存手段と交換手段の機能はなかった、貨幣の四つの機能は鋳造貨幣から始まったと思っています。しかし、そのような起源の説明は大間違いです。鋳造貨幣が四つの機能を持ったのは間違いありませんが、だからといって、四つの機能が鋳造貨幣から生じたのではありません。

(1) 貨幣の支払い機能は、供物・求婚・赦免など、非経済的な債務の返済のために生じたものです。また、その場合の貨幣は、歌や踊り、宴会・

哀悼・自殺など、人の肉体と深く関連するもの、あるいは、獲物・食べもの・装飾品など、人の肉体を代替するものでした。

(2) 貨幣の価値尺度機能は、古代社会が（祭祀を含めて）その再分配制度を実行する目的で、徴収した供物を管理することから生じたものです。支払い機能と同様に、価値尺度機能も債権と債務の双務関係から発達したものです。

(3) 貨幣の保存（蓄蔵）機能は、次の収穫と飢饉に備えた食料の備蓄、灌漑や防衛に動員された労働力の維持などから生じたものです。

(4) 貨幣の交換（流通）機能は、個々人の間の物々交換からではなく、「神市」のように、組織された対外市場から発達したものです。

要するに、貨幣のすべての機能は、古代人が社会をつくってから生まれたものです。貨幣の形が鋳造貨幣に変わったとしても、以前に見られなかった機能を新しく発明したわけではありません。

(24) ポランニーは、この二重の目的を「コンテナー」と言いました。「市場の最も重要な成果――すなわち都市および都市文化の誕生――は、市場が農村へ拡大し、社会の支配的な経済組織を蚕食することがないように、封じ込める手段であったからである。「包摂する（contain）」という語の二つの意味――①市場を包み込むこと（to keep within limits to）、②その発展を押え込むこと（have within）――をおそらく最も巧みに表現するものであろう」と言っています。

実際にこうした規制は、商行為だけではなく、商人の住居にまで広がりました。商人の住居は、貿易港を意味する「ポルトゥス（portus）」、城（bourg）の外端を意味する「フォーブール（faubourg）」、城の下町を意味する「城下町」などに限られていました。

(25) 「場市」は、今の「市場」と比べて、言葉の順の入れ替りだけでなく、中身が大きく異なります。「市場」が、「商品交換」の行為と空間であるとすれば、「場市」は、「人間関係」の行為と空間です。韓国語には、そもそも「市場」という言葉自体がなく、日本植民地の時代に、日本から輸入された言語です。それ以前の韓国では「場市」のみがあり、その数は十八世紀、全国各地に一千ヵ所にも上りました。

(26) 二〇〇八年十一月十一日に開催された「互恵のためのアジア民衆基金（APF）」福岡大会で、韓国の詩人金芝河（キムジハ）が、「互恵を前面に、（商品）交換を日常に、再分配を準備して」というタイトルの基調講演を行いました。交易様式とその結び付き方に関する私の基本的な考えは、大半、そこから学んだものです。

(27) これについて、柄谷は「アテネの民主主義は支配者共同体（＝市民）の原理」であり、その中では「部族的共同体の平等主義が貫かれていた」としました。

(28) こうした構造は、アテネにとどまらず、今もなお受け継がれています。民主主義の保護者と自任するアメリカは、南北戦争までは絶対的奴隷（＝非人間）である黒人の犠牲の上に、また、南北戦争の後には相対的奴隷（＝半人間）である有色人の犠牲の上に、白人だけの民主主義と経済を謳歌してきました。そして、国内に奴隷がだんだんいなくなると、次には民主主義と自由経済を守るという名目で、世界各地で戦争を起こし、海外に奴隷の地をつくっていきました。

その代表的な事例として、ベトナム戦争があげられます。しかし、アメリカを相手に戦ったベトコン（南ベトナム解放民族戦線）は、実は二百年前のアメリカそのものでした。アメリカの独立宣言の精神は、当時のベトコンの憲法にそのまま込められていましたし、独立戦争を勝利に導いたアメリカの「一分民兵（minute-man）」は、ベトコン戦士たちにそのまま受け継がれていました。「べ平連（ベトナムに平和を！ 市民連合）」運動を率いた鶴見俊輔は、こうしたベトナム戦争について、「アメリカがアメリカと戦って敗れた戦争」と評しました。

第三章

(1) 「四大河川再生事業」は、ソウルと釜山を運河で結ぼうとした「韓半島大運河構想」が国民の反対で実行できなくなった代わりに登場したもので、水不足と洪水の対策のために、韓国の四大河川を浚渫（しゅんせつ）し、多数の堰を建設するなど、総額約二兆円の予算を投入した大工事です。しかし、完成後の五年目を迎えた二〇一六年の時点で、流れなくなった川に緑藻が多発し、費用返済のために毎年三百億円の税金が使われるなど、深刻な問題を露呈しています。

この事業の本当の狙いは、実は「当面した経済危機の克服と未来成長エンジンの創出」にありました。しかし、これもまた、私からみれば、①将来の需要を過剰に先取りするもの、②現在の需要を創出するためにその費用を将来に転嫁するもので、まさに「未来からの二重の収奪」と言えるものでした。

（2） 本書の韓国語版では、これを「商品集積としての資本」と記していました。しかし、日本語版の監修をしてくださった行岡良治氏から貴重な指摘をいただき、「なるほど、そのとおりだ」と考え、「貨幣集積としての資本」と書き直しています。以下、その一部を紹介します。

(1) マルクスは、「資本主義的生産様式の支配的である社会の富は、「巨大なる商品集積」として現われ、個々の商品はこの富の成素形態として現われる」と言っています。

(2) しかし、私は「資本主義的生産様式の支配的である社会の富」は「商品集積」より「貨幣集積」として現れると考えます。現代では、（レバレッジが重視されて）「貨幣集積」よりも「債権集積」が「社会の富」として好まれがちですが、最終的には、常に「富」は「貨幣集積」に回帰します。

(3) すなわち、「商品集積」としての「富」は「債務集積」を意味する面がありますので、忌避されがちなものです。実際に、流通業者は「在庫」ほど忌むものはないのです。ですから、「商品集積」が「社会の富」を意味することは間違いないのですが、その順位は「貨幣集積」より劣後しているものです。

(4) したがって、「商品集積としての資本」という語は成立しますが、資本とは何よりも「貨幣集積」で、現代的には「債権集積」と考えるべきです。

（3） 例えば、一九七〇年代に日本、一九八〇年代に韓国で本格的に生活協同組合が始まってから、主な事業として「産直」が広がりましたが、それは、生産労働と消費労働を一つの協同体の中で有機的に関係させるため、両者の間の対立と矛盾を埋めるためのものでした。韓国の代表的な生協であるハンサリムでは、これをより明瞭に、「生産と消費は一つだ」

と言っていました。

（4）その原因について、柄谷は、労働者の意識が低く、資本から十分な分け前を受け取るからではなく、労働者と資本の立場が売り手と買い手の関係であり、したがって、労働者が完全競争なのに対して資本は独占であるため、労働者が移動に制限を持っているのに対して資本の移動は自由であるため、そのうえに労働者から委任された国家権力が一方的に資本に肩入れするため、などと言っています。最後まで労働者への希望を失わず、失敗の原因を「労働者階級」対「資本」の関係から究明しようとする面で、柄谷はやはりマルクスの弟子の一人です。

（5）柄谷の提示した消費過程での資本との対抗は、大きく三つの段階に分けられます。第一は、資本の強いる購入を拒否すること、第二は、購入を強いる制度を拒否すること、第三は、強いられる購入とまったく異なる購入を模索することとです。第一と第二の段階で、消費者は購入を強要する資本と制度に脅威を与えることができます。第三の段階では、資本と制度に強要されない労働を組織することができます。彼が生協運動に強い期待を寄せたのは、こうした資本主義の段階的な変革論を持っていたからです。

しかし、そこからも私は、ひとりの人間としての消費より、消費者階級としての消費に希望を持つ、形を変えたマルキストの風貌をみます。彼は、個々人の消費活動を経済的範疇の人格化した階級関係としてとらえ、経済的な社会構成の発展を自然史的な過程として理解しています。柄谷にとって労働者と消費者は、個々人としては社会的諸関係に決して責任がなく、社会的には依然としてそれらの産物です。

（6）モスクの中に、（キリスト教の十字架や聖像のような）象徴物が一切ない理由もここにあります。何かを介することで人間と神の直接的な関係が支配されることを、強く懸念したからです。

（7）厳密には、「人間が「はじめ（太古）」と覚えるときから」です。例えば、聖書の最初の書は『創世記』で、それはヘブライ語で、「はじめに」という意味です。原始の人類アダムとイヴが、禁断の木の実（善悪の知識の木の実）を食べてしまったため、楽園から追放され（失楽園）、苦労して地を耕さなければ食料を得ることができなくなりますが、そのときから資本はあったのです。

（8）行岡は、資本の起源を「共同体に集積された一定量の食料」と説明しています。食料を集積したおかげで、人間は種まく春から実る秋までの時間移動が可能になり、原始共産制経済を展開することができたため、これこそが最も原初的な資本だ、と言っています。私は、こうした行岡の見解のおかげで、資本を再考することができ、「備蓄された一定量の自然」と定義づけることができました。行岡の定義から、私が「共同体」を抜き、また、「食料」の代わりに「自然」を取り入れたのは、原始共同体社会における原初的資本のみならず、すべての資本が本来、自然（生命）の備蓄で、自然（生命）の増殖過程と考えるからです。

（9）歴史学者桜井英治は、「初穂の一部が金融活動の資本に変わり」、したがって、「神々への贈与に由来する税の神聖性から、金融と利息が生じた」としました。彼のこうした主張は、資本増殖の起源を語る面ではとても正しいものです。神々への贈与（返礼）のために備蓄された米などの一部が、不作による食料不足時に百姓に貸され、収穫後によりたくさんのものになって戻ってきたからです。しかし、これをはたして（今のような）金融活動とか利息払いと断言できるでしょうか？

そこで大事なのが、資本に関する当事者たちのとらえ方です。貸すものと返すものを、貨幣商品とみるか、生命とみるかです。もし、貸すものを、貨幣商品ではなく、生命とみたら、したがって、返すものを、貨幣商品の貸付に対する利息支払いではなく、生命贈与に対する返礼とみたら、それに伴う増殖は、貨幣商品の増殖ではなく、生命の増殖です。すなわち、金融と利息は、それ自体が問題ではなく、どんな資本の増殖なのかが問題の核心です。そして、金融と利息の本来の起源も、貨幣流通の貸借関係からではなく、生命贈与の貸借関係から生まれたものです。それによって、人間の社会が発展したのです。

（10）「貨幣の自己増殖」であって、「貨幣の増殖」ではありません。この二つは、全然違うものです。商品の流通過程で得られる「貨幣の増殖」（＝余剰）は、商品流通に投入された費用の代価を支払うためのもので、「貨幣そのものの増殖」（＝剰余）のためのものではありません。その違いをはっきり区分けしたために、貸付業を主業とする（『ベニスの商人』のような）ユダヤ人さえ、仲間からの利子の徴収は固く禁じられ、異邦人に向かってだけ、それを行ったのです。

(11) この「生命の自己増殖」の模様を、私たちは「自然な（natural）」と言います。自然による、自然に対する、自然な育ちが、生命の自己増殖です。

(12) 韓国では最近、「匙（スプーン）階級論」という新造語が流行っています。身分制のあった昔、一般庶民は土匙を、両班と官僚たちは銅製の匙を、もっと上級の王族などは金銀の匙を使いました。身分制のなくなった今も広がる経済格差が次世代にまで続き、親の富が社会の階級をほぼ決定づけていることを自嘲的に表現して、金持ちの親を持ったために、何の努力もせずに贅沢な生活をおくる人を「金匙」、逆に、金のない親のせいで、どんなに努力しても貧乏な生活から離れられない人を「土匙」と言っています。

(13) 「希少」か「過剰」かを、「有限」か「無限」かと混同してはなりません。資本主義社会では、富は「希少」だが、その拡大は「無限」とみています。富の総量には限界があっても、新しく空間を拡大することで、無限に増えるとみています。利益を求めて新しい市場を開拓することで、限界に達した富の総量はさらに増え、社会は発展すると考えています。それに比べて、資本主義以前のすべての社会では、富は「過剰」だが、その利用は「有限」とみていました。富の総量には限界がないが、人間がアクセスできる富には制限がある、したがって、誰かがひとり占めすれば、残りは飢えてしまうと考えました。

(14) エジプトを脱出したユダヤ人たちは、ある者は多く、ある者は少なく「マナ」を集めましたが、誰も余らせせず誰も不足しませんでした。モーセが、「誰も朝までこれを残しておいてはならない」と言ったためです。しかし、ある時、彼らはモーセにしたがわないで、朝まで「マナ」を残しておきました。すると、翌日になって虫がつき、臭いにおいがして食べられなくなりました。

(15) 契の起源について、「（八世紀頃の新羅時代に）康州の信徒数十人がその意を極楽に置き、彌陀寺を立て、萬日を企てて、契をつくった」（『三国遺事』）という記録があります。すなわち、契の起源は、過剰な富を「信仰」として示すために、「宗教」に向かって消尽したところにあったのです。

(16) イギリスに本部を置く「チャリティー援助財団(Charities Aid Foundation)」が、二〇一五年に発表した国家別「世界寄付指数」によると、ミャンマーが先進国を抜いて、第一位にランキングされています。一人当たりGDPが世界百五十九位の貧しい人々が、どうして世界で最も多くの寄付をするのか、その理由について、同財団は「寺院に寄付し、修道僧に布施する文化が、根強く残っているため」と説明しています。

(17)「資本の社会的備蓄」は、最近よく言われる「社会(関係)資本(social capital)」と少し違うものです。単に、前者が「フロー(flow)」で後者が「ストック(stock)」という違いだけではなく、資本の備蓄が社会的に行われても、その資本を社会資本と考えてはならないということです。資本は本来、社会のものではなく自然のもので、その土台の上に、社会資本も成り立っています。

(18)「ジュビリー(Jubilee)」とは、旧約聖書に登場する「ヨベル(Yovel)の年」から出た言葉です。この、五十年に一度のヨベルの年には、すべての奴隷を解放し、借金の代わりにとった土地を元の所有者に戻し、耕作地を休ませました。この解放・赦免・安息の年を、雄羊の角でつくった笛を吹いて告知したため、「雄羊の角」のヘブライ語に当たる「ヨベル(Yovel)」の年、「歓呼」のラテン語に当たる「ジュビラム(Jubilum)」の年と呼ばれるようになったのです。

(19)「モモ」の「モ(mo)」は、イタリア語で「今」の意味です。それを重ねて使って主人公の名前にしたのは、たぶん、過去(=当時の今)と現在の会話、過去の話だが現在進行中の話でもある、という著者の意図が込められたものと思います。

第四章

(1) イタリアでは「Casa del Popolo」、ポルトガルでは「Casa do Povo」、ドイツでは「Gewerkschafts-haus」、スイスでは「Volkshaus」、スイスとフランスでは「Maison du Peuple(または Bourse du Travail)」、イギリスでは「People's Palace」、オー

ストリアでは「Volksbildungshaus」、オランダでは「Volksgebouw」など、さまざまな名前で広がりました。

(2) 厳密には、「スウェーデン（という社会）はより「良い家」のようにならなければならない（Sweden should become more like a 'good home'）」のです。そのためには、人々の平等と相互理解が大事であるということです。社会を国家に、社会人を国民に、「より良い家のように」を「良い家に」と訳されているのは、本当はとても危険なことです。

(3) ちなみに、「Folkets」の「et」は「たち」という複数形、「s」は「の」という所有格です

(4) これに対して、韓国の歴史学界では、馬韓を「国家連邦」とみています。しかし、馬韓は「国家」ではなく「社会」で、なおかつ、その「社会」はそれぞれの国（共同体）の「連邦」によってつくられたものです。言い換えれば、馬韓という連邦を介して、むしろ、馬韓に属するそれぞれの国が社会になれたわけです。要するに、馬韓は、（United Nations のような）「国家連邦」ではなく、また、（European Union のような）「社会連邦」でもない、「連邦制社会」（連邦を介して社会を形成したもの）だったのです。

(5) 当時の家族は、今の核家族と比べられないほど大きく、一家族は老若男女数人から数十人で構成されていました。

(6)「「一」と「多」が、……直接的に結びあう。あらゆる存在者は、そのすべてが「一」を直接表出するものとして、平等である。しかし、それぞれの存在者は表出の度合いを異にしているために、同じものはこの世に一つもない。だから世界は驚くべき多様性に満ちている。「一」であることと「多」であることは、まったく同一の事柄をあらわしている」（『緑の資本論』）

(7) こうした共通の社会規範と、それに伴う平和的な交易が、「文化」というものを生み出したと言えます。「文化」は、おおよそ二つの条件が整って、発生します。一つは、異なるものの出会いで、もう一つは、その出会いの次元変化です。農耕民と遊牧民、異なる地理的・具体的な自然（生命）観同士が出会い、次元変化してから、人類最初の「文化」が生まれたのです。もちろん、そうした次元変化のために

は、まず、人間そのものが変わらなければなりません。農耕や牧畜の技術的パラダイムが限界に達し、生産を増やせば無限に豊かになれるという信条が崩れたときに、人間の関心事が生産から生活へ、生産のための生活から生活のための生産へと変わったために、「文化」というものが生まれたのです。

そして、それとまったく同じ状況に、今の私たちは直面しています。資本主義の世界的拡大によって、異なるもの同士が世界規模で出会っています。資本主義の技術的パラダイムが限界に達し、生産を増やせば無限に豊かになれるという信条が崩れつつあります。新しい文化の発生条件が整っているなか、今度は人間そのものの変化が求められています。かつて、十九世紀に登場したほとんどの朝鮮の民衆宗教が「開闢」を主張したのも、天と地を意識し始めた五万年来の人間の変化を求め、それをもって、農耕と牧畜を始めた一万年来の文化を改めるためだったのです。

（8）韓国の固有語に「알뜰살뜰（アルトゥル・サルトゥル）」という言葉があります。通常は、「約しく家事の切り盛りを上手にするさま」のように思われていますが、本当はもっと深い意味です。「アルトゥル」は「きめ細かく見守るさま」で、「サルトゥル」は「やさしく向き合うさま」です。物や人に対して、きめ細かく見守りながら、やさしく向き合うことが、人間の労働だ、という言葉です。

（9）第二の原則は、すべての社会の構成員が、共同して責任を負う「共同責任の原則」です。義務教育は、教育を義務的に受けなければならない子どもの責任ではなく、すべての子どもに教育を受けさせるべき、すべての大人の責任です。第三の原則は、すべての社会の構成員が、平等な権利と責任を負う「平等の原則」です。もちろん、ここでの平等は、「公平」ではなく、「公正」、つまり、すべての人間には掛け替えのない存在価値があり、したがって、その人間の状況に沿う、異なった取り扱いを受けなければならないということです。

（10）ある人の、次のような対馬巡礼記からみて、「蘇塗」は馬韓だけではなく、東北アジアに共通したものと思われます。

「朝早くから、島内をドライブする。真っ先に向かったのは、南端の豆酘。……ここでは、絶対に落し物は拾ってはいけないそうだ。数多い奇祭が今でも行われ、周辺には神社も多い。……豆酘は、元は「卒土浜」とも言われた。卒土とは、内と外、つまり、内に対する周縁、または、辺境のことであり、そこは「神」が支配する不可侵な聖域だ。卒土は、古代朝鮮の蘇塗が伝播したものではないかといわれ、ここにも、朝鮮半島の影響がみて取れる」(http://d.hatena.ne.jp/tinoue21/20100225/1267066270)

(11) 似た解釈として、日本植民地時代の民俗学者孫晋泰も、蘇塗の大木を「境界」と理解しています。ある邑落が他の邑落との境界を標識するために立てたもので、今でも、村の入り口に大石を積んだり木像を立てたりすることも、同じ理由からだと言います。「大木」を、宗教的聖域の標識としてではなく、社会的に理解した点で、当時としては非常に優れた考えでした。

(12) 崔致遠の書いた「鸞郎碑」の序文に、「国に玄妙な道があり、「風流」という。教えの根源は「仙史」に詳しくあるが、(要するに)「三教を包含し」「群生に接化する」こと」としています。ここでいう「仙史」とは蘇塗の歴史を書いた書物、「三教」とは儒・仏・道の教え、「群生に接化する」とはすべての生命に接し、融和して、一緒に生きることです。

(13)「花郎は本来、上古時代の蘇塗祭壇の集団である。当時は、「仙輩」と呼ばれ、高句麗では黒い服(皁衣)を着たので「皁衣仙人」、新羅ではその容貌を強調して「花郎」と呼んだ。その他にも、花郎は、国仙・仙郎・風流道・風月道などとも呼ばれた」(東亜日報　一九二五年)

(14)「協同組合の開発が朝鮮で容易なのは、以前から、「契」という協同組合のような組織があって、民衆がこれを理解するのが容易なためだった。……朝鮮の民衆は、協同組合を一種の契と認識し、契の職能を見習って、これを組織して、発展させることが普通である」(東亜日報　一九三三年)

(15) 檀君神話を記録した『三国遺事』と『順菴覆瓿稿』には、「弘益人間」の後に「在世理化」が出てきます。これに比べて、檀君の歴史を記録した「檀君世記」と「太白逸史」などでは、順序を替えて、「在世理化　弘益人間」が一つの慣用句として使われています。

(16)「桓雄が……弘く人間に益すべきとして、……風伯・雨師・雲師を率いて、穀・命・病・刑・善悪をはじめ、凡そ人間の三百六十余の事を主（つかさど）らしめ、この世に理化在った」（『三国遺事』）

(17)「（神市の太平な世では）風習は山川を重んじ、お互いに侵犯したり、干渉したりしない。自分を屈して、お互いを貴び、身を投げて緊急を救うため、皆の衣食が均しく、皆の権利が平たい。共に三神に帰り、喜びを分かち合い、希望を誓い合う。和白（わはく）――古代時の民主的討議制度――が公を成し、過失を究明して、信頼を維持し、労力を分けて、仕事を容易にする。仕事を分担し、財貨を交換するために、男女それぞれに職があり、老少皆が福利を享有する。人々が競ったり、訴えたりすることなく、国々が侵略したり、掠奪することがない。これを曰く「神市の太平な世」と呼ぶ」（『檀君古記』）

(18)「（真平王（チンピョンワン）が五七九年に）二人の弟を真正葛文王（カルムンワン）と真安葛文王に封じた」（『三国史記』「新羅本紀」）

(19) 朝鮮の建国に大きく貢献した儒学者鄭道伝（チョンドジョン）（一三四二－一三九八年）は、その上表文の中で、「殿下が即位して以来、道場を宮殿より高く立て、お寺ではいつも法席を開き、道殿ではいつも星辰を祭り、巫堂の祭祀が煩雑に開かれました」と指摘しつつ、これはまるで中国の周を亡ぼした原因と同じで、「国家が将来興るためには、人の話を聞き、将来亡びるためには、鬼神の話を聞く」とむすびました。

(20) **第六原則　協同組合間協同**：協同組合は、ローカル、ナショナル、リージョナル、インターナショナルな組織を通じて、協同することにより、組合員に最も効果的にサービスを提供し、協同組合運動を強化する。（日本生協連）

(21) **第七原則　コミュニティへの関与**：協同組合は、組合員によって承認された政策を通じて、コミュニティの持続可能な発展のために活動する。（日本生協連）

　ここで、「組合員によって承認された政策」は、単に民主的合意ではなく、組合員の参加によるものととらえるべきです。また、「コミュニティの持続可能な発展」は、単に生態環境の維持ではなく、社会そのものの維持と発展ととらえるべきです。

(22) 李嵒（イアム）（一二九七－一三六四年）の書いた『檀君世記』には、「蘇塗を設ける（設蘇塗）」とか、「最上の蘇塗にいる（在上蘇塗）」などの表現がしばしば出てきます。これは、檀君時代の蘇塗が特別な場所だったこと、そして、一つではなく各地に何ヵ所かあったことを示します。

（23）「抱樸」とは、原木・荒木を抱きとめること。抱樸館は、原木を抱きあう人々の家。山から伐り出された原木は不格好で、そのままではとても使えそうにない。だが、荒木が捨て置かれず、抱かれるとき、希望の光は再び宿る。……樸は、荒木である故に少々持ちにくく扱い辛くもある。時にはささくれ立ち、棘とげしい。そんな樸を抱く者たちは、棘に傷つき血を流す。だが傷を負っても抱いてくれる人が私たちには必要なのだ。樸のために誰かが血を流すとき、樸はいやされる。そのとき、樸は新しい可能性を体現する者となる。私のために傷つき、血を流してくれるあなたは、私のホームだ。樸を抱く――「抱樸」こそが、今日の世界が失いつつある「ホーム」をつくることとなる」（「抱樸館福岡」のホームページより http://www.fukushi-greencoop.or.jp/hbk-fukuoka/02yurai.htm）

第五章

（1）「国連人口基金（ＵＮＦＰＡ）」によると、世界の人口は、二一〇〇年の百九億人をピークに、徐々に減少する見込みです。それとは対照的に、六十歳以上の高齢人口は、現在の八億人から二十億人（二〇五〇年）に増える見込みです。このときになると、十五歳以下の子どもよりも六十五歳以上の高齢者が多く、その比率が三十パーセントを超える国も、六十四か国に増える（今は日本だけ）見込みです。

特に韓国の場合、人口減少と高齢化の速度が最も速く、人口は二〇三〇年の五千二百九十四万人をピークに、二〇六〇年に四千三百九十六万人に減り、高齢化率も、二〇一八年の十四・三パーセントから二〇三〇年の二十四・三パーセントに増える見込みです。高齢化社会（高齢化率七パーセント）から超高齢社会（二十パーセント）に突入するまで、ヨーロッパで最も速かったフランスが百五十年、世界で最も速かった日本が三十五年かかったのに比べて、韓国は（二〇〇〇年～二〇二六年の）二十六年で到達する見込みです。

（2）農耕民がアニミズムのような「汎神（はんしん）」を、そして、遊牧民がヤハウェとか天神のような「一神」を生み出したのも、こうした結合のあり方の違いからでしょう。神とは、本質的に時間の管理者です。農耕民の場合、時間が随時に変わるため、神も当然随時に変わる汎神（論）となります。それに比べて、遊牧民の場合、時間は決まったもので、神も当然変わらない一神（論）となります。

（3）こうした社会形成の経過は、六十四掛の形成過程とも、まったく一致するものです。六十四掛は、「兩爻（陰陽）→四象（太陽・太陰・少陽・少陰）→八卦（乾・兌・離・震・巽・坎・艮・坤）→六十四卦」という経過でつくられたものです。すなわち、人間の意識が、空間（太極）の中から時間を離して陰陽を生み出し、その時間を再び自然の時間と会わせて四季を生み出し、それをまた天地という自然の空間と会わせて農耕や遊牧の八卦を生み出し、そうした農耕と遊牧を再び会わせて社会の六十四卦を形成したのです。

（4）一九二六年の調査によると、文化・冠婚葬祭・協働生産・共同所有・金融・村の自治的運営・税金納付・教育・社会福祉などの分野で、全国的に約二万の契が組織されていました。

（5）「雰囲気」は、明示的な規則がなく、それぞれの事情に合わせて調整できるため、非常に柔軟にみえます。しかし、一方では、その中の人に息苦しさを感じさせ、それに同調できない人には排他的です。

（6）国家の法律や協同組合の定款などが「関係の規則」に属するものです。異なるもの同士が、国家や協同組合をつくっていくとき、皆が皆に向けて自由で平等であるように、一緒に定めた約束の言葉が法律であり定款です。もちろん、ここで重要なのは、約束の中での自由や平等ではなく、言葉を介しての自由や平等です。つまり、自分の属する国家や協同組合の中で、すべての人々が言葉を介して自由で平等に発言し行動することであって、決して定められた約束の中でしか発言と行動が許されない、ということではありません。

（7）**第一原則　自発的で開かれた組合員制**：協同組合は、自発的な組織である。協同組合は、性別による、あるいは社会的・人種的・政治的・宗教的な差別を行わない。協同組合は、そのサービスを利用するこ

とができ、組合員としての責任を受け入れる意思のあるすべての人々に対して開かれている。（日本生協連）

（8）同じ意味で行岡良治は、「（人間が）その自意識に自分を形成する過程」と「形成した自己を表現（外化）する過程」をもって、人間の生活が構成されると言っています。また、その「自己表現」のうち、共同体的で歴史的なものが「資本」、個体的で時間的なものが「生活」であると言っています。「自己表現」と「自己形成」の対関係を明らかにし、資本と人間生活（生存）の本質までも解明したものとして、非常に注目すべきです。

（9）一九五二年に欧州石炭鉄鋼コミュニティ（European Coal and Steel Community）、一九五七年に欧州経済コミュニティ（European Economic Community）と欧州原子力エネルギーコミュニティ（European Atomic Energy Community）、一九六七年に欧州コミュニティ（EC、European Communities）、等々の経過をたどってきました。

（10）欧州連合の条約の冒頭には、「（自分たちが）人間の至高性、自由、民主主義、平等、法による支配、少数者の権利という価値のうえに成り立つ」と同時に、加盟国は「多元主義、無差別、寛容、正義、結社、男女平等の社会」を共有すると呼びかけています。

（11）この「定義」を、日本生協連では、「協同組合は、共同で所有し、民主的に管理する事業体を通じ、共通の経済的・社会的・文化的ニーズと願いを満たすために、自発的に手を結んだ人々の自治的な組織である」と訳しています。しかし、そんな訳し方は間違いです。

(1)「管理」と訳した「controlled」は、「運営」のほうが正しいです。自分たちに対する自分たちのコントロールは通常、「管理」ではなく、「運営」と言うからです。

(2)「手を結んだ」と訳した「united」は、「繋いだ」のほうが正しいです。「手段」の「結び」ではなく、「人々」の「繋ぎ」であるからです。

(3)「自治的な組織」と訳した「an autonomous association」は、「自律的な結社（体）」のほうが正しいです。「autonomous」は「自治」ではなく「自律」で、「association」は「組織」一般ではなく「結社（体）」であるからです。

協同組合のことをどう理解するかによって、「手段中心の事業体」とみるか、「人間の連帯」とみるかに、変わってきます。

（12）第一原則の“Co-operatives are voluntary organizations ……”、第二原則の“Co-operatives are democratic organizations ……”、第四原則の“Co-operatives are autonomous self-help organizations ……”、等々がその例です。日本では「association」と「organization」を同じ「組織」と訳しますが、それは間違いです。「association」は「事業体（enterprise）」と対関係にある「結社体」のことで、「organization」は「事業体」と「結社体」を繋いだ協同組合の全体像、つまり「共同体」のことです。

（13）老子は、この「彷徨い」を「遠く徙ること（遠徙）」と言い、そうでない生を「遠く徙らないこと（不遠徙）」と言っています。「不遠徙」は、単に移動の拒否ではなく、自己消失の拒否です。自己が消失すれば、死に等しいので、「民が死を重んじて遠く徙らない」わけです。

■参考文献

1．日本語（五十音順）

●単行本

網野善彦『中世的世界とは何だろうか』、朝日新聞出版、二〇一四

網野善彦『日本の歴史をよみなおす』、筑摩書房、二〇一五

網野善彦、石井進『米・百姓・天皇―日本史の虚像のゆくえ』、筑摩書房、二〇一一

今井義夫『協同組合と社会主義』、新評論、一九八九

今村仁司『交易する人間―贈与と交換の人間学』、講談社学術文庫、二〇〇〇

今村仁司『近代の労働観』、岩波新書、一九九八

今村仁司『貨幣とは何だろうか』、ちくま新書、一九九四

今村仁司『現代思想の系譜学』、学芸文庫、一九八六

宇野重規『〈私〉時代のデモクラシー』、岩波新書、二〇一〇

エンゲルス『空想から科学へ―社会主義の発展』、大内兵衛 訳、岩波文庫、二〇〇八

賀川豊彦『賀川豊彦全集』、キリスト新聞社、第9巻・一九六四、第11巻・一九六三

粕谷信次『社会的企業が拓く市民的公共性の新次元―持続可能な経済・社会システムの「もう一つの構造改革」』、時潮社、二〇〇六

柄谷行人『可能なるコミュニズム』、太田出版、二〇〇〇

柄谷行人『世界共和国へ　資本=ネーション=国家を超えて』、岩波新書、二〇〇六
柄谷行人『トランスクリティーク』、岩波現代文庫、二〇一〇
カール・マルクス『ゴータ綱領批判』、望月清司 訳、岩波文庫、一九七五
カール・ポランニー『大転換 ― 市場社会の形成と崩壊』、野口建彦・栖原学 訳、東洋経済新報社、二〇〇九年
カール・ポランニー『経済と文明 ― ダホメの経済人類学的分析』、栗本慎一郎・端信行 訳、筑摩書房、二〇〇三年
カール・ポランニー『人間の経済1　市場社会の虚構性』、『人間の経済2　交易・貨幣および市場の出現』、玉野井芳郎・栗本慎一郎 訳、岩波書店、一九八〇
カール・ポランニー『経済の文明史 ― ポランニー経済学のエッセンス』、玉野井芳郎・平野健一郎 編訳、日本経済新聞社、一九七五
カール・ポランニー『経済と自由 ― 文明の転換』、福田邦夫・池田昭光・東風谷太一・佐久間寛 訳、ちくま学芸文庫、二〇一五
神野直彦『「分かち合い」の経済学』、岩波新書、二〇一〇
キム・ジハ『飯・活人』、高崎宗司・中野宣子 編訳、お茶の水書房、一九八九
桓寛『塩鉄論 ― 漢代の経済論争』、佐藤武敏 訳注、平凡社東洋文庫、一九八九
木田元『ハイデガーの思想』、岩波書店、一九九三
金起燮『目覚めよ！協同組合』、グリーンコープ共同体コークス調査研究所、二〇一四
経済産業省（経済産業政策局産業組織課）委託調査『海外における社会的企業についての制度等に関す

る調査報告書』、二〇一五
克勤『碧巌録　中』、入矢義高（ほか）訳注、岩波文庫、一九九四
厚生労働省『地域における「新たな支え合い」を求めて ― 住民と行政の協働による新しい福祉』、これからの地域福祉のあり方に関する研究会報告書、二〇〇八
酒井健『バタイユ入門』、ちくま新書、一九九六
坂本龍一・河邑厚徳『エンデの警鐘「地域通貨の希望と銀行の未来」』、NHK出版、二〇〇二
桜井英治『贈与の歴史学 ― 儀礼と経済のあいだ』、中公新書、二〇一一
隅谷三喜男『賀川豊彦』、岩波現代文庫、一九九五
武田桂二郎『共生 ― 遺稿集』、生活協同組合連合会グリーンコープ事業連合理事会、一九九五
玉野井芳郎『玉野井芳郎著作集』全4巻、学陽書房、一九九〇
地域福祉研究会『誰もが安心して暮せる地域づくり ― 新たな一歩をふみだすために』、日本生協連合会、二〇一〇
東京・大阪・熊本実行委員会『勃興する社会的企業と社会的経済 ― T・ジャンテ氏招聘市民国際フォーラムの記録』、同時代社、二〇〇六
中沢新一『緑の資本論』、ちくま学芸文庫、二〇〇九
中沢新一『純粋な自然の贈与』せりか書房　一九九六
中沢新一『日本の大転換』、集英社、二〇一一
バタイユ『呪われた部分　有限性の限界』、中山元 訳、ちくま学芸文庫、二〇〇三
バタイユ『呪われた部分』、生田耕作 訳、二見書房、一九九七

広井良典『コミュニティを問いなおす―つながり・都市・日本社会の未来』、ちくま新書、二〇一〇
広井良典『定常型社会―新しい「豊かさ」の構想』、岩波新書、二〇〇五
広井良典『持続可能な福祉社会―「もうひとつの日本」の構想』、ちくま新書、二〇一〇
広井良典『創造的福祉社会―「成長」後の社会構想と人間・地域・価値』、ちくま新書、二〇一一
広井良典『ポスト資本主義―科学・人間・社会の未来』、岩波新書、二〇一五
水野和夫『資本主義の終焉と歴史の危機』、集英社新書、二〇一五
見田宗介『社会学入門―人間と社会の未来』、岩波新書、二〇〇六
矢野久美子『ハンナ・アーレント―「戦争の世紀」を生きた政治哲学者』、中公新書、二〇一四
山内昶『経済人類学への招待』、ちくま新書、一九九四
行岡良治『資本論解体ノート　新資本論I』、株式会社コークス調査研究所、二〇一五
行岡良治『食べもの運動論』、太田出版、二〇〇二
行岡良治『しなやかな生協への挑戦』、太田出版、二〇〇四
若森みどり『カール・ポランニー―市場社会・民主主義・人間の自由』、NTT出版、二〇一一

●論文、その他

神野直彦「スウェーデン・モデルを考える」、日本総研主催シンポジウム
北島健一「連帯経済と社会的経済―アプローチ上の差異に焦点をあてて―」、『政策科学23－3』、二〇一六
協働総合研究所「社会的事業体が取り組む就労準備事業から持続性の中間的就労創出にむけた制度・

支援に関する調査研究」報告書、二〇一三
重頭ユカリ「フランスの協同組合銀行の生活困窮者への相談対応」、『農林金融』、二〇一三
中島恵理「EU・英国における社会的包摂とソーシャルエコノミー」、『大原社会問題研究所雑誌』No.561、二〇〇五
服部有希「フランス社会的連帯経済法―利益追求型経済から社会の再生へ―」、『立法情報 外国の立法』、国立国会図書館調査及び立法考査局、二〇一四
松野尾裕「賀川豊彦の経済観と協同組合構想」、『地域創成研究年報』第3号、二〇〇八
吉田裕「過剰さとその行方:経済学・至高性・芸術(1)、(2)」、『AZUR』、成城大学フランス語フランス文化研究会、二〇〇九
吉田裕「過剰さとその行方:経済学・至高性・芸術(3)」、『人文論集』、早稲田大学法学会、二〇〇九
吉田裕「バタイユの構図:労働、死、エロティスム、そして芸術」、『AZUR』、成城大学フランス語フランス文化研究会、二〇一六

2. ハングル語(ハングル語のカナダ順に日本語訳)

●単行本

老子、金呑虚注解『道徳経』、圖書出版 敎林、一九八三
孔子『礼記』「礼運」
一然『三国遺事』

李喦『檀君世記』
天道教中央総本『水雲海月法説』
陳寿『三国志 東夷伝 韓條』
元曉『大乗起信論疏・別記』、一志社、二〇一三
司馬遷『史記』、カチ、一九九四
金起燮『目覚めよ!協同組合』、トルリャク出版、二〇一二
金起燮『韓国社会的経済の歴史』、ハンウル、二〇一六
金昭男『協同組合と生命運動の歴史 ― 原州地域の部落開発、信協、生命運動』、ソミョン出版、二〇一七
金芝河『生命学2 ― 21世紀と生命社会論』、ファナム出版社、二〇〇三
金芝河『余糧美学の道』、タラクバン、二〇一四
金芝河『踊るお化け ― 金と心の関係を考える』、子音と母音、二〇一〇
金必東『韓国社会組織史研究 ― 契組織の構造的特性と歴史的変動』、一潮閣、一九九二
Dada Maheshvarananda『資本主義を超えて ― プラウト:地域共同体、協同組合、経済民主主義、そして霊性』、ハンサリム、二〇一四
大山 金碩鎮『周易講義』、ハンギル社、二〇〇七
マルセル・モース『贈与論』、ハンギル社、二〇一一
マルティン・ハイデッガー『存在と時間』、東西文化社、二〇一五
マックス・ヴェーバー『プロテスタンティズムの倫理と資本主義の精神』、文芸出版社、二〇一〇

ミヒャエル・エンデ　『モモ』、ビリョンソ、二〇〇六
白スンヨン　『ニーチェの「道徳の系譜」（解題）』、ソウル大学哲学思想研究所、http://philinst.snu.ac.kr
宋華燮　『馬韓の蘇塗研究』、圓光大学　博士学位論文、一九九二
ゾン・ホクン　『韓国哲学史―元曉から張壱淳まで、韓国知性史の巨匠と会う』、モメント、二〇一五
中采浩　『朝鮮史研究草』、京城　朝鮮圖書株式會社、一九二九
アダム・スミス　『国富論』、東西文化社、二〇一〇
アダム・スミス　『道徳感情論』、ハンギル社、二〇一六
李敦化　『天道教創建史』、景仁文化社、一九八二
ジャン・ボードリヤール　『消費社会―その神話と構造』、文芸出版社、一九九二
チャン・ウオンボン　『社会的経済の理論と実際』、ナヌムの家出版社、二〇〇六
カール・マルクス　『資本論』、ビボン出版社、二〇一五
カール・ポランニー　『巨大な転換』、図書出版ギル、二〇〇九
韓国保健社会研究院　『２０１５年協同組合実体調査』、二〇一五
韓国保健社会研究院　『貧困統計年表』、二〇一六

●論文、その他

企画財政部　「協同組合の内実化を通じた健康な協同組合生態系の造成―第二次協同組合基本計画」、二〇一七
金杜珍　「三韓別邑社会の蘇塗信仰」、『韓国古代国家と社会』

雇用労働部「第二次社会的企業育成基本計画（２０１３～２０１７）」、二〇一二

雇用委員会　関係部処合同「社会的経済の活性化方案」、二〇一七

関係部処合同「第一次協同組合基本計画（２０１４～２０１６）」、二〇一三

権ヒョクチョル「社会的経済と自由市場経済」『「社会的経済基本法、どうみるか」政策討論会』

文昌魯「三韓〝蘇塗〟認識の展開と継承」『韓国学論叢』(39)

閔ヨンヒョン「蘇塗経典本訓に表れる三一の意味と天符經の哲学思想」、『仙道文化』、国学研究院、二〇〇七

朴魯哲「朝鮮皁衣花郎史」、朝鮮中央日報、一九三五

朴孟洙「東学系新宗教の社会運動史」、『韓国宗教』、二〇一五

孫晉泰「蘇塗考」、『民俗學』、一九三二

李泰鎭「17・8世紀の香徒組織の分化とトゥレの発生」、『震檀学報』(67)

鄭寅普「五千年間朝鮮の魂」(228)、東亜日報、一九三六

鄭ジュンホ「古代イスラエルの逃避性と古代韓国の別邑と蘇塗」、『旧約論壇』、二〇一一

趙ソンファン「東学の思想と韓国の近代再考—海月文集からみた崔時亨の東学再建運動(5)(6)」、『開闢新聞』、二〇一七

陳ナラ「朝鮮前期の社長の性格と機能」、東国大学修士学位論文、二〇〇四

玄ジンクァン『社会的という用語の迷信』、韓国経済研究院、二〇一三

感謝

本書の刊行にあたって、多くの方々から多大なご指導とご支援を賜りました。日本語版に書き直す際には、行岡良治氏と東原晃一郎氏から多大な監修を承りました。日本語の不十分な私の草稿を、最後まで丁寧に直してくださり、貴重な助言までいただきました。お二方の応援がなかったならば、たぶん、この拙著は日本で出版することができなかっただろうと思います。

また、一見難しい原稿を辛抱強くお読みくださり、組合員の目から温かいご感想までくださいましたグリーンコープの宇都宮陽子氏・坂本寛子氏・大坪亜野子氏・熊野千恵美氏・鹿毛優子氏、出版に尽力してくださいましたグリーンコープ共同体出版事業部の松田節子氏と地湧社の植松明子氏・馬場利子氏、そしてギャラップの坂井泉氏に深くお礼申し上げます。

そして、何よりもグリーンコープに感謝申し上げたく思います。人間の認識能力には限界があって、見ずに想像するのはなかなか容易ではありません。そんな愚かな私に、グリーンコープはたくさんの実践を見させてくださいましたし、それ以上のことを想像できるように励ましてくださいました。本当に感謝に堪えません。心よりお礼申し上げます。

■著者プロフィール

金 起燮（キム・キソブ）

グリーンコープ共同体顧問。

1963年、韓国江原道原州市生まれ。

韓国の延世大学卒業後、日本の神戸大学大学院で有機農業運動と協同組合運動などを勉強。博士（学術）。

韓国生協中央会の組織部長と事業部長を経て、1997年にトゥレ生協連合会を設立、長らく専務理事を務める。以降、大学の講師、民衆交易会社の経営者などを経て、今はより自由な立場で研究と執筆活動に専念中。

本書の韓国語版（『사회적 경제란 무엇인가』2018）は、韓国の文化体育観光部によって同年の優秀教養図書に選定された。また、前作の『目覚めよ！協同組合―より良い世を創る正直な努力―』（コークス調査研究所、2014）と共に、韓国社会的経済連帯会議が推薦する「社会的経済図書10選」にも選定されている。

■監修者プロフィール

行岡良治（ゆきおか・よしはる）

1947年生まれ。熊本大学にて生協運動に参画。生活協同組合市民生協、共生社生協連合設立、同専務理事。1988年生協連合グリーンコープ連合設立、同専務理事。2007年グリーンコープ共同体顧問。

東原晃一郎（ひがしはら・こういちろう）

1960年生まれ。共生クラブ生協やながわに参加。2007年グリーンコープ共同体専務理事、2012年同常務理事。

■『生命の「社会的経済」』編集委員会

宇都宮陽子、坂本寛子、大坪亜野子、熊野千恵美、
鹿毛優子、松田節子、馬場利子

生命（いのち）の「社会的経済」
幸福に向かう共生の道のり

2020年 8月 5日 初版発行

著　者　金起燮　© Kiseob Kim, 2020
監　修　行岡良治・東原晃一郎
発行者　植松明子
発行所　株式会社 地湧（ぢゆう）社
東京都台東区谷中 7-5-16-11（〒110-0001）
電話 03-5842-1262　FAX 03-5842-1263
URL http://www.jiyusha.co.jp/
装　幀　寺尾眞紀
編集協力　坂井泉＋GALLAP
印　刷　モリモト印刷株式会社
製　本　根本製本

ISBN978-4-88503-256-1　C0036

次世代への伝言
自然の本質と人間の生き方を語る

宮脇昭・池田武邦著

いのちの森づくりに奔走する植物生態学者と、経済効率に妥協せず、建築設計を通じて自然と人間の融和を説く超高層建築家が、それぞれに切り開いてきた道に共通する自然観、人間観、哲学を語り合う。

四六判上製

開城工団の人々
毎日小さな統一が達成される奇跡の空間

キムジニャン著／塩田今日子訳

北朝鮮国内に韓国企業を誘致して作られた開城工業団地。その人びとの生の声を通して、互いを理解していく過程を描き、あらゆる対立や紛争を「敵対」から「共存」へ導くための実践的な方法論を示す。

四六判並製

みんな、神様をつれてやってきた

宮嶋望著

北海道・新得町を舞台に、様々な障がいを抱えた人たちと共に牧場でチーズづくりをする著者が、人と人のあり方、人と自然のあり方を語る。ここに格差社会を超えた自由で豊かな社会の未来図がある。

四六判並製

未来のページは「私」が創る
暮らし発・いのち発

馬場利子著

未来に負債を残したくないという思いから、放射能測定室の立ち上げや遺伝子組み換え表示の義務づけなど、環境や生命にやさしく、幸せを実感できる暮らし方を具体化する活動を続けてきた道のりを綴る。

四六判並製

びんぼう神様さま

高草洋子著

松吉の家にびんぼう神が住みつき、家はみるみる貧しくなっていく。ところが松吉は嘆くどころか、神棚を作りびんぼう神を拝みはじめた――。現代に欠けている大切な問いとその答えが詰まった物語。

四六判変型上製